Grubbs/Reidenbach · Clienting für Banker

M. Ray Grubbs
R. Eric Reidenbach

Clienting für Banker

Kundenservice als strategischer
Erfolgsfaktor in Banken

Aus dem Amerikanischen von Annegret Heckmann

Die Deutsche Bibliothek – CIP-Einheitsaufnahme

Grubbs, M. Ray:
Clienting für Banker : Kundenservice als strategischer Erfolgsfaktor
in Banken / M. Ray Grubbs ; R. Eric Reidenbach. Aus dem Amerikan.
von Annegret Heckmann. –
Wiesbaden : Gabler, 1995
  Einheitssacht.: Customer service renaissance <dt.>
  ISBN 3-409-14068-9
NE: Reidenbach, R. Eric:

Die Originalausgabe erschien 1991 unter dem Titel „Customer Service Renaissance –
Lessons from the Banking Wars" © Probus Publishing Company, Chicago, Illinois.

Aus dem Amerikanischen übersetzt von Annegret Heckmann

Der Gabler Verlag ist ein Unternehmen der Bertelsmann Fachinformation.

© Betriebswirtschaftlicher Verlag Dr. Th. Gabler GmbH, Wiesbaden 1995
Lektorat: Silke Strauß

Das Werk einschließlich aller seiner Teile ist urheberrechtlich geschützt. Jede Verwertung außerhalb der engen Grenzen des Urheberrechtsgesetzes ist ohne Zustimmung des Verlags unzulässig und strafbar. Das gilt insbesondere für Vervielfältigungen, Übersetzungen, Mikroverfilmungen und die Einspeicherung und Verarbeitung in elektronischen Systemen.

Höchste inhaltliche und technische Qualität unserer Produkte ist unser Ziel. Bei der Produktion und Verbreitung unserer Bücher wollen wir die Umwelt schonen: Dieses Buch ist auf säurefreiem und chlorfrei gebleichtem Papier gedruckt. Die Einschweißfolie besteht aus Polyäthylen und damit aus organischen Grundstoffen, die weder bei der Herstellung noch bei der Verbrennung Schadstoffe freisetzen.

Die Wiedergabe von Gebrauchsnamen, Handelsnamen, Warenbezeichnungen usw. in diesem Werk berechtigt auch ohne besondere Kennzeichnung nicht zu der Annahme, daß solche Namen im Sinne der Warenzeichen- und Markenschutz-Gesetzgebung als frei zu betrachten wären und daher von jedermann benutzt werden dürften.

Satz: FROMM Verlagsservice GmbH, Idstein
Druck und Bindung: Wilhelm & Adam, Heusenstamm
Printed in Germany

ISBN 3-409-14068-9

Geleitwort

Wir leben in einer Zeit des dramatischen Umbruchs. Wirtschaftliche Erfolgsregeln, seit Jahrzehnten bekannt, werden verlieren oder haben bereits ihre Gültigkeit verloren. Neue Spielregeln des Erfolges für Banken entstehen in der Zukunft oder sind bereits entstanden.

Wer hätte vor nur zehn Jahren als Kunde gedacht, daß ein kleiner Automat an jeder Straßenecke Bargeld auszahlt? Wer weiß heute, wohin uns der Home-Banking-Zug führen wird? Immerhin ist die Informationsgesellschaft gerade erst dabei, sich in alle wirtschaftlichen Regeln einzumischen.

Bereits heute sagt man: Informationsmacht schlägt Geldmacht. Nur welche Informationen werden es sein?

Der Banker des Jahres 2001 wird dramatisch anders arbeiten als der Banker des Jahres 1981. Aber wo ist der Schlüssel, der die Tür zum Erfolg der Zukunft öffnet? Es ist der Kunde. In der Zeit des Umbruchs hin in eine neue Gesellschaftsform wird der Kunde die einzige feststehende Größe sein. Und überlebenswichtig wird es sein, die Zufriedenheit, die Beziehungen und den Service für den Kunden kontinuierlich zu erhöhen.

Clienting heißt, Beziehungsnetzwerke und elektronische Netzwerke zu Kunden aufzubauen, um dadurch den drei vorgenannten Ansprüchen zu genügen. Der Kunde muß und will heute auf eine ganz andere Art und Weise betreut und unterstützt werden. Viele Banken werden hinterfragen müssen, ob ihre Organisation und Manpower darauf ausgerichtet ist oder gilt doch wieder einmal: Das einzige, was stört, ist der Kunde?

Die in diesem Buch gezeigten Beispiele für Kundenservice und Kundenbetreuung zeigen uns, daß für Banken die Orientierung am Kunden die einmalige Chance eröffnet, neue Wege zu gehen.

Lassen Sie sich von den Erkenntnissen anregen, in Ihrer Bank einer der Pioniere für Clienting zu werden. Helfen Sie mehr Ihren Kunden, dann helfen Sie auch, den Erfolg Ihrer Bank zu steigern. In diesem Sinne wünsche ich Ihnen beim Lesen dieser konzentrierten Erfahrungen viel Spaß.

Düsseldorf, im Januar 1995

EDGAR K. GEFFROY
Geschäftsführender Gesellschafter
Geffroy & Partner T.A.S.C.

Inhaltsverzeichnis

Geleitwort 5

Einführung 11

1 **Von früheren Konkurrenzkämpfen lernen** 13
   Neue Dimensionen des Kundenservice 13
   Lektion 1: Die Erwartungen im Dienstleistungsbereich
             sind hoch und steigen stetig 15
   Lektion 2: Eine hohe Servicequalität hilft,
             Kosten einzusparen 18
   Lektion 3: Stammkunden kaufen –
             ihnen muß nichts verkauft werden 20
   Lektion 4: Schlechter Service ist der häufigste Grund
             für Kündigungen seitens der Kunden 22
   Lektion 5: Eine negative Mundpropaganda zerstört
             den Erfolg der Werbung 23
   Lektion 6: Servicequalität bedeutet mehr Freiheit
             bei der Preisgestaltung 25
   Lektion 7: Kundenbindung und geringe
             Mitarbeiterfluktuation gehen Hand in Hand 30

2 **Hören Sie auf Ihre Kunden!** 33
   Landesweite Zielgruppenbefragungen 36
   Die ersten Resultate der Zielgruppenanalyse 39
   Das Servicequalitätsmodell 42

3 **Die professionellen Aspekte des Kundendienstes** 45
   Kompetenz 45
   Zuverlässigkeit 53
   Glaubwürdigkeit 61
   Zusammenfassung 67

4 **Wie interpersonelle Beziehungen
   die Servicequalität beeinflussen** 69
   Einfühlungsvermögen 69

	Höflichkeit	82
	Erreichbarkeit	89
	Zusammenfassung	95
5	**Die Dimension der Kundenpflege**	**97**
	Verstehen	97
	Kommunizieren	104
	Zusammenfassung	112
6	**Kundenservice bei der Bank von Yazoo City**	**115**
	Das Überdenken der bisherigen Strategie der BYC	116
	Der strategische Wandel	117
	Umfrageergebnisse machten deutlich, daß sich BYC im Markt gut positioniert hatte	119
	Qualität, Nutzen und Kundenservice in die Praxis umsetzen	126
	Wie man den Serviceteppich ausrollt	135
	Funktioniert es?	140
	Tips von der Spitze	142
	Kundenservice nach Art einer Genossenschaftsbank	144
7	**Der Kundenservice bei der Concord Commercial Bank**	**147**
	Die Stadt	147
	Die Concord-Strategie	151
	Eine offene Managementphilosophie – Mitarbeiterbesprechung	154
	Das äußere Erscheinungsbild der CCB	158
	Die familiäre Atmosphäre bei Concord	162
	Wie sich die Concord-Methode auf die Jahresbilanz auswirkt	165
8	**Kundenservice als Vertriebsstrategie der Seafirst Bank**	**169**
	Finden Sie Ihre Stärken heraus, und zwar schnell!	169
	Phase 1: Kostensenkung	172
	Phase 2: Eine Verkaufskultur entwickeln	173
	Phase 3: „Wir erleichtern Ihnen das Tätigen von Bankgeschäften"	177
	Verkauf und Service auf Geschäftsfeldebene	190
	Lektionen der Seafirst Bank	204

9 Wie man mit Servicequalität die Kunden des oberen Marktsegments gewinnt: Die Methode der Northern Trust . 209
Servicequalität ist für Northern nichts Neues 209
Northern Strategie verbindet Kundenwissen, Service
und Gewinn 211
Signature Service: Drücken Sie Ihrer Arbeit
einen Stempel auf 215
Der Signature Service Council treibt
den Signature Service voran 221
Teamarbeit und Relationship Banking 222
Northern kümmert sich um seine Mitarbeiter 223
Wie sich die Methode der Northern
in der Jahresbilanz bemerkbar macht 225

10 Die Service-Lektionen von vier marktführenden Banken ... 231
Lektion 1: ,,Bevor Sie einen großen Traum Wirklichkeit werden lassen, müssen Sie einen großen Traum haben." 231
Lektion 2: ,,Wenn der Vorstandsvorsitzende den Kundenservice vorlebt, dann werden ihm die Mitarbeiter folgen." 234
Lektion 3: ,,Das Schlimmste für mich war, Kontrolle abgeben zu müssen." 237
Lektion 4: ,,Sie können nicht führen, was Sie nicht messen können." 239
Lektion 5: ,,Wir müssen uns auf das konzentrieren, was wir für den Kunden tun können, und nicht auf das, was wir nicht tun können." 241
Lektion 6: ,,Es ist keine Bank, es ist wie ein Zuhause für unseren Kunden." 243
Lektion 7: ,,Behandeln Sie Ihre Mitarbeiter so, wie Sie Ihre Kunden behandelt wissen möchten." 246
Lektion 8: ,,Sie können nur ernten, was Sie gesät haben." .. 248
Lektion 9: ,,Kundenservice ist unser Geschäft, unser einziges Geschäft." 251
Lektion 10: ,,Konzentrieren Sie sich auf die Kundenbeziehung und nicht auf die Transaktion." 252

Einführung

Das Bankgewerbe kann auf unterschiedliche Weise charakterisiert werden. Eine Möglichkeit, die gegenwärtige Wettbewerbssituation zu beschreiben, besteht in der Charakterisierung des Bankgewerbes als Branche, in der Preiswettbewerb herrscht. Es umfaßt eine große und kontinuierlich wachsende Zahl undifferenzierter Wettbewerber, die alle ein undifferenziertes Produkt verkaufen, für das es viele Ersatzprodukte gibt. Viele Banken vertreten darüber hinaus die Ansicht, daß der Wettbewerb in erster Linie vom Preis bestimmt wird.

Tatsache jedoch ist, daß Banken weitaus bessere Kontrollmöglichkeiten über die spezifische Wettbewerbssituation ihrer Branche haben, als sie gemeinhin annehmen. Die strategisch wirksamste Methode ist die Art und Weise der Kundenbetreuung. Sie bietet letztendlich die einzige Garantie, sich im Konkurrenzkampf der Banken zu behaupten. Es verwundert deshalb nicht, daß seit den neunziger Jahren die Kundenbetreuung für viele Banken erste Priorität hat. Aufgrund ihres hohen Stellenwertes haben wir eine Reihe unterschiedlicher Bankorganisationen hinsichtlich ihres Dienstleistungssystems untersucht, mit dem Ziel, Banken mit Vorbildcharakter ausfindig zu machen. Im Verlauf unserer Untersuchung sprachen wir mit Bankkunden, interviewten Führungskräfte verschiedener Banken hinsichtlich ihrer Dienstleistungsprogramme und verbrachten unzählige Stunden mit der Analyse innovativer Dienstleistungsstrategien.

In dem vorliegenden Buch berichten wir über eine Genossenschaftsbank, über eine Geschäftsbank, über eine Bank mit 183 Zweigstellen, deren Vertriebsstrategie ganz auf den Kunden abgestellt ist, sowie über eine Bank, die ausschließlich die Klientel des oberen Marktsegments betreut. Jede einzelne dieser Banken bietet dem interessierten Leser nutzbringende Informationen zum Thema Kundenbetreuung. Wir hoffen, daß Sie in den genannten Banken Vorbilder finden werden, deren Erfahrungen Ihnen die

Basis bieten, Ihre eigenen Vorstellungen hinsichtlich einer konkurrenzfähigen Kundenbetreuungsstrategie zu konkretisieren beziehungsweise zu implementieren. Jedes einzelne Kapitel kann gewissermaßen als Blaupause betrachtet werden, mit deren Hilfe Sie Ihre individuelle Version von Kundenbetreuung entwickeln beziehungsweise verbessern können.

Die wahrscheinlich wichtigste Lektion, welche die kundenorientierten Bankorganisationen lernen mußten, ist die Notwendigkeit, dem Kunden zuzuhören. Da das kundenorientierte Dienstleistungskonzept so entscheidend für den Erfolg dieser Top-Dienstleistungsorganisationen ist, möchten wir einige Schlüsselfaktoren aufgreifen, die für die meisten der befragten Kunden von großer Bedeutung waren. Aus diesem Grund haben wir Kapitel mit aufgenommen, die Ihnen einen Einblick in Gespräche geben, die wir mit Bankkunden aus allen Teilen des Landes hinsichtlich ihrer Erfahrungen mit Kundenbetreuung geführt haben.

Das letzte Kapitel faßt noch einmal die grundlegenden Erkenntnisse zusammen, wie Kundenbetreuungsstrategien im Bankgewerbe entwickelt und implementiert werden können. Wir hoffen, daß dieses Buch Ihrer Bank eine Möglichkeit an die Hand gibt, mit Hilfe des Kundenservice Marktführer zu werden.

Kapitel 1

Von früheren Konkurrenzkämpfen lernen

Neue Dimensionen des Kundenservice

Kein anderer Wirtschaftszweig hat in so kurzer Zeit einen derart fundamentalen Wandel durchleben müssen wie das Geschäftsbankengewerbe. Während dieser Zeit massiver Bedrängnis mußten die Banken lernen, sich durchzusetzen. Das Geldgewerbe ist von vielen Seiten attackiert worden, angefangen bei den Kreditkartengesellschaften über Kraftfahrzeuggesellschaften, Kreditgenossenschaften, Spar- und Darlehnskassen (S & Ls), Einzelhändlern, Versicherungsgesellschaften, Telekommunikationsgesellschaften bis hin zu Maklerfirmen. Auf der Strecke blieben dabei vor allem jene Banken, die aus dem einen oder anderen Grund nicht in der Lage waren, sich der geänderten Wettbewerbssituation anzupassen. Die anderen aber, die trotz allem stark und konkurrenzfähig geblieben sind, haben eine Vielzahl von Lehren aus den früheren Konkurrenzkämpfen gezogen.

Die wahrscheinlich wichtigste Lehre aus diesen Erfahrungen ist, daß der Kunde der bei weitem wichtigste Faktor des Bankgewerbes ist und die Kundenbetreuung eine fundamentale strategische Voraussetzung für das wirtschaftliche Wachstum und Überleben einer Bank ist. Dies ist eine allgemeine Botschaft, die für Geschäftsleute gleich welcher Branche von Nutzen sein kann.

Die Bedeutung der Kundenbetreuung ist eine der wichtigsten Erkenntnisse, die gerade diejenigen Banker machen mußten, die daran gewöhnt waren, Kundenpflege nach ihren Bedingungen zu gestalten, anstatt den Kunden in den Vordergrund zu stellen. Doch die im Bankgewerbe weitverbreitete ,,Befehlsempfängermentalität'' läßt sich nur schwer ausmerzen. Wie wir bereits in unserem ersten Buch ,,Winning Banks: Managing Service Quality for

Customer Satisfaction" (Rolling Meadows, Illinois: Bank Administration Institute, 1989) darlegten, besitzt das Bankwesen hinsichtlich Kundenbetreuung einen sehr schlechten Ruf. Kunden berichteten uns, daß das Tätigen von Bankgeschäften für sie vergleichbar sei mit ,,Geschirrspülen", ,,eine Reifenpanne beheben" oder ,, das Badezimmer zu putzen". Bei den Zielgruppenbefragungen, die wir für das Bank Administration Institute auf nationaler Ebene durchgeführt hatten, brachte ein Bankkunde die Meinung der meisten Befragten auf den Punkt: ,,Bankgeschäfte sind nie mit positiven Erfahrungen verknüpft. Man hofft lediglich, daß sie nicht allzu negativ ausfallen."

In ,,Winning Banks" berichteten wir außerdem über eine auf nationaler Ebene durchgeführte Befragung, bei der Kunden von Geschäftsbanken die Qualität des Kundenservice sehr schlecht bewerteten. Die Banken lagen in der Bewertung sogar hinter Supermärkten, Restaurants, Hotels und Kaufhäusern. Eine zehn Jahre später durchgeführte Erhebung zeigte, daß sich die Beurteilung der Dienstleistung des Geschäftsbankengewerbes nur geringfügig verbessert hatte. In einer Umfrage der *Wall Street Journal/NBC News* meinten 29 Prozent der Befragten, daß die Dienstleistungen ihrer Bank ,,schlechter" geworden seien. Etwa 50 Prozent gaben an, der Service sei ,,mehr oder weniger gleich geblieben" und nur 17 Prozent sprachen von einer Verbesserung der Bankdienstleistungen. Diese Tatsache plaziert die Banken als Dienstleistungsgewerbe hinter Supermärkten, Autohäusern, Restaurants, Kaufhäusern und Hotels. Erfreulich jedoch ist – wenn man es denn so nennen will –, daß das Geschäftsbankengewerbe in bezug auf die Beurteilung der Servicequalität vor den Fluggesellschaften, Versicherungsgesellschaften und Tankstellen liegt.

Wenn eine Klientel derartige Eindrücke gewonnen hat, verwundert es nicht, daß die Konkurrenten sichere Marktanteile gewinnen konnten. Um die Kunden von den Geschäftsbanken abzuwerben, brauchten sie nicht mehr zu tun, als ihnen zu versprechen, sie so zu behandeln, wie sie behandelt werden wollten – nämlich wie **wertvolle Kunden**. Was wir nunmehr auf dem Banksektor beobachten, ist eine Renaissance der Kundenbetreuung, eine Wiedergeburt der Erkenntnis, daß der Kunde das fundamentale Element einer Geschäftsbeziehung ist. Damit einher geht die Erkenntnis, daß Bankorganisationen ihrer Klientel nicht länger mit Gleichgültigkeit begegnen dürfen, wenn sie neue Kundenbeziehungen gewinnen und aufrechterhalten wollen. Leider wird diese Erkenntnis nicht immer in entsprechende Dienstleistungsprogramme integriert beziehungsweise in entsprechende Handlungsweisen umgesetzt, die die Qualität der Kundenbetreuung verbessern helfen. Die schlichte Übertragung des Gedankens in die Tat wird durch die Unentschlossenheit beziehungsweise durch das Unvermögen vieler Banken – Kundenbetreuung als fundamentale strategische Option zu etablieren – behindert. Der Grund hierfür liegt darin, daß der eigentliche Wert einer qualitativ hochwertigen Kundenbetreuungsstrategie sowie der daraus resultierende Nutzen für die Organisation noch nicht erkannt worden ist. Lassen Sie uns nun in einigen Details noch einmal überprüfen, was wir über Kundenbetreuung als strategische Option seit Erscheinen des Buches „Winning Banks" 1989 gelernt haben. Warum muß ausgerechnet Ihre Bank beziehungsweise Ihr Unternehmen einen Top-Kundenservice bieten?

Lektion 1:
Die Erwartungen im Dienstleistungsbereich sind hoch und steigen stetig

Es ist sicher richtig, daß der Konsument von heute von einem Unternehmen mehr Servicequalität erwartet als früher. Die amerikanische Wirtschaft hat lernen müssen, daß sie, um sowohl auf dem heimischen als auch auf dem internationalen Markt konkurrenzfähig zu bleiben, Spitzenprodukte und einen Top-Kundenservice anbieten muß. Ford Motor Company hat der amerikanischen Öffentlichkeit zugesichert, daß bei Ford „Qualität oberstes Gebot" sei; mittlerweile zeigen sich erste Anzeichen, daß ihre Produkte das Qualitätsversprechen halten. Andere Unternehmen wie das in Seattle ansässige Nordstroms Department Store, American Express, Marriott Hotels, Delta Airlines, Johnson & Johnson, Bugs Burger Bug Killers (ein in Miami ansässiges Schädlingsbekämpfungsunternehmen) sowie eine Reihe anderer gut geführter, kundenorientierter Unternehmen zeigen dem Kunden, daß er durchaus einen besseren Kundenservice erwarten kann. Bei einer 1990 unter 534 Angestellten des Unternehmens Paul Ray and Carre Orban International durchgeführten Umfrage wurde die Frage gestellt: ,,Welches Unternehmen setzt Ihrer Meinung nach in Amerika den Maßstab für Servicequalität?" An erster Stelle wurde IBM genannt, gefolgt von Nordstroms, American Express, AT & T, McDonald's, Federal Express, Walt Disney, General Electric, Marriott, American Airlines, L. L. Bean, Delta Airlines, Xerox und Wal-Mart. Nicht eine einzige Bank wurde erwähnt.

Darüber hinaus wurde uns von einigen vorbildhaften Beispielen hinsichtlich Kundenbetreuung berichtet, die Kunden im Laufe ihrer Interaktionen mit diesen Unternehmen erlebten. In den Marriott Hotels beispielsweise bestimmt die Philosophie des Kundenservice die Interaktionen zwischen Angestellten und Kunden. Bei einem Banker-Meeting in Atlanta, Georgia, suchte einer der Autoren nach dem Konferenzraum, in dem er eine Präsentation durchführen sollte. ,,Als ich, etwas verloren und gequält dreinblickend, auf den Fluren dieses labyrinthartigen Hotels herumirrte, fragte mich plötzlich ein Wartungsmonteur, ob er mir helfen könne. ,,Ich suche den Konferenzraum, in dem das Banker-Meeting stattfindet", sagte ich. Der Wartungsmonteur setzte seine Leiter ab und führte mich zu dem besagten Raum. Klar, das stand sicher nicht in seiner Arbeitsplatzbeschreibung, aber dennoch, es war eine Gelegenheit, einem Kunden einen Dienst zu erweisen, einen zusätzlichen Wert, den die meisten der Marriott-Angestellten anstandslos bieten. Marriott wird häufig als das Paradebeispiel eines Unternehmens angeführt, das einen Top-Kundenservice anbietet.

Wir haben auch oft von dem hohen Dienstleistungsniveau der Delta Airlines gehört. Auf unserem Rückflug von Lateinamerika erfuhren wir, was Kundenservice bei Delta Airlines bedeutet. Ich reiste in Begleitung einer Person, die an den Folgen der exotischen Küche litt, die wir den Abend zuvor in San Salvador, El Salvador, genossen hatten. Da es am Tag unserer Abreise Probleme gab, konnten wir, um unser eigentliches Ziel New Orleans zu erreichen, El Salvador nur mittels eines Flugzeugs über Los Angeles verlassen. Wir kamen um 1.30 Uhr morgens in Los Angeles an und gingen direkt zu Delta, um einen Flug von Los Angeles nach New Orleans zu buchen. Wir fragten nach Plätzen in der ersten Klasse, weil wir müde waren und uns nicht sehr wohl fühlten. Die Delta-Repräsentantin sagte, daß Delta auf diesem Flug keine Plätze in der ersten Klasse anbiete, aber daß American dies mache. Sie empfahl uns nicht nur eine andere Fluggesellschaft, sondern sie erledigte auch die Reservierung für uns. Delta verlor zwar dieses Geschäft, hat aber auf diese Weise zwei sehr loyale Kunden gewonnen, die noch eine Menge Geld ausgeben werden, um mit Delta fliegen zu können. Wenn wir nun einen Flug buchen, geben wir Delta immer den Vorrang.

Diese hohe Serviceleistung, die Kunden von Delta, Marriott Hotels und anderen Unternehmen erwarten können, wird mit den Geschäftsbeziehungen verglichen, die Kunden mit ihren Banken pflegen. Wenn Kunden einen schnellen und entgegenkommenden Service von einem Schnellrestaurant erwarten können, warum können sie diesen nicht auch von ihrer Bank erwarten? Wenn Angestellte eines Bistro-Cafés dahingehend geschult werden, einem Kunden einen herzlichen Empfang zu bereiten, warum können dann Bankangestellte nicht den gleichen Eifer und Elan zeigen? Wenn ein Kammerjäger Räumlichkeiten von Ungeziefer befreien kann, warum kann eine Bank nicht ebenfalls einen kompetenten Service anbieten? Weil andere Dienstleistungsbereiche hohe Standards und Erwartungen setzen, wird das Geschäftsbankengewerbe gezwungen, sein Dienstleistungssystem zu verbessern. Das Kreditgewerbe hat also die Wahl. Es kann sich entweder der Renaissance der Kundenbetreuung anschließen oder die Konsequenzen tragen.

Die Kundenbetreuung hat in den neunziger Jahren strategisch gesehen erste Priorität!

Lektion 2:
Eine hohe Servicequalität hilft, Kosten einzusparen

Die am häufigsten zu vernehmende Klage der Banken ist, daß ein qualitativ hochwertiger Kundenservice zu hohe Kosten verursache. Kurzfristig ergeben sich natürlich Kosten bei der Implementierung einer Kundenservicestrategie; denn um ein Top-Dienstleister in Sachen Kundenbetreuung zu werden, sind Investitionen seitens der Bank im Vorfeld notwendig. Mit diesem zusätzlichen Aufwand wird eine Branche konfrontiert, die sich vornehmlich mit Kosteneindämmung und Rationalisierung beschäftigt. Das Bankmanagement sollte aber langfristige Ziele nicht mit kurzfristiger Notwendigkeit verwechseln. Langfristig gesehen müssen die Banken eine „Erst-der-Kunde-dann-die-Bank"-Mentalität annehmen. Darüber hinaus ist sogar erwiesen, daß ein guter Kundenservice auf Dauer Geld einsparen hilft, nämlich sobald sich der kurzfristige Aufwand, der zur Implementierung eines Top-Dienstleistungssystems notwendig ist, amortisiert hat.

Denken Sie einmal über meine Erfahrungen nach, die ich, bei dem Versuch ein Girokonto bei einer örtlichen Bank zu eröffnen, machte. Ich betrat die Bank und wurde sogleich von einer reizenden Dame begrüßt, die mich fragte, ob sie mir helfen könne. Ich erklärte ihr, daß ich ein Girokonto eröffnen wolle, woraufhin sie mir meine Optionen erläuterte. Ich entschied mich für ein Basisgirokonto mit einer Bearbeitungsgebühr von 2 US-Dollar pro Monat. Dann ging sie mit mir die Fragen auf dem Antragsformular durch. Nachdem es ausgefüllt war, sagte sie, daß mir die Schecks innerhalb von zehn Tagen zugeschickt würden. Ich bekam fünf Blankoschecks mit meiner neuen Kontonummer.

Doch nach zehn Tagen waren noch keine Schecks angekommen. Ich wartete noch ein paar Tage und ging schließlich wieder zur Bank. Diesmal wurde ich von einer anderen Dame begrüßt und erklärte ihr mein Problem. Sie sagte mir, daß sie dies mit der Zweigstellenleiterin besprechen müsse. Die Zweigstellenleiterin kam aus ihrem Büro und fragte mich, wo das *Problem* liege. Ich erzählte ihr also das gleiche, was ich bereits der anderen Dame erzählt hatte. Schließlich bat die Zweigstellenleiterin ihre Kollegin, ein neues Antragsformular auszufüllen. Sie tat dies und sagte mir, daß mir die Schecks innerhalb von zehn Tagen zugesandt würden. Bevor ich ging, fragte ich, ob ich noch ein paar Blankoschecks bekommen könne, da ich die ersten fünf in den vergangenen zwei Wochen verbraucht hätte. Die Dame erklärte mir daraufhin, daß es gegen die Richtlinien der Bank verstoße, mir weitere Schecks zu geben. Ich bat sie, die Zweigstellenleiterin erneut zu rufen. Ich erklärte ihr, daß ich meine fünf Schecks verbraucht hätte und neue benötige. Die Zweigstellenleiterin meinte daraufhin, daß die Bank nur ungern Blankoschecks herausgeben würde, aber daß sie in meinem Fall eine Ausnahme machen würde. Zehn Tage später erhielt ich meine Schecks. Ich öffnete das Päckchen und befolgte die Aufforderung, die Schecks auf ihre Richtigkeit zu überprüfen. Dabei stellte ich fest, daß mein Name falsch geschrieben war. Ich ging daraufhin wieder zur Bank zurück und kündigte mein noch nicht einmal ganz eröffnetes Konto.

Es stellt sich hier die Frage, wieviel es die Bank gekostet hat, ein Basisgirokonto zu eröffnen. Wieviel hätte es sie kosten müssen? Wenn die Bank diese Transaktion auf eine kompetentere und entgegenkommendere Weise abgewickelt hätte, wäre ich heute ihr Kunde. Dies sind Nebenkosten, die nicht hätten sein müssen.

Und nun ein weiteres Beispiel, das einer Bank ebenfalls unnötige Kosten verursachte. Einer Dame wurde ihr Scheckbuch gestohlen, in dem noch zwei Schecks vorhanden waren. Sie setzte sich umgehend mit ihrem Kundenberater in Verbindung, erzählte ihm von dem Diebstahl und nannte ihm die Nummern der gestohlenen Schecks. Doch leider hatte – was die Dame natürlich nicht ahnen konnte – der Bankkassierer offenbar geschlafen und die Schecks eingelöst. Unterdessen hatte die Dame aber einen Scheck über 600 US-Dollar ausgestellt, in dem Glauben, das Geld sei auf ihrem Konto. Der Scheck wurde mit der Anmerkung „nicht gedeckt" zurückgegeben. Nach zwei Tagen bürokratischen Hinundhers mit verschiedenen „persönlichen Kundenberatern" hatte die Bank nicht nur 600 US-Dollar, sondern auch eine gute Kundin verloren.

Mangelnde Kompetenz seitens des Bankpersonals kann zu einem kostspieligen Geschäft werden. Uns ist keine Tätigkeit im Bank- oder einem anderen Geschäftsbereich bekannt, die weniger kostenaufwendig wäre, wenn sie zweimal beziehungsweise mehrmals gemacht werden muß, anstatt gleich beim ersten Mal richtig gemacht zu werden. Die Wiederbeschaffungskosten sind zum Großteil für die Betriebskosten verantwortlich und attestieren somit die Kosten für „unqualifizierten Service".

Lektion 3:
Stammkunden kaufen –
ihnen muß nichts verkauft werden

Was ist ein Stammkunde wert? Tom Peters, Autor des Buches „Auf der Suche nach Spitzenleistung", schätzt, daß ein kleines Bankkonto – während eines Zeitraums von zehn Jahren – einen Wert von 180 000 US-Dollar einbringt, und der Stammkunde eines Lebensmittelgeschäfts der gehobenen Preisklasse wird – während des gleichen Zeitraums – Ausgaben im Wert von 50 000 US-Dollar tätigen.

John Goodman von TARP (Technical Assistance Research Programs) schätzt, daß ein Autohändler mit Aufträgen im Wert von 150 000 US-Dollar seitens eines Stammkunden rechnen kann, während Gerätehersteller – während eines Zeitraums von 20 Jahren – von ihren Stammkunden Verkaufsaufträge im Wert von 30 000 US-Dollar erwarten können.

Stammkunden sind eine „effiziente Einnahmequelle". Effiziente Einnahmen bedeuten, daß die Kosten der durch Stammkunden erwirtschafteten Einnahmen geringer ausfallen, als die Kosten für die Akquirierung neuer Kunden; sie sind lukrativer. Warum? In der Hauptsache deshalb, weil Stammkunden kaufen und ihnen nichts verkauft werden muß. Der Marketingaufwand, der notwendig ist, um Einnahmen von Stammkunden zu erwirtschaften, ist deutlich geringer als derjenige, der damit verbunden ist, neue Kunden zu werben, sie zu überzeugen und ihnen etwas zu verkaufen. Dieses Argument wurde uns von einer älteren Dame aus Chicago klargemacht. Während einer Reihe von Zielgruppenbefragungen, die bereits die Basis von „Winning Banks" bildeten, stellten wir die Frage: „Würden Sie dieses Kontenangebot für eine monatliche Gebühr von 6 US-Dollar von Ihrer Bank annehmen?" Eine Teilnehmerin der Gruppe begründete den Stellenwert der Kundenbetreuung für ihre Entscheidung folgendermaßen: „Warum soll ich für einen lausigen Service pro Monat 6 US-Dollar Bearbeitungsgebühren bezahlen, wenn ich den gleichen Service für 2 US-Dollar haben kann?" Das ist ein wahrhaft hartes Argument. Stammkunden kaufen mehr und man kann ihnen leichter etwas verkaufen. *Wenn Sie eine Dienstleistung verkaufen und in der Vergangenheit wenig dafür getan haben, den Kundenerwartungen gerecht zu werden, warum erwarten Sie dann, daß Kunden für einen schlechten Service mehr bezahlen sollten? Würden Sie freiwillig mehr für einen schlechten Service bezahlen?*

Luke Helms, Vorstandsvorsitzender der in Seattle ansässigen Seafirst Bank, geht davon aus, daß es seiner Bank „fünfmal mehr Kosten verursacht, einen Neukunden zu akquirieren, als einen Stammkunden zu halten". Eine alte Faustregel beziffert die Kosten für die Kundenakquisition auf das Drei- bis Fünffache der Kosten für den Erhalt eines Kunden. Viele Unternehmen wissen, wovon Helms spricht, und konzentrieren sich in ihren Schulungen daher auf den Kundenerhalt, da Stammkunden kauffreudiger sind, für eine gute Mundpropaganda sorgen und bereit sind, höhere Preise zu bezahlen.

MBNA, die Muttergesellschaft der Maryland National Bank und des Kreditkartenunternehmens von Baltimore, das auf MNC Financial basiert, hat es geschafft, 95 Prozent seiner Kunden zu halten, während gesamtwirtschaftlich die Unternehmen eine Kundenfluktuation von 20 Prozent registrieren. Die Ursache dieser starken Kundenloyalität beruht auf dem hohen Niveau ihres Kundenservice. Wodurch wurde diese Fixierung auf Kundenerhalt und Kundenservice ausgelöst? Charles Crawley, Direktor der MBNA, hatte festgestellt, daß ihm die Akquisition „eines neuen Karteninhabers 100 US-Dollar kostet, während ein über fünf Jahre andauerndes Kundenverhältnis ihm im Durchschnitt einen Jahresgewinn von 100 US-Dollar einbringt und ein über zehn Jahre währendes einen Gewinn von 300 US-Dollar abwirft".

Lektion 4:
Schlechter Service ist der häufigste Grund
für Kündigung seitens der Kunden

Vergleichen Sie nun die Kosten der Kundenakquisition mit den Kosten, die dadurch verursacht werden, daß Bankkunden die Bank wechseln. Von uns durchgeführte Studien zeigen, daß 25 Prozent der Kontoauflösungen wegen schlechtem Service erfolgen. Andere Studien geben an, daß diese Zahl bei nicht weniger als 42 Prozent liegen muß. Darüber hinaus schätzen Umfragen der Raddon Financial Group, daß jedes aufgelöste Konto im Durchschnitt den Verlust einer Drei-Produkte-Geschäftsbeziehung und den Verlust eines Einlagesaldos von 23 000 US-Dollar bedeutet. Eine von Seafirst Bank in Auftrag gegebene Untersuchung kommt zu ähnlichen Erkenntnissen hinsichtlich des Kundenwechsels. Ihre Untersuchung ergab, daß 68 Prozent der Kunden die Bank wegen der gleichgültigen Haltung gegenüber dem Kunden wechselten, 14 Prozent gaben Produktunzufriedenheit an, für 9 Prozent war Wettbewerb ein Grund, 5 Prozent sagten, sie hätten andere Bankbeziehungen aufgebaut, 3 Prozent waren fortgezogen und 1 Prozent war gestorben. Ganz gleich, welche Studien man betrachtet, die Botschaft ist klar. Insgesamt gesehen ist der häufigste Anlaß, den Kunden als Grund für einen Bankwechsel angeben, der schlechte Kundenservice.

Lektion 5:
Eine negative Mundpropaganda zerstört den Erfolg der Werbung

Überlegen Sie einmal, wieviel Ihre Bank für Werbemaßnahmen aufwendet, die das Image eines soliden Kundenservice fördern sollen. Führen Sie sich nun vor Augen, was passiert, wenn Sie dieses Versprechen nicht halten: Der unzufriedene Kunde wird abschätzig über seine Erfahrungen mit Ihrer Bank reden und zwar zu mindestens neun weiteren Personen. Ferner wissen wir auch, daß zusätzliche 13 Prozent unzufriedener Kunden bei weiteren 20 Personen über ihre negativen Erfahrungen berichten werden. Und jetzt berücksichtigen Sie, daß sich nur etwa 2 Prozent dieser unzufriedenen Kunden bei der Geschäftsführung beschweren werden.

Wir wollen nun diese Betrachtung in ein entsprechendes Verhältnis setzen. Nehmen wir einmal an, Sie bekommen pro Monat eine Beschwerde beziehungsweise – auf das Jahr gerechnet – zwölf Beschwerden auf den Tisch. Dies sind genau jene 2 Prozent, von denen die Geschäftsführung Kenntnis erhält. Das bedeutet, daß es draußen ein Kontingent von 600 unzufriedenen Kunden gibt, die anderen über die Art und Weise berichten, wie sie von Ihrer Bank behandelt wurden. Wenn der unzufriedene Durchschnittskunde seine Geschichte neun weiteren Personen erzählt (9 x 600 = 5 400) und 13 Prozent von diesen erzählen sie dann weiteren 20 Personen (600 x 13 = 78 x 20 = 1 560), *so hören 6 960 Personen Negatives über Ihre Bank.* Der vernichtende Faktor negativer Publicity besteht darin, daß sie eine weitaus glaubwürdigere Informationsquelle darstellt als Ihre Werbemaßnahmen. Potentielle Kunden tendieren dazu, ihren Freunden und Nachbarn eher zu glauben als Ihrer Werbung.

Bei der Untersuchung verschiedener Banken haben wir festgestellt, daß eine ganze Reihe der Ansicht sind, Kundenbetreuungsstrategien dadurch umgehen zu können, indem sie zwar mit einem umfangreichen Kundenservice werben, jedoch nicht gewährleisten, daß dieser nicht nur in Worte, sondern auch in Taten umgesetzt wird. Diese Methode ist nicht nur undurchführbar, sie verursacht den Banken sogar in der Regel zusätzliche Probleme.

Werbemaßnahmen, die den Kundenservice als treibende Kraft eines Geldinstituts vermarkten, obwohl dies nicht den Tatsachen entspricht, schaffen nur falsche Vorstellungen und Erwartungshaltungen, denen die Bank nicht gerecht werden kann. Die Zufriedenheit des Kunden beruht auf dem Unterschied dessen, was der Kunde erwartet und dem, was er tatsächlich erhält. Kunden sind dann zufrieden, wenn sie mehr erhalten als sie erwartet haben, beziehungsweise wenn der Service dem entspricht, was sie sich davon versprochen haben. Kundenerwartungen künstlich in die Höhe zu treiben und sie dann gegebenenfalls nicht zu erfüllen, muß unweigerlich zur Unzufriedenheit des Kunden führen, wodurch sich die Zahl der verärgerten Kunden, die Negatives über die Bank verbreiten, vergrößert.

Mit hochgesteckten Erwartungen Werbung zu treiben, wurde beispielsweise der Florida Power & Light Company zum Verhängnis. Während der achtziger Jahre empfahl sich FP & L seinen Kunden als ,,Meister der Qualitätskontrolle". Doch leider offenbarte sich letztes Jahr um die Weihnachtszeit, als ganz Amerika von Eis und Schnee überrascht wurde, was sich hinter diesem Anspruch verbarg. Außerstande genügend Energie zu liefern, zog FP & L den Zorn seiner Kunden auf sich.

Leading Edge befand sich in einer ähnlichen Situation. Die Lieblinge der Computerwelt, die Hersteller von IBM-Klonen, offerierten ihren Kunden eine Garantie von 15 Monaten auf ihre Produkte – rund 12 Monate mehr als andere Hersteller. Doch leider erschöpfte eine schlecht durchdachte Produktdiversifikation die Liquiditätsreserven und lenkte die Aufmerksamkeit der Unternehmensführung von den eigentlichen Aufgaben ab, was auf die Unfähigkeit des Unternehmens hinauslief, Kundenaufträge auszuführen. Reparaturen konnten nicht mehr durchgeführt werden und die Kunden von Leading Edge konnten sich nicht mehr auf das Unternehmen verlassen. ,,Wenn man die Serviceerwartungen der Leute von vornherein hochschraubt, ihnen aber nicht gerecht wird, so liefert man letzten Endes einen schlechteren Service, als wenn man überhaupt keine Versprechungen gemacht hätte", meint William H. Davidow, Co-Autor des Buches „Total Customer Service".

Lektion 6:
Servicequalität bedeutet mehr Freiheit bei der Preisgestaltung

In *Winning Banks* berichteten wir über die Gefahr des Preiswettbewerbs sowie darüber, wie Führungskräfte von Banken es schaffen, ihren Instituten unabsichtlich zu einem Imageverlust zu verhelfen und die Kontrolle über die Preispolitik der Bank zu verlieren. Die Warenfalle schnappt zu, wenn das Management einer Bank nicht in der Lage ist, diejenigen Kriterien zu erkennen, die sie von der Masse abheben und der Bank ein spezifisches und identifizierbares Image verleihen. Hier versagt das kreative Management. Banken vertreten zu oft die Ansicht, daß das, was sie den Kunden anzubieten haben, sich nicht von dem unterscheidet, was andere Geldinstitute anbieten, und es daher nur über den Preiswettbewerb möglich ist, Kunden zu werben und zu halten. Wenn sich diese Management-Malaise erst einmal einbürgert, und die Preise der jeweiligen Marktsituation angepaßt werden, dann werden Prozesse in Gang gesetzt, bei denen reduzierte Gewinnspannen zusätzliche Kosteneinsparungen erforderlich machen. Diese Einsparungen werden in der Regel durch die Reduzierung des Mitarbeiterstabs erreicht, wodurch wiederum die Qualität des Kundenservice, den die Bank anbietet, in Mitleidenschaft gezogen wird. Wenn sich die Banken dieser selbstzerstörenden Strategie des Preiswettbewerbs unterwerfen, dann betrachten die Kunden das Bankgewerbe als ein Warengeschäft, in dem sich keine Bank von der anderen unterscheidet. Der einzige Grund, sich für eine bestimmte Bank zu entscheiden, liegt dann in ihrem niedrigen Preisangebot.

Bei Mais, Schweinefleisch, Baumwolle, Kugellagern und Hühnern handelt es sich um Waren im eigentlichen Sinne. Gegenüber dem Hersteller dieser Waren empfindet der Kunde keine Loyalität. Da es diesen Produkten an Unterscheidungsmerkmalen fehlt, ist beispielsweise ein Huhn in der Regel so gut wie das andere. In der Warensituation selbst hat der Hersteller keine Möglichkeit, die Preise zu beeinflussen. Das Argument, das wir bereits in *Winning Banks* anführten und das wir hier nun wiederholen möchten, lautet: *Im Bankgeschäft muß es keinen Preiswettbewerb geben.*

Weiter oben erwähnten wir das Schädlingsbekämpfungsunternehmen Bugs Burger Bugs Killers (BBBK). Dieses Unternehmen wurde vor gar nicht langer Zeit von Johnson's Wax aufgekauft. BBBK ist kein gewöhnliches Schädlingsbekämpfungsunternehmen. Es berechnet viermal mehr als seine Wettbewerber, macht einen Gewinn von 9 bis 12 Prozent in einer Branche, die normalerweise nur 5 Prozent Jahresüberschuß erwirtschaftet. Das Schädlingsbekämpfungsgewerbe wird gemeinhin als Warengeschäft betrachtet. Das war es auch, bis BBBK auf den Plan trat. Für die Kunden war das eine Schädlingsbekämpfungsunternehmen so gut wie das andere. Was bietet BBBK, daß es höhere Preise verlangen kann und demzufolge mehr Umsatz macht? Wie konnte BBBK die Warenfalle umgehen und sich von der Masse abheben? Die Antwort liegt in ihrem Mehrwertansatz begründet. BBBK liefert über sein ausgesprochen hohes Kundenserviceniveau hinaus einen zusätzlichen Wert. Bei BBBK bezahlt der Kunde beispielsweise nicht für die anfänglichen Säuberungsmaßnahmen und den monatlichen Service, sondern erst, wenn er bestätigt, daß das Kammerjägerteam alle Nest- und Brutplätze des Ungeziefers in den jeweiligen Räumlichkeiten vernichtet hat. Erst dann bezahlt der Kunde für die Dienstleistung. Wenn die Kammerjäger ein Anwesen nicht schädlingsfrei halten können, dann bekommt der Kunde für die vergangenen 12 Monate das Geld zurückerstattet (sie zählen offensichtlich auf kompetente Leute) zuzüglich freiem Service für ein Jahr durch einen Kammerjäger seiner Wahl. Wenn ein Gast in einem Hotel oder Restaurant eine Küchenschabe entdeckt, bezahlt BBBK für das Essen oder für das Zimmer, verfaßt ein Entschuldigungsschreiben und stellt einen Geschenkgutschein aus für eine spätere Zimmerbuchung beziehungsweise ein späteres Essen. BBBK versteht es, durch ein hohes Maß an Kundenservice ihr standardisiertes Produkt mit einem echten Zusatznutzen zu versehen. Aufgrund dieser Strategie können sie sich von der Masse ihrer Wettbewerber abheben, höhere Preise verlangen, gewinnorientierter arbeiten und vor allem der Warenfalle entgehen.

Ein anderes Unternehmen, das den Mehrwert des Kundenservice im ursprünglichen Sinne versteht, ist Premier Industrial Corporation, eine Vertriebsgesellschaft industrieller Ersatzteile. Vor einigen Jahren wandte sich der Manager einer Caterpillar Traktor-Fertigungsstätte aus Decatur, Illinois, an Premier mit der Bitte, ein elektrisches 10-US-Dollar-Relais zu beschaffen. Das Relais war zusammengebrochen und hatte die Arbeit auf einer der Fertigungsstraßen von Caterpillar zum Stillstand gebracht. Das Ersatzteil fand man in einem Warenhaus in Los Angeles und wurde in Windeseile zu einem für St. Louis bereitgestellten Flugzeug gebracht. Gegen 22.30 Uhr wurde das Ersatzteil – zur großen Freude des Caterpillar-Managers – einem Premier-Mitarbeiter übergeben. Ohne Zweifel zahlt Premier, um seinen Kunden diesen Service zu bieten, bei derartigen Aktionen drauf; doch letztendlich zahlt es sich für das Unternehmen aus. ,,Premier kann bis zu 50 Prozent mehr für jedes seiner 250000 weltweit bezogenen Industrieersatzteile berechnen als seine Wettbewerber. Seine Eigenkapitalrentabilität betrug 1989 27,8 Prozent des erreichten Umsatzes von 596 Millionen US-Dollar. Im vergangenen Geschäftsjahr betrug die Eigenkapitalrentabilität von Premier 32,2 Prozent (das Dreifache des Branchendurchschnitts) und die Betriebsrendite 25 Prozent (etwa das Vierfache des Branchendurchschnitts).

Die gleiche Profitabilität zeigt sich bei Delta Airlines – einem anderen Top-Dienstleistungsunternehmen. Deltas Nettobetriebsergebnis führte die Branche 1990 an. Deltas Nettogewinn betrug 1990 3,5 Prozent verglichen mit 1,1 Prozent für American,

2,7 Prozent für United und 0,5 Prozent für die gesamte Branche. Der Mitbegründer und Vorsitzende von Premier, Morton L. Mandel, erklärt: ,,Für uns ist die Kundenbetreuung die Hauptsache." Die gleichen Gedanken äußert auch Roger Enrico, Präsident von Pepsi-Co Worldwide Beverages, der seine Unternehmensphilosophie folgendermaßen zusammenfaßt: ,,Wenn Sie in jeder Beziehung kundenorientiert ausgerichtet sind und den Service bieten, den Ihre Kunden erwarten, dann läuft alles weitere von selbst."

Steckt man einmal in der Warenfalle, kommt man so schnell nicht wieder heraus. Fragen Sie die Unternehmensführung von Continental Airlines.

Eine im vergangenen Jahr veröffentlichte Umfrage ergab, daß nur 9 Prozent des Marktes Continental den Vorzug geben. Was ist zu tun? Continental, einst bekannt als der Billiganbieter, muß dieses Image ablegen, einen breiteren und besseren Kundenservice anbieten und versuchen, die Arbeitsmoral unter seinen Angestellten aufrechtzuerhalten.

Mit anderen Worten: Das Unternehmen muß seinem Produkt einen zusätzlichen Wert hinzufügen. Ein zweitägiges Kundenserviceseminar sowie zusätzliche Ausgaben, um 25 000 Angestellte auf das neue Image vorzubereiten, setzen die Akzente. Wird es funktionieren? Donald S. Garret, stellvertretender Vorsitzender (vice president) der Fluggesellschaft Consulting Unternehmens Sineat Helliesen und Eichner, gibt einen vorsichtigen, aber treffenden Kommentar zur Warenfalle: ,,Wenn es mit Ihrem Kundenservice bergab geht, dann reagiert der Markt sofort. Bei einer Verbesserung reagiert er langsamer."

Es gibt außerhalb des Bankgewerbes eine Reihe von Unternehmen, die diesen Ansatz des Zusatznutzens anwenden. Hierzu gehören Unternehmen wie Orville Redenbacher, Famous Amos, Frank Perdue, Cross Pen, American Express und Nordstroms. Die Führung dieser Unternehmen hat sich das Konzept des Zusatznutzens zu eigen gemacht und in ihr Produkt- und Serviceangebot eingebunden. Doch wie sieht es bei den Banken aus?

Traditionell importiert das Bankgewerbe den Zusatznutzen von außerhalb der eigenen Branche. Das heißt, Banken versuchen ihren Produkten und Dienstleistungen dadurch einen zusätzlichen Wert zu verschaffen, indem sie ihren Kunden – bei Eröffnung eines Girokontos – einen Schirm, einen Toaster oder eine Decke schenken. Einige Banken offerieren sogar Kompaktdisketten, Computer oder andere High-Tech-Artikel; doch die Situation hat sich deshalb nicht geändert. Dadurch, daß die Banken branchenfremde Werte einführen, geben sie indirekt zu, daß sie ihren Angeboten keine eigenen zusätzlichen Werte hinzufügen können. **Doch das ist falsch gedacht.**

Kunden messen Service einen hohen Wert bei. Sie schätzen eine Bank, die entgegenkommend ist, die auf die Bedürfnisse des Kunden eingeht, die keine Fehler macht, und wenn sie welche macht, diese von sich aus korrigiert und die damit verbundenen Unannehmlichkeiten für den Kunden so gering wie möglich hält.

Ein Top-Kundenservice kann dem Produkt beziehungsweise der Dienstleistung einer Bank durchaus einen nicht zu unterschätzenden zusätzlichen Wert verleihen. Er gibt der Geschäftsführung einer Bank die Möglichkeit, der Warenfalle zu entgehen, höhere Preise zu berechnen und langfristig Kosten zu reduzieren.

Wenn man etwas vom Konkurrenzkampf der Banken lernen kann, dann dieses: Kunden reagieren auf Preiserhöhungen nicht so sensibel, wie früher angenommen wurde.

Wenn ein höherer Preis mit einem erkennbaren Wert gekoppelt ist, dann werden die meisten Bankkunden die Beziehung zu ihrer Bank nicht aufgrund marginaler Preiserhöhungen kündigen.

Solange das Preis-Leistungs-Verhältnis im Gleichgewicht ist, besteht ein größerer Freiraum in bezug auf die Preiskalkulation, als ursprünglich angenommen. Eine Umfrage der *Wall Street Journal/NBC News* verdeutlicht diese Preisunsensibilität der Kunden. Auf die Frage ,,Wie oft kaufen Sie bei einem Unternehmen, das einen hervorragenden Service, aber hohe Preise hat?" antworteten von 1 507 Befragten 40 Prozent mit „manchmal", 28 Prozent mit „meistens" und sogar 7 Prozent mit „immer". Ein hervorragender Kundendienst kann höhere Preise ausgleichen.

Er bietet darüber hinaus den Vorteil, zufriedene Kunden als wandelnde und sprechende Reklametafeln zu nutzen, die die Qualität Ihres Service und Ihrer Produkte nach außen tragen. Ein hohes Kundenserviceniveau macht aus Ihren Kunden Käufer, anstatt aus Ihren Mitarbeitern Verkäufer zu machen. Ein Top-Kundenservice gibt Ihnen die Möglichkeit, Kunden an Ihre Bank zu binden, während die Notwendigkeit, Neukunden zu akquirieren, dadurch reduziert wird.

Lektion 7:
Kundenbindung und geringe Mitarbeiterfluktuation gehen Hand in Hand

Einer der weniger bekannten, jedoch wichtigen Faktoren eines Top-Kundendienstleistungssystems ist die Beziehung zwischen Kundenzufriedenheit und Mitarbeiterfluktuation. Die Notwendigkeit eines qualifizierten Dienstleistungspersonals für das kommende Jahrzehnt bereitet vielen Personalmanagern im gesamten Servicebereich Probleme und läßt den gegenwärtigen Mitarbeiterbestand zu einem akuten Problem werden. Unzuverlässigkeit in den Reihen der Mitarbeiter kann eine Unzuverlässigkeit im Dienstleistungsbereich zur Folge haben. Wie aber hängen der Erhalt der Mitarbeiter und ein solider Kundenservice zusammen?

Leonard A. Schlesinger und James L. Heskett bieten die folgende Darstellung einer Kunden-Mitarbeiter-Beziehung an (siehe Abbildung 1). Wie die Abbildung zeigt, verbirgt sich dahinter eine zyklische Beziehung. Es ist schwer zu sagen, wo der Zyklus beginnt und wo er endet, doch das Prinzip ist klar: Zufriedene Kunden gehen mit einer geringeren Kundenfluktuation einher, die wiederum zu höheren Gewinnspannen führt. Höhere Gewinnspannen führen zu einer größeren Zufriedenheit unter den Mitarbeitern und einer geringeren Mitarbeiterfluktuation, was wiederum eine größere Kundenzufriedenheit mit sich bringt. Delta-Airlines ist ein gutes Beispiel für eine gut funktionierende Kunden-Mitarbeiter-Beziehung. Die Angestellten von Delta verdienen im Durchschnitt 21 Prozent mehr als der Durchschnittsangestellte einer anderen Fluggesellschaft. Eine gute Moral und wenig Entlassungen während der vergangenen 33 Jahre haben zu einer Mitarbeiterloyalität geführt, die Delta – im Vergleich zu den großen Fluggesellschaften – die wenigsten Kundenbeschwerden in den vergangenen 16 Jahren eingebracht hat.

Mitarbeiter, die im Sinne eines guten Kundenservice geschult werden, sind stolzer auf ihre Arbeit als jene, die nicht mit dem notwendigen Rüstzeug ausgestattet worden sind. Ein Krankenhaus, daß Kundenpflege zu seiner täglichen Aufgabe macht, folgt dem strategischen Wahlspruch: Wir sind stolz darauf zu dienen, weil wir pflegen wollen. Seine gesamte Servicestrategie dreht sich um drei grundlegende Werte: Stolz, Service und Pflege; drei Werte, die einfach und ohne weiteres auf eine Bankfiliale übertragen werden könnten.

Dies sind einige grundlegende Lektionen, die wir von Banken und anderen Unternehmen, die innerhalb des Dienstleistungssektors miteinander konkurrieren, gelernt haben. Doch die wahrscheinlich wichtigste Lektion, welche die kundenorientierten Organisationen lernen mußten, ist die Notwendigkeit, dem Kunden zuzuhören. Anstatt im Vakuum des Konferenzraums darüber nachzudenken, wie ein hervorragender Kundenservice auszusehen hat, haben die Top-Dienstleister sich bemüht, zu erfahren, was ihre Kunden unter hervorragendem Service verstehen. Weil das kundenorientierte Dienstleistungskonzept so entscheidend für den Wettbewerbserfolg dieser Top-Dienstleistungsorganisationen ist, möchten wir einige der wichtigsten Punkte noch einmal aufgreifen, die für die meisten der interviewten Bankkunden von entscheidender Bedeutung waren. Das nächste Kapitel zeigt Möglichkeiten auf, wie der interessierte Leser dieser wichtigen Thematik auf den Grund gehen kann. Die Kapitel 3, 4 und 5 geben dem Leser Gelegenheit, Einblick in Gespräche über Kundendienstleistung zu nehmen, die wir mit Bankkunden aus allen Bereichen des Landes geführt haben.

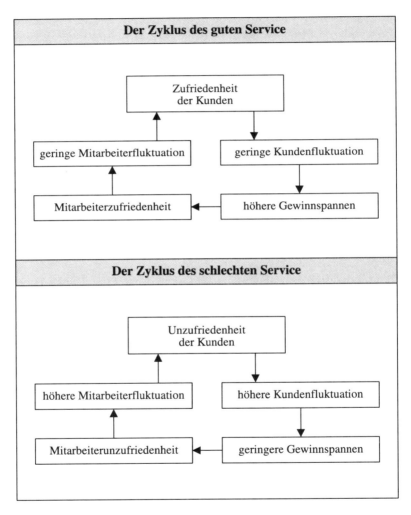

Abbildung 1: Der Service-Zyklus

Kapitel 2

Hören Sie auf Ihre Kunden!

Die primäre Frage, die wir vom Standpunkt unserer Untersuchung aus zu klären suchten, war: „Was verstehen Kunden unter Servicequalität im Bankgewerbe?" Die allgemein verbreitete Antwort der Banker auf diese Frage ist unserer Meinung nach etwas vage. Doch das Fehlen einer klaren Antwort resultiert nicht aus der Tatsache, daß Banker zum Thema Dienstleistung keine Meinung hätten. Ganz im Gegenteil – Banker haben oft klar definierte Vorstellungen darüber, was Kunden von Servicequalität erwarten. Unsere Erfahrungen und unsere Untersuchung haben allerdings ergeben, daß diese Vorstellungen vielfach über Jahre durch bankinterne Zielsetzungen beeinflußt wurden und nicht dadurch, was der Kunde wünscht oder braucht. Mit anderen Worten:

Wir haben den Eindruck, daß Banker eine Definition von Servicequalität aufgrund ihrer auf das interne Gefüge der Bank gerichteten Sichtweise entwickelt haben, anstatt die Qualität ihrer Dienstleistungen aus der Perspektive des Kunden zu beurteilen.

Diese These kann an folgendem Beispiel verdeutlicht werden: Wir sprachen mit zahlreichen Bankern, die die Ansicht vertraten, daß Sorgfalt bei der Abwicklung von Bankgeschäften die wichtigste Komponente sei, da diese dem Kunden das positive Gefühl vermittle, einen hervorragenden Kundenservice erhalten zu haben. Die Kunden sehen dies allerdings anders. Kunden berichteten uns, daß sie nicht nur Sorgfalt, sondern sogar hundertprozentige Sorgfalt erwarten. Während Sorgfalt allein dem Kunden noch nicht das **Gefühl** vermittelt, einen guten Kundenservice zu bekommen, ruft sein Fehlen beim Kunden unweigerlich das Gefühl hervor, schlecht bedient worden zu sein. Daher ist unserer Meinung nach schon viel gewonnen, wenn hundertprozentige Sorgfalt beim

Kunden wenigstens ein neutrales Gefühl auslöst. Jede Bank, die Sorgfalt in den Mittelpunkt ihres Top-Dienstleistungsprogramms stellt, mißversteht ihren Sinn und läuft Gefahr, bei ihren Kunden keine positiven Empfindungen hervorzurufen. In diesem Perzeptionsunterschied liegt der Grund, weshalb Banker den Kunden in den Mittelpunkt ihrer Überlegungen stellen sollten, wenn sie Direktiven hinsichtlich Servicequalität geben und eine geeignete Definition finden wollen.

Neben der recht unklaren Definition von Servicequalität sind noch einige andere Kriterien unserer Untersuchung von Bedeutung. So maßten wir uns beispielsweise bei unserer Untersuchung nicht an, bereits zu wissen, was Kunden wünschen. Wir achteten vielmehr darauf, den Gegenstand der Untersuchung nicht zu sehr einzuschränken. Denn unsere Vorstellungen in dieser Hinsicht sind nicht viel besser als die der Banker. Ein Grund hierfür mag darin liegen, daß wir, bedingt durch unseren beruflichen Werdegang, selbst wie Banker denken. Der Schwerpunkt der Untersuchung mußte daher hinreichend weit gefaßt werden, um den Kunden bei seinen Überlegungen, was Servicequalität im Bankgewerbe für ihn bedeutet, nicht einzuschränken; denn die Vorstellung von Servicequalität gehört hauptsächlich in die Welt der Gefühle.

Schließlich erkannten wir die Notwendigkeit, innerhalb der Untersuchung ein Forum für Kunden des Bankgewerbes einzurichten. Unser Ziel war es, dieses Buch in erster Linie auf der Basis von Kundenaussagen aufzubauen und nicht auf der Basis empirisch gewonnener Daten, die wir aus den Antworten einengender Fragebögen hätten herausfiltern müssen. Wir wollten das Erinnerungsvermögen der Kunden, das seine natürlichen Grenzen lediglich durch die Erfahrungen und Erwartungen hinsichtlich Bankbeziehungen finden sollte, nicht einengen. Zur Realisierung dieses Verfahrens entwickelten wir einen Diskussionsleitfaden (siehe Abbildung 2).

Diskussionsleitfaden

1. Einführung
2. Wenn Sie an einen Top-Kundenservice im Bankgewerbe denken, woran denken Sie dann in erster Linie?
3. Wenn Sie an einen schlechten Kundenservice im Bankgewerbe denken, woran denken Sie dann zuerst?
4. Berichten Sie über die positivste Erfahrung, die Sie jemals mit Banken erlebt haben.
5. Berichten Sie über die negativste Erfahrung, die Sie jemals mit Banken gemacht haben. Hätte Ihrer Meinung nach etwas getan werden können, um mit der Situation besser fertigwerden zu können? Was hätte Ihrer Meinung nach getan werden müssen, um diese negative Erfahrung in eine positive umzuwandeln?
6. Vergleichen Sie das Tätigen von Bankgeschäften mit einer Ihrer täglichen Routinearbeiten.
7. (Der Diskussionsleiter erklärt das *Marketingkonzept*. Es sagt aus, daß alles, was eine Organisation macht, dies zur Zufriedenheit des Kunden tut.) Wird dieses Marketingkonzept in Ihrer Bank realisiert?
8. Inwieweit erfüllt Ihre Bank die folgenden Punkte, und wie wichtig ist jeder einzelne für Sie?

   - Entscheidungsfindung
   - Konsequenz
   - Schnelligkeit
   - Persönlicher Service
   - Marktführerschaft
   - Professionalität
   - Sorgfalt
   - Know-how
   - Preis-Leistungs-Verhältnis
   - Leistung
   - Produkteigenschaften
   - Zuverlässigkeit
   - Kommunikation
   - Stabilität
   - Konfliktlösung
   - Höflichkeit

9. Wie lange sind Sie bereit, auf einen Bankangestellten, auf einen Abteilungsleiter oder auf einen Kreditsachbearbeiter zu warten? Was ist Ihrer Meinung nach akzeptabel? Wie lange dauert es, bis Sie aus der Haut fahren?
10. Inwieweit beeinflußt das äußere Erscheinungsbild einer Geschäftsstelle Ihre Erwartungshaltung bezüglich der Servicequalität?
11. Sind Banken grundsätzlich vergleichbar? Was unterscheidet sie voneinander? Welche Bank ist die ,,beste" und warum?
12. Wenn Sie sich nach einer neuen Bank umschauen würden, wonach würden Sie dann suchen? Wen würden Sie um Rat fragen? Wie entscheiden Sie sich? Wohin gehen Sie, um Informationen einzuholen?
13. Was zeichnet eine ,,freundliche" Bank aus? Ist Freundlichsein wichtig für Sie? Was ist Ihnen außerdem wichtig?
14. Wenn eine Bank einen ,,erstklassigen" Service verspricht, was sagt Ihnen das? Erwarten Sie von der Bank, daß sie perfekt ist? Wenn eine Bank einen Fehler macht, verbinden Sie damit notwendigerweise auch einen schlechten Kundenservice?
15. Dank an die Teilnehmer.

Abbildung 2: Muster eines Diskussionsleitfadens

Landesweite Zielgruppenbefragungen

Auf der Basis der nunmehr definierten Untersuchungsproblematik entschlossen wir uns, eine Reihe von Zielgruppen zu bedienen. Dies erlaubte uns, das Konzept der Servicequalität mit Stellungnahmen von Kunden anzureichern, erlaubte den Kunden die spezifische Richtung der Untersuchung festzulegen und gewährte ihnen einen beträchtlichen Freiraum, um Eindrücke, Einstellungen, Werte und Erwartungen zu hinterfragen, die allesamt eine Rolle bei dem Versuch spielten, Servicequalität zu definieren.

Als nächstes beschlossen wir, Zielgruppen in verschiedenen Marktsegmenten zu befragen. Unser Ziel war es, ein branchenweites Einvernehmen bezüglich Kundenservice zu erreichen, das über Marktsegmentgrenzen hinausgeht. Wir versuchten, über die Auswahl von Zielgruppen einen repräsentativen Querschnitt in jeder größeren Region der Vereinigten Staaten zu erreichen. Wir führten Gruppeninterviews von der Westküste bis zur Ostküste und vom Nordosten bis zum Süden durch. Spezifische Marktsegmente wurden in den verschiedensten geographischen Regionen ausgewählt. Die Reaktionen, die wir erhielten, wurden durch folgende Faktoren geprägt:

– durch die Bereitschaft der einzelnen Banken, Zielgruppen zu unterstützen und uns Zugriff auf ihre Klientel zu gewähren,

– durch die Bereitschaft der Banken, bei der Finanzierung von Ausgaben, die mit den Interviews verbunden waren, mitzuhelfen,

– durch die Bereitschaft der Banken, uns zu erlauben, die Inhalte der Interviews in diesem Buch zu verwenden.

Aufgrund dieser Faktoren konnte bereits anhand der Reaktionen der Banken auf eine Klientel geschlossen werden, die ihren Banken gegenüber offenbar positiv eingestellt sein mußte, weil diese – zumindest in gewissem Sinne – kundenorientiert agierten. Diese Technik ermöglichte uns, unser Ziel zu erreichen: nämlich den Kunden die Gelegenheit zu geben, ihrer Vorstellung von der eigentlichen Bedeutung eines qualitativ hochwertigen Kundenservice Ausdruck zu verleihen.

Zahlreiche Banken im ganzen Land wurden kontaktiert, um ihr Interesse an Servicequalität aus der Perspektive des Kunden zu hinterfragen. Wir stellten fest, daß viele Banken nicht daran interessiert waren, Zielgruppen – bestehend aus ihren Kunden – zu unterstützen. Das hatten wir nicht erwartet. Wir waren eher davon ausgegangen, daß, weil sich die Zielgruppen aus dem freien Dialog konstituierten, es unser Problem sein würde, nicht alle interessierten Banken berücksichtigen zu können. Viele Banken reagierten aber trotzdem begeistert, als wir an sie herantraten. Die Auswahl der Banken erfolgte also nicht auf willkürliche Weise.

Die Untersuchung wurde vielmehr nur in solchen Marktsegmenten durchgeführt, die über Banken mit einem Interesse an qualitativ hochwertigem Kundenservice verfügten.

Diejenigen Banken, die bereit waren, Zielgruppen zu unterstützen, zogen daraus einen zusätzlichen Nutzen. Einige von ihnen nahmen beispielsweise die Sitzungen, in denen Kunden über ihre Erfahrungen mit gutem Kundenservice berichteten, auf Video auf. Sobald sie zwei bis vier Stunden der Zielgruppeninterviews aufgenommen hatten, bearbeiteten diese Banken die Bänder und erstellten Schulungs-Videobänder für ihre Mitarbeiter. Wir können uns kein wirksameres Schulungsinstrument vorstellen, als Kunden, die Bankmitarbeitern direkt über ihre Erwartungen hinsichtlich Servicequalität berichten.

Viele Banken forderten sogar die Mitglieder der Geschäftsleitung auf, sich das Verhalten der Zielgruppe anzusehen. Offensichtlich ist die Geschäftsleitung von der Kundenserviceproblematik sehr weit entfernt. Die Geschäftsleitung beschäftigt sich zu Recht mit anderen Problemen auf anderer Ebene. Wir glauben allerdings, daß es auf lange Sicht gesehen kein wichtigeres Problem als Servicequalität für das höhere Management geben wird. Diese Untersuchung erlaubt Bankern, die aufgrund ihrer täglichen Arbeit näher mit Kunden zu tun haben, gegenüber dem höheren Management einige kritische Argumente vorbringen zu können, ohne dadurch gleich ihre Karriere aufs Spiel zu setzen.

Die Untersuchung war ein wirksames Instrument, die Wichtigkeit der Servicequalität innerhalb der Bankhierarchie zu vermitteln. Darüber hinaus half sie einigen Banken ihre ,,Human ressources" gezielter zu verteilen, um sich Kundenproblemen besser zuwenden zu können. Eine Bank berichtete uns, daß sie die Gestaltung einer Werbekampagne durch ihre Werbeagentur verworfen habe; diese Entscheidung resultierte aus den Erkenntnissen, die die Bank durch die Zielgruppe gewonnen hatte. Die Bank war zu der Überzeugung gelangt, nachdem sie ihren Kunden zugehört hatte, daß die neue Werbestrategie inadäquat sei und daher überprüft werden müsse, um ihr eine neue Richtung geben zu können. Eine andere Bank berichtete uns von einer größeren Werbekampagne, die angesichts eines weiterführenden Gedankenaustauschs mit ihren Kunden hinsichtlich deren Bedürfnisse und Wünsche ebenfalls über Bord geworfen worden war.

Auf diese Weise gewannen die Banken, die bereit waren, diese Untersuchungsmethode zu übernehmen – neben dem eigentlichen Vorteil, Definitionen der Servicequalität aus der Sicht des Kunden zu entwickeln – echte, spürbare Vorteile.

Die ersten Resultate der Zielgruppenanalyse

Viel Zeit wurde mit der Background-Untersuchung des Qualitätsproblems verbracht. Es ist viel Brauchbares darüber geschrieben worden. Von besonderem Wert bei unseren Bemühungen war die Arbeit der drei Forscher von Texas A & M.: A. Parasuraneum, Valerie A. Zeithaml und Leonard L. Berry. Ihr Artikel ,,A Conceptual Model of Service Quality and its Implications for Future Research" bildete die Grundlage für das vorliegende Buch. In diesem Artikel identifizierten sie zehn Bestimmungsgrößen der Servicequalität, die auf viele Dienstleistungsbereiche angewendet werden können. Es war unsere Absicht, auf ihrem Grundlagenwerk aufzubauen und die zehn Determinanten mit dem Bankgewerbe so in Verbindung zu bringen, daß sie für Führungskräfte des Bankgewerbes verständlich sind.

Die folgende Liste beinhaltet die von Parasuraneum, Zeithaml und Berry identifizierten Qualitätsdeterminanten sowie einige Erläuterungen. Unmittelbar an diese Liste schließt sich eine Definition von Servicequalität an, die von jetzt an benutzt wird und auf der sich unsere Analyse der Qualitätsdeterminanten stützt.

1. Zuverlässigkeit
Die Kunden wünschen sich eine Bank und einen Banker, auf die sie sich verlassen können. Das heißt, sie möchten ihre Bankgeschäfte mit Bankern abwickeln, die sie gleichbleibend

behandeln, gleich welche Veränderungen in der Bankpolitik auftreten. Sie wünschen sich Banker, die sorgfältig, konsequent und verläßlich sind, die ihren Job kennen und ihn vom ersten Augenblick an korrekt ausüben. Sie wünschen sich eine Bank, die hält, was sie verspricht. Zuverlässigkeit bedeutet konsequentes Handeln, Engagement und Respekt. Es erzeugt ein Gefühl der Sicherheit.

2. **Einfühlungsvermögen**
Kunden wünschen sich Bankpersonal, das die Bereitschaft zeigt, Dienstleistungen zu erbringen; im Falle von Auskünften, den Kunden schnellstens zu informieren; Fragen schnell und korrekt zu beantworten und mit dazu beizutragen, daß der Kunde in bezug auf seine Bankgeschäfte auf dem laufenden bleibt. Kunden wünschen sich Banken, die Transaktionen schnell bearbeiten und Anrufe schnell entgegennehmen. Einfühlungsvermögen beinhaltet Sensibilität für die Bedürfnisse, Flexibilität, außergewöhnliches Engagement, individuelles Eingehen, die Bereitschaft zum Nachhaken und zur Problemlösung.

3. **Kompetenz**
Kunden wünschen sich Banker, die über die notwendigen Fähigkeiten verfügen, um ihren Job sachkundig ausüben zu können sowie qualifizierte Ansprechpartner, Sachbearbeiter und Manager. Banker müssen ihre Produkte kennen. Kompetenz bedeutet, Know-how zu besitzen, sorgfältig zu arbeiten, über Banksysteme zu verfügen, die funktionieren und Antworten statt Vermutungen geben zu können.

4. **Erreichbarkeit**
Kunden wünschen sich Banker, mit denen sie telefonisch oder persönlich jederzeit Kontakt aufnehmen können. Sie wünschen sich Banken, die zu Zeiten geöffnet haben, die für den Markt, den sie bedienen, günstig sind. Kunden wünschen keine langen Wartezeiten. Sie erwarten, daß die Bankschalter während der regen Geschäftszeiten besetzt sind. Erreichbarkeit bedeutet, Anwesenheit und Ansprechbarkeit.

5. **Höflichkeit**
   Kunden wünschen sich Bankpersonal, daß höflich ist und Respekt zeigt, aufmerksam und freundlich ist, gepflegt aussieht und die aufrichtige Bereitschaft zu helfen demonstriert. Kunden wünschen keine Unaufrichtigkeit; sie können sie leicht erkennen. Höflichkeit bedeutet, Freundlichkeit, Rücksichtnahme und Respekt gegenüber jedem einzelnen Kunden.

6. **Glaubwürdigkeit**
   Kunden wünschen sich eine Bank, die vertrauenswürdig, glaubwürdig und ehrlich ist. Sie sind in den Bankbeziehungen sehr viel anspruchsvoller als viele Werbeleute ihnen in ihrer Werbung zutrauen. Glaubwürdigkeit impliziert Vertrauenswürdigkeit, den guten Ruf der Bank, Beständigkeit sowie das äußere Erscheinungsbild der Mitarbeiter und der Geschäftsstelle.

7. **Verständnis**
   Kunden wünschen sich eine Bank, die von ihnen erfährt, welche spezifischen Bedürfnisse sie haben, die sich dem Kunden individuell widmet und ihn wiedererkennt. Verständnis bedeutet, die spezifischen Bedürfnisse des Kunden zu kennen, sich einer Sache persönlich zu widmen, Engagement zu zeigen und die Stammkunden zu kennen.

8. **Kommunikation**
   Kunden wünschen sich eine Bank, die sie auf eine Weise auf dem laufenden hält, die sie verstehen können. Sie wünschen sich Banker, die ihnen Produkte und Dienstleistungen erklären können – deren Kosten sowie das Verhältnis von Kosten und Nutzen. Sie möchten die Gewißheit, daß ihre Probleme unverzüglich und korrekt bearbeitet werden und das Personal so gut informiert ist, daß es Dienstleistungen beziehungsweise Produkte erklären kann, ohne aus einer Broschüre rezitieren zu müssen. Kommunizieren bedeutet, Kunden auf dem laufenden zu halten, Gespräche zu beginnen und die Sprache des Kunden zu benutzen.

Da wir nun die Dimensionen der Kundenservicequalität identifiziert haben, müssen einige Punkte noch erläutert werden:

➪ Servicequalität ist ein multidimensionales Konzept und dadurch sehr komplex. Es bedeutet für unterschiedliche Leute unterschiedliche Dinge Außerdem wechselt die relative Bedeutung der Dimensionen mit den unterschiedlichen Kundengruppen.

➪ Was für den Kunden wichtig ist, mag sich gänzlich von dem unterscheiden, was für das Management einer Bank wichtig ist. Die Bedeutung der Dimensionen kann von einer Bank nur eingeschätzt werden, wenn sie mit ihren Kunden spricht.

➪ Unterschätzen Sie nicht den Wert, den Kunden dem Service beimessen. Die persönliche Seite des Bankgewerbes kann eine Qualitätserfahrung des Kunden hervorrufen beziehungsweise zerstören.

➪ Die Dimensionen der Servicequalität hängen alle zusammen. Sie sollten daher als ein Ganzes betrachtet werden anstatt als einzelne Komponenten.

➪ Es besteht eine Abhängigkeit von der Servicequalität. Die Qualitätserfahrung steht mit den Erwartungen des Kunden in Zusammenhang.

➪ Die Servicequalität ändert sich. Was heute als Qualitätserfahrung gilt, läßt den Kunden morgen ärgerlich werden, wenn sie nicht geschickt gemanagt wird.

Das Servicequalitätsmodell

Basierend auf den obenerwähnten Dimensionen der Kundenservicequalität bieten wir Ihnen das in Abbildung 3 dargestellte Modell an. Das Modell zeigt, was Kunden ihren Bankern mitzuteilen hatten.

Wir sind der Überzeugung, daß die Zuverlässigkeit, die Kompetenz, die Glaubwürdigkeit, die Sicherheit und das äußere Erscheinungsbild die Professionalität einer Bank und ihrer Mitarbeiter ausmachen. Dies sind die technischen Faktoren, die eine Bank beschreiben. Einfühlungsvermögen, Höflichkeit und Erreichbarkeit dagegen bilden den interpersonellen Teil des Modells; das heißt, wie Banken ihren Kunden entgegentreten. Schließlich glauben wir, daß sich Kommunikation und Verständnis zu dem verbinden, was wir als **Kundenkenntnis** bezeichnen. Dies ist dann der Fall, wenn Banken auf einer Linie mit ihren Kunden liegen und ihre Definition von Servicequalität auf der ihrer Kunden basiert.

Professionalität, interpersonelle Beziehungen und die Kenntnis des Kunden beinhalten allesamt Fragen zum Thema ,,Erwartungshaltung versus Leistung", mit denen sich eine Bank auseinandersetzen muß. Kunden haben ziemlich klare Erwartungen von Zuverlässigkeit, Genauigkeit, Erreichbarkeit, Kommunikation und den anderen Aspekten des Kundenservice, die somit bestimmen, welches Niveau der Leistung erreicht werden muß, um ein Gefühl hoher Qualität beim Kunden hervorzurufen. Es ist also viel komplizierter, als nur Qualitätsdimensionen miteinander zu verbinden, weil der Kunde dieser Qualitätsgleichung seine Erwartungen hinzufügt. Eine Bank mag beispielsweise die zuverlässigste im Land sein, wenn ihre Werbebemühungen aber in den Köpfen der Kunden Erwartungen hervorgerufen haben, die über ihr tatsächliches Leistungspotential hinausgehen, dann werden die Kunden intuitiv keinen hervorragenden Service wahrnehmen.

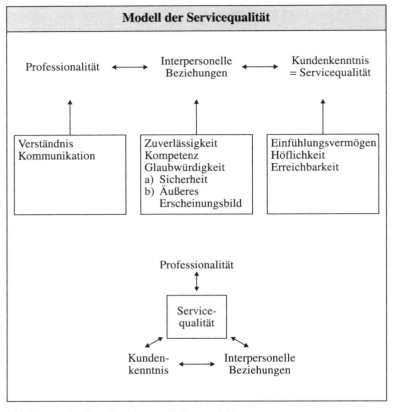

Abbildung 3: Das Servicequalitätsmodell

Beachten Sie bitte, daß wir in diesem Modell Professionalität, interpersonelle Beziehungen und Kundenkenntnis mit Pfeilen verbunden haben, die in beide Richtungen weisen. Dies spiegelt die Wechselbeziehung der Komponenten des Modells wider.

In den folgenden drei Kapiteln werden die Komponenten Professionalität, interpersonelle Beziehung und Kundenkenntnis erörtert. Im Verlauf dieser Kapitel werden außerdem die bereits erwähnten Kundengespräche präsentiert, die wir in die Darstellung mit eingebunden haben.

Kapitel 3

Die professionellen Aspekte des Kundendienstes

Wie bereits im vorhergehenden Kapitel erwähnt wurde, handelt es sich bei der Definition von Servicequalität um ein komplexes Konzept. Obwohl es auf unterschiedliche Weise dargestellt werden kann, betrachten wir es als dreidimensionales Konzept. Die Dimension, mit der sich dieses Kapitel beschäftigt, nennen wir die professionelle Dimension. Bankkunden berichteten uns, daß es drei Aspekte der Professionalität gebe: Kompetenz, Zuverlässigkeit und Glaubwürdigkeit. Hören Sie auf das, was Ihre Kunden unter kompetentem, zuverlässigem und glaubwürdigem Kundendienst verstehen.

Kompetenz

Kompetenz ist ein schwer zu definierender Begriff. In gewisser Hinsicht handelt es sich hierbei um einen ähnlichen Begriff wie *Pornographie*, über den ein Richter, als er einmal gebeten wurde, dieses Wort zu erklären, sagte: ,,Ich kann Pornographie nicht definieren, aber ich erkenne sie, wenn ich sie sehe!" Bankkunden vertreten eine recht einhellige Ansicht, wenn sie über kompetenten Service sprechen. Im folgenden werden einige Schilderungen wiedergegeben, wie Kunden Kompetenz beziehungsweise deren Mangel erlebten.

⇨ **Kompetenz bedeutet, sich in seinem Job auszukennen**

Ein Kunde aus North Carolina berichtet:

„**F**ür mich ist die absolute Inkompetenz im Kreditbereich ein großes Problem. Sie überschütten einen mit so viel Papierkram, daß Sie das Gewicht schon in Pfund angeben können. Die Kreditsachbearbeiter werden oft sehr schlecht bezahlt, und demzufolge sind sie auch nicht besonders versiert in Geschäftsangelegenheiten. Die Kunden sind ihnen manchmal weit voraus. Sie sind einfach nicht in der Lage, sich mit ihren Problemen auseinanderzusetzen. Es ist wirklich angenehm, mit jemandem zu tun zu haben, der genau weiß, welche Unterlagen er von Ihnen benötigt, weil Sie nicht jedes Mal, wenn Sie Geld brauchen, Ihr gesamtes Finanzpaket zusammenschnüren wollen. Oft haben Sie mit einer Person zu tun, die erst einmal in ihr Notizbuch guckt – mit einer Person also, die Ihnen sagt, daß Sie alle 22 Punkte erfüllen müssen, bevor Sie einen Kredit bekommen. Diese Prozedur geht einem ziemlich auf die Nerven."

Der Kommentar eines Kunden vom Mississippi ist ähnlich geartet:

„**I**ch bin ein diplomierter Finanzberater und berate Kleinbanken. Neulich kam eine Dame von einer Kundenbank mit der Bitte zu mir, eine ‚komplizierte' Angelegenheit zu analysieren. Sie hatte keine Ahnung, wie sie eine einfache Körperschaftssteuererklärung am Jahresende gestaffelt ausweisen sollte. Sie tat mir ausgesprochen leid. Etwas Basiswissen in dieser Hinsicht hätte ihr sicherlich geholfen, diese Dinge zu verstehen."

Und hier der Bericht eines Kunden aus Nebraska:

„**K**ompetenz bedeutet für mich, Entscheidungen treffen zu können. Ich warte seit neun Monaten darauf, etwas über die Höhe meines Kredits zu erfahren. Wenn sie ihn mir nicht geben wollen, okay. Dann sollen sie es mir sagen."

Diese Leute meinen alle das gleiche. Für sie bedeutet Kompetenz, **sich auf seinen Job zu verstehen**. Bankkunden werden zu oft mit Bankangestellten konfrontiert, die nicht einmal wissen, wie sie die einfachsten Aufgaben erledigen sollen. Gute Servicequalität hängt daher von Mitarbeitern ab, die sich von Anfang an auf ihren Job verstehen. Und dies wiederum hängt von einer guten und soliden Ausbildung ab. Obwohl viele Banken ihren Mitarbeitern gute Ausbildungsmöglichkeiten bieten, ist es nicht ungewöhnlich, daß neue Mitarbeiter mit Aufgaben betraut werden, für die sie nicht adäquat ausgebildet sind. Den einzigen Kommentar, den wir von einem Banker vernahmen, der sehr viel Arbeit in den Aufbau der Servicequalität investiert, war, daß für ihn das größte Problem das Kompetenzproblem sei. Um ein Top-Dienstleister im Bankgewerbe zu werden, ist es *absolut notwendig* den Mitarbeitern Kenntnisse zu vermitteln, die sie befähigen, ihren Job adäquat ausüben zu können.

⇨ **Kompetenz bedeutet Sorgfalt**

Der wahrscheinlich wichtigste Aspekt der Kompetenz ist – nach Meinung der Kunden – die Sorgfalt.

Versetzen Sie sich bitte in die Lage einer jungen Dame aus Kalifornien, die die Sorgfaltspflicht ihrer früheren Bank kommentiert:

„ Ich war im neunten Monat schwanger. Wir waren aus unserem Haus ausgezogen. All unsere Habseligkeiten waren in einem Möbelwagen verstaut, und wir warteten darauf, in unser neues Haus einziehen zu können. Die Bank nahm unseren Anzahlungsscheck über 83 000 US-Dollar und verbuchte ihn fälschlicherweise mit 83 US-Dollar. Die Anzahlung wurde natürlich nicht akzeptiert. Das Haus wurde durch ein Nachlaßgericht verkauft und wenn das Gericht involviert ist, tja … Drei Tage lang wußten wir nicht, wo wir mit unserem Möbelwagen bleiben sollten. Ich ging zu der Bank, um den Scheck in Ordnung bringen zu lassen. Doch die Bankangestellte meinte: ‚Ich kann leider nichts für Sie tun; es wird einige Tage dauern bis die Scheckbuchung in Ordnung gebracht worden ist.' Ich stand in der Bank, im neunten Monat schwanger und weinte bitterlich. Es war heiß und ich wußte nicht, wo ich bleiben sollte. Mein Mann kam herein, ging direkt zum Bankdirektor, und die Angelegenheit wurde sofort in Ordnung gebracht. Aber es hat immerhin drei Tage gedauert, bis wir den Direktor zu Gesicht bekamen. "

Das Thema Sorgfalt wurde immer wieder angesprochen. Hier nun der Bericht eines Kunden aus Colorado, beziehungsweise der eines Kunden aus New York, die beide darüber berichten, wie es mit der Sorgfalt in ihren Banken bestellt ist. Ihre Kommentare sind typisch für jene, die wir in allen Teilen der USA hörten:

„ Ich erwarte von meiner Bank, daß sie auf den Cent genau ist. Es darf keine Fehlertoleranz geben. Sie muß perfekt, das heißt hundertprozentig genau sein – vor allem bei meinem Geld. Aber Sie können eine Bank nicht für den Fehler eines einzelnen Kassierers verantwortlich machen. Solange die Bank den Fehler korrigiert, ist es okay. Wenn sie aber sagt: ‚Nein, wir können leider nichts für sie tun,' nun, daß ist eine andere Geschichte. "

Ein spezieller Aspekt der Sorgfalt als Komponente der Kompetenz wird von einem Mann aus Chicago zum Ausdruck gebracht:

„ Das Wesentliche bei jedem Fehler, auf den jemand aufmerksam gemacht wird – und zwar nicht nur im Bankgewerbe –, ist doch die Frage, was muß getan werden, um diesen Fehler zu beheben? "

Diese Erfahrung hat eine andere Kundin jedoch nicht gemacht. Sie erzählte eine Begebenheit, die sie mit ihrer damaligen Bank erlebte:

„ Ich tilgte meine Bankschuld mit einer Einmalzahlung. Doch die Bank machte alles falsch. Es war alles so durcheinandergekommen, ich konnte es nicht glauben. Ich versuchte, den Fehler berichtigen zu lassen und sprach mit vielen Personen. Sie gaben mir das Gefühl, daß ich dumm und alles meine Schuld sei. Doch sie konnten es nicht in Ordnung bringen. Ein weiterer Kontoauszug kam von der Bank, und er war immer noch falsch. Wie sollte ich meine Zinsen bei der RS (Finanzamt) geltend machen? Dieses Problem ist nie gelöst worden. Ich habe zu meiner Bank kein Vertrauen mehr. "

Von diesen Kundenkommentaren können wir einiges hinsichtlich Sorgfalt erfahren. Zunächst einmal, daß die Erwartungen der Kunden hinsichtlich der Sorgfalt einer Bank sehr hoch sind. Alles in allem hat es den Anschein, daß Bankkunden den Grad der Sorgfalt ihrer Bank realistisch einschätzen können. Das ist die gute Nachricht. Die schlechte Nachricht ist, daß die Bank bei jeder Abweichung von dieser strengen Erwartungshaltung Gefahr läuft, dem Kunden das Gefühl von Inkompetenz zu vermitteln und sich im Bereich der Kundendienstleistung die Stimmung ,,kein Vertrauen" breitmacht.

Fast paradox mutet die Bereitschaft der Kunden an, einen Fehler zu verzeihen – wie es beispielsweise der Kunde aus Chicago andeutete –, wenn ein Bankmitarbeiter versucht, diesen zu beheben. Dies suggeriert, daß, obwohl ein fehlerfreies Bankgewerbe das Ziel eines jeden Bankmanagements sein sollte, Fehlerkorrekturen ebenfalls eine extrem hohe Priorität haben sollten. Darüber hinaus wissen Kunden über die alten Tricks mit Computerfehlern Bescheid. Viele haben Computer zu Hause. Sie wissen, wenn ein Computer einen Fehler macht, er diesen nur deshalb macht, weil ein Mensch ihm den Befehl gegeben hat.

Die zweite Sorge vieler Kunden bezieht sich auf die Unfähigkeit der Banken, sich zu ihren Fehlern zu bekennen. Viele Kunden haben das Gefühl, daß ihre Banken zunächst einmal versuchen, sie davon zu überzeugen, daß die Irrtümer ihre Fehler seien. Wenn sich aber herausstellt, daß die Fehler durch die Bank verursacht wurden, dann entschuldigen sich die Banken selten – wenn überhaupt – bei ihren Kunden.

Dies hat zwei negative Effekte: die eigentlichen Fehler sind für den Kunden ärgerlich und das Infragestellen ihrer Intelligenz beziehungsweise Kompetenz bestärkt die Kunden in ihrer negativen Einstellung.

Folglich ist die Frage nach der Berichtigung des Irrtums ausschlaggebend. Ziel ist es, den Fehler zu korrigieren und einen zufriedenen Kunden zu behalten. Den besten Rat, den wir Ihnen geben können, um mit Fehlern fertigzuwerden, ist: Halten Sie sich nicht lange mit Fehlern auf, bringen Sie die Sache in Ordnung.

Die Schlußbotschaft, die wir aus den Gesprächen über Kompetenz zogen, hat mit der Geschwindigkeit der Fehlerbearbeitung zu tun. Bei Banken, die Fehler schnell berichtigen, vermuteten die Kunden mehr Servicequalität als bei jenen, die diesen Prozeß in die Länge zogen oder gar nichts taten.

Es ist eine gute Idee, Kunden Zugang zum Management zu gewähren, um Probleme vorbringen zu können. Zu oft müssen sie ihre Angelegenheiten Mitarbeitern unterbreiten, die nicht wissen, wie sie dieses Problem handhaben sollen. Üblicherweise erzählt man ihnen, sie müßten mit Herrn Soundso sprechen und natürlich ist Herr Soundso nie in der Nähe. Die Kunden werden dann aufgefordert, wiederzukommen. Das ist lächerlich. Warum sollte ihnen nicht ein anderer helfen können, als der sagenumwobene Herr Soundso, der nie greifbar ist. Wenn man einen Kunden bittet, wiederzukommen, verschlimmert dies nur die unangenehme Situation, die der Kunde schnell und ohne viel Mühe erledigt wissen möchte. Es liegt schließlich im Interesse der Bank, Kunden zu halten. Doch Kunden haben zahlreiche Alternativen – Alternativen, die man durchaus zu Fuß erreichen kann.

Eine Frau, die von Kalifornien nach Philadelphia umgezogen war, zog folgende Konsequenz:

,, Ich zog von Monterey, Kalifornien, weg und nahm Bankschecks im Wert von 300 000 US-Dollar mit nach Philadelphia. Mein Mann war gerade beim Militär. Ich ging zu einer Bank, um ein Giro- und Sparkonto einzurichten und erklärte, daß ich bald eine Menge größerer Schecks ausschreiben müßte. Sie sagten: ‚Gut, kein Problem, es sind ja Bankschecks.' Am nächsten Tag fand ich das Haus, das wir suchten, schrieb einen Scheck für die Anzahlung aus, ging zu einem Möbelhaus und kaufte genügend

Mobiliar, um ein Haus mit drei Schlafzimmern einzurichten. Dann ging ich zu einem Lebensmittelgeschäft und brachte die Kinder in einer Privatschule unter. Fünf Tage später bekam ich plötzlich eine Mitteilung von der Bank, die mir berichtete, daß alle meine Schecks ‚geplatzt' seien. Die Bank hatte zwar ein Girokonto eingerichtet, mir aber Schecks mit einer anderen Nummer gegeben. Jeder Scheck platzte. Meine Autoversicherung wurde von der Versicherungsgesellschaft storniert. Sie akzeptierten nicht einmal einen Brief von der Bank. Aus unserem Haus wurde nichts. Innerhalb von fünf Tagen hatte ich alles verloren. Ich nahm drei Anwälte, um alles in Ordnung bringen zu lassen. Alles was ich von der Bank hörte, war: ‚Na so was, das tut uns aber leid. Es kommt schon mal vor, daß wir Fehler machen.' "

Es muß sicherlich nicht erwähnt werden, daß ich die Bank sofort wechselte.

⇨ **Kompetenz impliziert Bearbeitungssysteme, die funktionieren**

Die dritte und häufig nicht beachtete Komponente der Kompetenz ist die Arbeit hinter den Kulissen, die für all das verantwortlich ist, was die Kunden mit der Post erhalten. Die Servicequalität, die viele Kunden erhalten, korreliert ihrer Meinung nach direkt mit der Größe des Kreditinstituts:

„ In einer großen Bank kann es fünf Monate dauern bis ein Fehler, sei es ein verlorengegangener Scheck oder eine verlorengegangene Einzahlung etc. in Ordnung gebracht werden. Es dauerte fünf Monate bis die Fehlbuchung eines Schecks von meiner Bank berichtigt worden war. Bei meiner neuen Bank kann ich mich beruhigt zurücklehnen, denn der Fehler wird sofort behoben. Es gibt dort viele Mitarbeiter hinter den Kulissen, die wirklich gute Arbeit leisten. Ich möchte es nicht als riesigen Aufwand erleben, wenn ein Bankirrtum korrigiert wird. In einer großen Bank scheint derartiges zu passieren – dort tragen *Sie* die Verantwortung, wenn ein Bankirrtum wieder in Ordnung gebracht werden muß. "

Wir glauben, daß mit der Merger & Acquisition-Aktivität auch die Probleme in der Bereitstellung von Serviceleistungen zunehmen werden. Unsere Befürchtung besteht darin, daß die Banken über ihre Kapazitäten hinaus expandieren werden und dadurch mehr auf das größer werdende interne Gefüge konzentriert sein werden.

Bedenken Sie einmal das Problem, auf das ein Kunde vom Mississippi stieß, der versuchte, einen Scheck, der auf den Hauptsitz der Bank ausgestellt war, in einer neuen Filiale der Bank in einem anderen Teil des Staates einzulösen. Man sagte ihm, daß die Zweigstelle, auch wenn sie Teil des Banksystems sei, den Scheck nicht einlösen könne. Er fand dies ausgesprochen ärgerlich, zumal die Werbung der Bank mit einem grenzübergreifenden Kundenservice prahlte. Offensichtlich nicht für alle Kunden.

⇨ **Kompetenz bedeutet, Antworten statt Vermutungen zu bekommen**

Auch der letzte Aspekt der Kompetenz ist es wert, beschrieben zu werden. Er stammt von einem Kunden aus Kalifornien:

„ Es kommt darauf an, mit jemandem zu tun zu haben, der wirklich weiß, was er tut und folglich den richtigen Service bietet. In der Zweigstelle, mit der ich zu tun habe, arbeiten sehr kompetente Leute. Denn jedes Mal, wenn ich anrufe, bekomme ich keine umständlichen Antworten auf meine Fragen. Ich stelle keine Fragen, um für längere Zeit am Telefon zu hängen. Wenn jemand keine Antwort weiß, dann sagen sie es und teilen mir mit, daß sie jemanden kontaktieren und mich dann zurückrufen werden. Und das tun sie auch. Ich denke, die Tatsache, daß sie mir keine Antwort geben können, ist kein Zeichen von Inkompetenz. Ich bekomme lieber die richtige Antwort statt eine falsche Vermutung von irgend jemandem. "

⇨ **Zusammenfassung: Kompetenz**

Kunden erwarten, daß sich Banker in ihrem Job auskennen, wenn sie von ihren Kunden für kompetent gehalten werden wollen.

Banker müssen sorgfältig arbeiten, müssen über Bearbeitungssysteme verfügen, die funktionieren und müssen definitive Antworten statt Vermutungen geben können. Banker, die diesen Faktoren nicht gerecht werden, werden von den Kunden nicht als kompetent angesehen und nicht für wert erachtet, Beziehungen mit ihnen zu unterhalten.

Zuverlässigkeit

So wie es vier Komponenten der Kompetenz gibt, so nannten Kunden für die Zuverlässigkeit – dem zweiten Aspekt der technischen Qualitätsdimension – ebenfalls vier Komponenten. Diese Komponenten sind konsequentes Handeln, Verläßlichkeit, Engagement und Respekt.

▷ **Zuverlässigkeit bedeutet konsistentes Handeln**

Als wir Bankkunden baten, uns zu erklären, was sie unter einer zuverlässigen Bankbeziehung verstehen, hörten wir stets Kommentare wie den folgenden eines Kleinunternehmers aus Kalifornien:

„Konsistenz. Ich weiß, was ich erwarte, wenn ich meine Bank aufsuche. Die Regeln ändern sich nicht, nur weil sie in Südamerika ein schlechtes Geschäft gemacht haben. Lassen Sie mich erklären, was ich damit meine. Jahrelang hatte ich eine ausgezeichnete Geschäftsbeziehung mit der XYZ-Bank. Eines Tages ging ich zu dieser Bank, um den Unternehmenskredit zu erneuern und sie sagten: ‚Unsere Bankpolitik hat sich bei Unternehmen Ihrer Größe geändert. Um einen Rahmenkredit zu bekommen, müssen Sie und Ihre Teilhaber einen persönlichen Kredit aufnehmen, den die Bank pooled und als Ihren Rahmenkredit nutzt.' Unsere Bonität war unglaublich gut und trotzdem wollten sie einen Geschäftsrahmenkredit ohne persönliche Kredite nicht erneuern. Die Bank begann mit dieser Politik, als es mit ihren Geschäften in Südamerika brenzlig wurde. Wir transferierten unser gesamtes Geld zu einer anderen Bank, die keine Probleme hatte, uns einen größeren Rahmenkredit einzuräumen. Die neue Bank zerriß sich förmlich, uns zu helfen. Sie rief uns sogar an, und senkte die Zinsrate unseres Rahmenkredits um ¼ Prozent aufgrund unserer Kontensalden. "

Konsistentes Handeln führt zu Berechenbarkeit und jeder sucht berechenbare Beziehungen. Dies trifft vor allem dann zu, wenn es um die Beziehung zum eigenen Geldinstitut geht. Wenn sich die Bank ihrem Kunden gegenüber als ein Institut empfiehlt, auf das er sich verlassen kann, so heißt das, daß die Bank bereit ist, konsistent an ihrer Politik festzuhalten. Ohne diese Konsistenz können sich die Kunden nicht auf die Geschäftsbeziehung verlassen, egal wie gesund und solide die Bank auch sein mag.

⇨ **Zuverlässigkeit bedeutet Verläßlichkeit**

Eng verwandt mit dem Begriff der Konsistenz ist der Begriff der Verläßlichkeit. Der Unterschied liegt darin, so vermuten wir, daß der Kunde auch persönlich dieser Beziehung vertrauen möchte. Verläßlichkeit bedeutet für viele Bankkunden, daß ihre Bank das Vertrauensverhältnis nicht verletzt. Die Äußerung eines Kürschners aus Kalifornien gibt treffend wieder, was die meisten Bankkunden unter Verläßlichkeit verstehen:

„ Meine Bank hatte der Zahlung eines Kunden über 3 000 US-Dollar zugestimmt, obwohl ich ihr mitgeteilt hatte, daß seine Mastercard möglicherweise gesperrt sei. Drei Monate später traten sie an mich heran und sagten, meine Karte sei gesperrt. Ich war eigentlich davon ausgegangen, daß alles unter Dach und Fach sei. Aber niemand in der Bank war bereit, mit mir darüber zu sprechen. Sie belasteten mein Konto mit den 3 000 US-Dollar, obwohl sie den Dispositionskredit genehmigt hatten. Schließlich mußte ich meinen Anwalt anrufen. Sie sprachen mit ihm und bezahlten letztendlich die 3 000 US-Dollar. Doch ich fühlte mich *hintergangen*. Für die Bank, die mir in der Vergangenheit so viel geholfen hatte, war ich plötzlich nicht mehr ‚groß genug'. Als sie und ich noch kleine Unternehmen waren, da war die Welt noch in Ordnung. Doch nachdem sie schneller gewachsen war als ich, wollte sie nichts mehr von mir wissen. Sie behandelte mich sogar wie jemand, der etwas Unrechtes getan hatte. "

Wenn man die Geschichte dieses Kunden hört, bekommt man den Eindruck, daß er zu der Bank eine Beziehung aufgebaut hatte, die über die normale Geschäftsbeziehung hinausging. Sein Gefühl des Verrats erinnert eher an die Zurückweisung einer Freundschaft durch einen seiner Freunde, weil dieser ihn nicht mehr so achtet, wie er es einst tat. Das Band des Vertrauens war wie die Beziehung zwischen Bank und Kunde zerrissen.

Hier nun ein weiterer Aspekt der Verläßlichkeit, der dem vorherigen nicht ganz unähnlich ist. Es ist die Geschichte eines Kunden aus Nebraska:

„ In Back East, wo wir normalerweise unsere Bankgeschäfte tätigen, passierte einmal etwas wirklich Schlimmes. Ich hatte meinen Gehaltsscheck bekommen, brachte ihn zu meiner Bank, hinterlegte ihn und erhielt eine Quittung. Doch irgendwann im Verlauf des Bearbeitungsprozesses geriet der Scheck in den Reißwolf. Die Bank fuhr fort, mein Konto zu belasten und ließ alle meine Schecks platzen trotz der Tatsache, daß ich mehr als genug an Ersparnissen hatte, um die Schecks zu decken. Seit Jahren hatten wir unsere Bankangelegenheiten dort erledigt. Als ich der Bank den Scheck übergeben hatte, war er heil und unversehrt. Schließlich hatte ich doch die Quittung. Für mich war es ein Alptraum. Ich hatte nichts falsch gemacht. Sie hatten ihn vernichtet und fuhren anschließend fort, meine Schecks platzen zu lassen, obwohl es ihr Fehler gewesen war. Sie riefen mich nicht einmal an oder überprüften meine anderen Konten. Noch am selben Tag nahmen wir unser Geld und gingen woanders hin. "

Betrachten Sie zum Schluß noch die Beziehung dieses Kunden zu seiner Bank:

„Die Bank, bei der wir früher waren, gab der Presse eine Erklärung ab, was passieren würde, wenn es eine Rezession geben sollte und wie sie darauf reagieren würde, um sich selbst zu schützen. Die Bank sagte, daß sie ihre Beziehungen zu Kunden überdenken würde, bei denen sich die Rezession besonders stark auswirken würde ... Da ich im technischen Einzelhandel arbeite und wußte, daß der Einzelhandel im Falle einer Rezession stark betroffen sein würde, wußte ich, daß sie mir sagen werden: ‚Wir sind an Ihrem Geschäft nicht weiter interessiert, weil wir befürchten, daß es eine Rezession geben könnte.' Mich erinnerte dieser Standpunkt an die Worte: ‚Man braucht vor nichts Angst zu haben, außer vor der Angst.' Nachdem ich diesen Artikel gelesen hatte, habe ich mich noch nie so wütend und so hintergangen gefühlt."

Offenbar gibt es eine Verbindung zwischen den Kunden und ihrer Bank, die die Kunden stärker empfinden als die Banken. Das Gefühl der Zurückweisung und des Ärgers, die die Kunden empfinden, wenn sie sich nicht mehr auf ihre Bank verlassen können, ist stark und real. Kunden brauchen das Gefühl, ihre Bank sei ein Freund und nicht bloß ein Institut. Sie möchten diesem Freund vertrauen können, und wenn dieses Vertrauen nicht erwidert wird, so stellt sich ein starkes Gefühl des Zurückgewiesenseins ein. Dies ist einer der wichtigsten Aspekte der Servicebeziehung zwischen Bank und Kunden. Die Aufhebung des Faktors Verläßlichkeit kann für die Beziehung schädlicher sein als alles andere.

⇨ **Zuverlässigkeit bedeutet, den Dingen auf den Grund zu gehen**

Es gibt in der Beziehung zwischen Kunden und ihrer Bank kaum frustrierendere Momente, als jene, in denen die Bank versichert: „Machen Sie sich keine Sorgen, wir werden das für Sie in die Hand nehmen" und nichts geschieht. Zuverlässigkeit bedeutet: ein Banker verspricht einem Kunden, etwas für ihn zu erledigen, er erledigt es und sogar richtig. Im folgenden präsentieren wir Ihnen die Geschichte eines Mannes aus Kalifornien, der über diesen Aspekt berichtet. In dieser Geschichte werden Sie auch verschiedene andere Möglichkeiten entdecken, wie man eine potentielle Kundenbeziehung durch schlechten Service zunichte machen kann:

„Die XYZ-Bank trat mehrere Male an mich heran und sagte mir, daß sie mich gerne als Kunden gewinnen möchte, und sie mir einen höheren Rahmenkredit anbieten könnten, als ich ihn derzeit von meiner Bank bekäme. Gewiß, dieser würde mein Leben spürbar erleichtern. So entschloß ich mich, zur XYZ-Bank zu gehen. Alle Geschäfte, die ich bei der anderen Bank getätigt hatte, wurden in der Hauptsache zunächst per Handschlag besiegelt; erst später unterzeichnete ich die Papiere und schloß somit das Geschäft ab. Ich ging davon aus, daß dies überall so gehandhabt würde. Wie bereits erwähnt, versprach mir die XYZ-Bank einen größeren Rahmenkredit, als ich ihn von meiner früheren Bank bekommen hatte. Sechs Monate nachdem ich dort alles beantragt hatte, erhielt ich ein paar sehr kurze mit der Schreibmaschine getippte Zeilen auf einem Formular (es schien nicht einmal das richtige Formular zu sein), die mir mitteilten, daß mein Rahmenkreditantrag abgelehnt worden sei. Ich rief an und erfuhr, daß die Dame, die mich als Kunden gewonnen hatte, die Bank verlassen hatte. Ich rief mehrere Male an, um mit jemandem über diese Angelegenheit zu sprechen; doch keiner meiner Anrufe wurde je erwidert. Schließlich erreichte ich den Zweigstellenleiter, der sich räusperte und herumdruckste und meinte, er würde die Angelegenheit prüfen. Ich erklärte ihm, daß ich in wenigen Tagen einen Einkaufstrip nach New York unternehmen würde, und daß ich bis dahin Bescheid haben müßte. Er hat weder zurückgerufen noch habe ich bei meiner Rückkehr irgendwelche Nachrichten erhalten. Nun versuchte ich es bei dem Bereichsleiter, der dem Manager übergeordnet war. Er wußte überhaupt nichts von meinem Problem, selbst nachdem ich angerufen hatte, um einen Termin zu vereinbaren. Ich sagte: ‚Ich habe den Eindruck, daß Sie mich als Bankkunden gar nicht brauchen.' Und er antwortete: ‚Sie haben recht.'"

Es zu unterlassen, der Bitte beziehungsweise dem Bankgeschäft eines Kunden nachzugehen, führt zu einer Vielzahl von Problemen. Der Banker zeigt, daß es ihm entschieden an Kompetenz mangelt. Anstatt Probleme zu lösen, schafft er zusätzliche – und diese Probleme werden normalerweise auf den Kunden abgewälzt. Viel schlimmer aber ist, wie wir bald erörtern werden, daß der Banker ein Vertrauensproblem geschaffen hat, das die meisten der zukünftigen Transaktionen mit diesem Kunden belasten wird, sofern er überhaupt bei der Bank bleibt.

⇨ **Zuverlässigkeit bedeutet Respekt**

Die letzte Komponente der Dimension Zuverlässigkeit, die Kunden nannten, ist der gute alte Respekt:

„ **F**ür mich bedeutet Verläßlichkeit auch Respekt. Sie behandeln Bankgeschäfte mit Achtung, weil ihnen bewußt ist, daß sowohl Sie als auch die Bank ein Risiko eingehen. Ich sehe, daß sie mit Geschäftsleuten umgehen, als wenn es sich stets um wichtige Angelegenheiten handeln würde. Meine Bank macht das besser als jede andere, mit der ich jemals zu tun hatte. "

Respekt impliziert auch eine gewisse Wertschätzung des Kunden. Das heißt, man muß sich stets vor Augen halten, daß der Kunde sein Geld bei vielen anderen Banken anlegen könnte. In diesem Fall wählte er aber **Ihre** Bank aus. Das ist ein wertvoller Vertrauensbeweis, der auch als solcher geachtet werden sollte.

In der nun folgenden Darstellung bringt der Kunde die Idee des Respekts auf etwas andere Weise zum Ausdruck, seine Bedeutung ist dennoch klar:

„ **I**ch glaube, daß ich immer bei meiner Bank bleiben werde. Als ich das erste Mal in diese Stadt kam, war ich noch ärmer als ich es heute bin – ich hatte fünf Kinder, auf allem Hypotheken und arbeitete in einem Unternehmen, das bankrott ging. Wochenlang hinterlegte ich meine Schecks freitags bei der Bank. Ich stellte jedes Wochenende Schecks aus, um meine Rechnungen zu bezahlen. An einem Montag, Dienstag, Mittwoch kamen alle meine Schecks zurück – geplatzt. Dienstags oder mittwochs kam mein Lohnscheck zurück. Er war ebenfalls geplatzt. Ich ging mit meinem Lohnscheck zu meinem Unternehmen, und sie zahlten mich in bar aus. Dann brachte ich das Geld zur Bank und deckte alle Schecks, die ich am Montag, Dienstag und Mittwoch ausgestellt hatte. Nicht einer blieb *un*bezahlt. Ich weiß nicht, wer in meiner Bank für mich zuständig war, irgend jemand muß es gewesen sein. Das war vor 30 Jahren und ich war damals nicht kreditwürdig gewesen. Ich werde meiner Bank ewig dankbar sein. "

Wie viele Ihrer Kunden können das über die Beziehung zu Ihrer Bank sagen? Gegenseitiger Respekt – der Respekt des Kunden gegenüber der Bank hinsichtlich des zu erwartenden Kundenservice sowie der Respekt der Bank gegenüber dem Kunden – bildet die Basis für eine stabile und dauerhafte Geschäftsbeziehung. Aber woher kommt dieser Respekt und der Wert für den Kunden? Nach Meinung eines Kunden aus Chicago resultiert dies aus:

„ ... der Einstellung des Managements. Eine Menge kleiner Banken, die hier in der Gegend eröffneten, haben alle den gleichen Ansatz – sie orientierten sich am Kunden. Ich war bei einer solchen Bank, doch als sie aufgekauft wurde, änderte sich ihre Einstellung. Schließlich ging das Gefühl des Familiären und des Respekts gegenüber dem Kunden verloren. Ich fühlte mich wie jemand, der zum Tanzen aufgefordert wird und dann mitten auf der Tanzfläche stehen gelassen wird. "

Müssen wir noch mehr sagen?

⇨ **Zuverlässigkeit schafft Sicherheit**

Die letzte Komponente der Zuverlässigkeit ist die Sicherheit. Bankkunden, die den Eindruck haben, daß ihre Bank zuverlässig ist, haben auch das Gefühl, daß ihre Geschäftsbeziehungen sicher sind. Mit Sicherheit meinen wir nicht die finanzielle Zahlungsfähigkeit der Bank. Dies wird eigentlich von den Kunden als selbstverständlich betrachtet.

Statt dessen verstehen Kunden unter Sicherheit ein warmes, unbestimmtes Gefühl, das nicht sehr weit von der Idee der Verläßlichkeit entfernt ist. Lassen Sie es sich von einigen Kunden erläutern:

„Einmal beschützte meine Bank mein Geld wirklich gut. Ich war in Eile und stellte einen Scheck aus. Mein Name war unleserlich. Es handelte sich um einen ziemlich ansehnlichen Batzen Geld. Als der Typ in die Bank kam, um ihn einzulösen, akzeptierten sie ihn aufgrund meiner Unterschrift nicht. Sie riefen mich an und akzeptierten auch mein Okay über Telefon nicht. Ich mußte selber zur Bank gehen und einen neuen Scheck ausstellen. Ich finde, daß die Bank meine Interessen wirklich gewahrt hat. Ich bin ihr sehr dankbar dafür."

Ein anderer Kunde berichtet:

„Viele meiner Überweisungen schicke ich per Post. Es gibt mir ein sicheres Gefühl zu wissen, daß es dort jemanden gibt, der mein Geld für mich verwaltet."

Bei dem Versuch, Kunden darauf festzunageln, Sicherheit so exakt wie möglich zu definieren, hörten wir Aussagen wie diese:

„Ich rief eine Filiale an, die meiner Mutter bei ihrem Einlagenzertifikat helfen sollte und fragte nach dem Zweigstellenleiter. Man sagte mir, daß es keinen Zweigstellenleiter gebe. Ich habe nun immer im Kopf, daß mir diese Zweigstelle nicht gefällt, weil es dort keinen Zweigstellenleiter gibt. Es wäre gut, wenn es dort eine verantwortliche Person gebe."

Es ist offensichtlich, daß verschiedene Leute mit der Idee der Sicherheit die unterschiedlichsten Dinge verbinden. Fazit ist, daß Sicherheit ein Gefühl ist, das Kunden empfinden, wenn sie wissen, daß man mit ihrem Geld professionell umgeht. Das kann direkt auf einige andere Faktoren bezogen werden, die wir bereits erörtert haben. Es spiegelt ein Argument wider, das wir bereits an früherer Stelle schon einmal vorgebracht haben, und das wir hier wiederholen: All diese Dimensionen des Kundenservice haben eine Beziehung zueinander. Berufliche Qualifikation, Konsistenz, Verläßlichkeit und Engagement beispielsweise haben einen Bezug zur Wahrnehmungsfähigkeit des Kunden und tragen auch zu dessen Eindruck bei, daß er sichere Beziehungen zu seiner Bank unterhält.

⇨ **Zusammenfassung: Zuverlässigkeit**

Zuverlässigkeit bedeutet Konsistenz, Verläßlichkeit, Engagement, Respekt und Sicherheit. Kunden wünschen sich Banker, die sich morgen genauso verhalten, wie sie es heute tun. Mit anderen Worten: Sie schätzen die Beständigkeit ihrer Verhaltensweisen. Das bedeutet auch über Zweigstellen und Städte hinweg und nicht nur innerhalb der gleichen Bank. Außerdem wünschen sich Kunden verläßliche Banker, die einer Sache auf den Grund gehen, um ein Problem zu lösen. Zuverlässigkeit ruft auch ein Gefühl der Sicherheit hervor, was sowohl die Bank als auch die Mitarbeiter anbelangt.

Glaubwürdigkeit

Glaubwürdigkeit bedeutet offensichtlich *Glaubhaftigkeit*. Kunden erzählten uns, daß es drei Aspekte gibt, die eine glaubwürdige Bank ausmachen: ihr Ruf, die offenkundige Beständigkeit der Bank und das äußere Erscheinungsbild der Bank.

⇨ **Glaubwürdigkeit bedeutet Glaubhaftigkeit**

Glaubhaftigkeit hat einen sehr starken Einfluß auf die Reputation einer Bank. Wie glaubwürdig eine Bank ist, hängt von zwei Aspekten der Kundenbeziehung ab. Der erste Aspekt bezieht sich auf das Erwartungsniveau des Kunden hinsichtlich der Qualität des gebotenen Service; der zweite Aspekt auf seine tatsächliche Erfahrung im geschäftlichen Umgang mit der Bank.

Mit anderen Worten: Wenn die Erwartungen des Kunden in bezug auf Service das tatsächliche Dienstleistungsangebot der Bank übersteigen, wird er nicht zufrieden sein. Dann sind die Glaubwürdigkeit der Bank und letztendlich auch ihr Ruf in Gefahr.

Nun einige Berichte darüber, wie Kunden über die Glaubwürdigkeit ihrer Bank denken:

„Was bedeutet es für mich, wenn eine Bank mit ‚persönlichem Service' wirbt? Es ist für mich ohne Bedeutung. Ich habe noch nie eine Werbeanzeige gesehen, die sagt: ‚Wir bieten Ihnen keinen persönlichen Service.'"

„Viele Banken werben mit ‚gebührenfreier Kontoführung', doch das stimmt eigentlich nie."

Auf die Frage, wie Kunden auf Werbung reagieren, die den Anspruch eines soliden Kundenservice erhebt, bekamen wir folgende Antworten:

„Das glaube ich nicht, das sagen sie doch alle."

„Ich wette, daß es von all den Werbeanzeigen der Banken in den Sonntagszeitungen nur drei gibt, die das, was sie in ihren Anzeigen versprechen auch halten können."

Kunden sind skeptisch und werden immer anspruchsvoller. Servicestrategien basieren nicht auf vagen Versprechungen im Gegensatz zu den althergebrachten Weisheiten vieler Werbefachleute. Sie basieren auf Versprechungen, die man auch halten kann:

„Wir verließen unsere Bank, weil nichts, was sie versprach, gehalten wurde. Uns wurde immer nur von den Zuwächsen der Bank berichtet, aber nicht, wie lange es dauert bis ein Scheck überprüft worden ist beziehungsweise über die Sorgfalt ihrer Bearbeitung. Immer wenn ich einen Scheck einlösen wollte, waren die Computer ausgefallen. Die Bank schloß um 16 Uhr und ich hatte erst um 17 Uhr Feierabend. Es war schrecklich. Ich wußte besser Bescheid als die Bankangestellten. Es war ein Witz, dort hinzugehen. Ich löste mein Konto auf, als sie nicht einmal einen Scheck über 5 US-Dollar einlösen konnten."

„Ich wartete auf die Zusage eines Baudarlehens, doch die Genehmigung ließ auf sich warten. Ich tat die Verzögerung der Bank mit dem Gedanken ab, daß sie wohl sehr viel zu tun habe. Schließlich lief es auf die Erklärung hinaus: ‚Wir kürzen unsere Eigenheimbauaktivitäten.' Ich rief den Direktor der Bank an und erklärte ihm, wie ich an der Nase herumgeführt worden sei. Wir vereinbarten ein Treffen, und er erzählte mir, es gebe kein Schreiben bezüglich einer Darlehenszusage. ‚Sie haben nur angenommen, wir würden Ihnen ein Darlehen geben.' Und dann brachte er noch die unangemessene Äußerung: ‚Denken Sie nicht, daß es ziemlich naiv von Ihnen war, anzunehmen, wir würden Ihnen das Darlehen gewähren?' Ich hatte das Gefühl, irregeführt worden zu sein."

Hier nun ein Gespräch über die Erfahrungen zweier Kunden aus Colorado mit derselben Bank:

Erster Kunde: „Banker sind für mich die ärmsten Geschäftsleute der Welt."

Zweiter Kunde: „Sie haben ganz recht. Sie verstehen nichts von Werbung. Sie versuchen nur, uns über den Tisch zu ziehen. Wenn sie es geschafft haben, hören wir nie wieder was von ihnen. Ich kann davon ein Lied singen, denn ich habe gerade die Bank gewechselt. Wenn jemand 50 000 US-Dollar bei einer Bank abhebt, Mensch, würden Sie nicht auch davon ausgehen, daß die anrufen und fragen warum?" Erster Kunde: „Ja, klar, schließlich waren wir bei dieser Bank, seit sie eröffnet hat. Es war eine kleine Bank und sie machte Versprechungen – ‚Wir machen dies, wir machen das'. Doch weder tat sie, was sie versprach, noch war sie in der Lage dazu."

„Ein Institut warb mit den niedrigsten Zinsen. Doch nachdem mein Berater in die Tasten des Computers gehauen hatte und mir erzählte, daß auf dieses und jenes noch einmal $\frac{1}{2}$ Prozent extra berechnet würde, stellte sich heraus, daß der Zinssatz letztendlich genauso hoch war, wie der der Konkurrenz. Ich betrachtete die Werbeanzeige als irreführende Werbung. Ich bin aufgrunddessen nicht mehr zu dieser Bank zurückgegangen. "

Und schließlich ein Bericht über Erwartung und Wirklichkeit eines Kunden aus dem nördlichen Teil New Yorks:

„ Sie können alle schön reden. Wenn man aber hingeht und sie ernst nimmt, stellt man fest, es ist alles nur Schall und Rauch. "

Dies ist zwar ein skeptischer Kunde, aber einer, der einen guten Rat gibt.

⇨ **Reputation und Beständigkeit beeinflussen die Glaubwürdigkeit**

Wie stellen Sie fest, ob eine Bank glaubwürdig ist? Wie stellen Sie fest, ob sie einen guten Kundenservice bietet oder einfach nur eine Menge Versprechungen macht, die sie nicht halten kann. Wir erfuhren von Kunden, daß sie zwei einfache Stichwörter benutzen, um herauszufinden, wie glaubwürdig eine Bank ist:

„ Wenn Sie in dieser Stadt eine Bank suchen, die einen guten Service bietet, dann fragen Sie irgend jemanden. Sie wissen alle, wer gute Arbeit leistet und wer nicht. "

„ Sie machen sich einen Namen, wenn Sie gut sind. Wenn Sie sich beispielsweise an der Universität erkundigen, wo man ein Studentendarlehen bekommt, so erfahren Sie sehr schnell – bei der XYZ-Bank. "

„ Sie müssen sich immer vor Augen halten, daß es die Mitarbeiter sind, die für den Ruf der Bank verantwortlich sind. Die Leute in meiner Bank haben eine sehr persönliche Art und können gut mit Geschäftsleuten umgehen. Sie sind in keinster Weise anmaßend. Das kann man allerdings von der Bank gegenüber nicht sagen und jeder weiß das. Diese Bank hat einen schlechten Ruf und das schadet ihr. "

Es besteht kein Zweifel daran, daß der Ruf – strategisch gesehen – Geld für die Bank bedeutet. Wie wir bereits in Kapitel 1 aufzeigten, reden unzufriedene Kunden über ihren Ärger und verbreiten somit Negatives über die Bank. Diese negative Publicity hat eine starke Wirkung. Sie besitzt bezeichnenderweise mehr Glaubwürdigkeit als die Werbemaßnahmen einer Bank, weil sie von der Bank selbst nicht gesteuert werden kann. Der gute Ruf, der durch Kunden verbreitet wird, wiegt vermutlich den Großteil des Werbebudgets einer Bank auf. Leider schaffen sich die Banken in dieser Hinsicht viele ihrer Probleme selbst. Unrealistische Erwartungen zu provozieren, die dann nicht erfüllt werden können, schafft ein Glaubwürdigkeitsproblem, daß durch verärgerte Kunden noch verstärkt wird.

Das andere Stichwort, das Kunden benutzen, heißt Beständigkeit. Leider sind viele Banken nicht in der Lage, Beständigkeit zu schaffen. Es ist eher als Dividende zu verstehen, die gut geführte, kundenorientierte und dienstleistungsbewußte Banken über einen langen Zeitraum erhalten. Hier nun die Darstellung einer New Yorker Kundin, die uns über ihre Vermutungen hinsichtlich der Beständigkeit einer Bank berichtete. Sie ist typisch für die Antworten, die wir erhielten:

„Immer wenn ich in meine Bank gehe, sehe ich eine Menge alter Leute, die dort ihre Bankgeschäfte tätigen. Genauer gesagt, dort liegt ihr Geld. Ich betrachte meine Bank als ‚Dies ist das alte New York, hier sind die Wurzeln von New York'. Dies ist das Image meiner Bank und ihr Ruf baut darauf auf. Sie verbreitet ein Gefühl der Beständigkeit und des Vertrauens. Dieses Image ist heutzutage wichtiger denn je bei all den Spar- und Darlehnskassen, die Schiffbruch erleiden."

⇨ **Das äußere Erscheinungsbild und die Glaubwürdigkeit**

Obwohl es immer wieder heißt, daß man ein Buch nicht nach seinem Einband beurteilen solle, ist das äußere Erscheinungsbild immer wieder ausschlaggebend.

Das äußere Erscheinungsbild einer Bank vermittelt dem Kunden einen ersten Eindruck darüber, welche Art von Verhaltenweisen er erwarten kann. Dies kann in einigen Fällen ein zweischneidiges Schwert sein. Da die Banken von spezifischen Märkten abhängen, kann es sein, daß einige Kunden auf eine zu verschwenderische Ausstattung negativ reagieren, andere wiederum erwarten sie.

Typisch für Kundenkommentare, die gegen üppig ausgestattete Innenräume gerichtet sind, ist der Kommentar eines Kunden aus Kalifornien:

„ Es war ein *stinkvornehmes*' Haus. Es wirkte eher ,,großkotzig". Ich wechselte schließlich zu einer Bank, die sich nicht ganz so vornehm gab. Meine Bank hat es nicht nötig, so viel Geld für ihre Umgebung zu verschwenden. "

Der beste Ratschlag scheint zu sein, das äußere Erscheinungsbild der Bank dem Typ Mensch anzupassen, den sie als Kunden gewinnen will. Das Aussehen einer Bank muß nicht verschwenderisch und teuer sein, um beim Kunden ein Gefühl der Sicherheit, der Kompetenz und des Verantwortungsbewußtseins aufkommen zu lassen.

Einige Kunden berichteten uns, daß sie sensibel auf die nichtphysischen Aspekte einer Bank reagieren. Die Feststellung einer Kundin ist typisch für jene, die behaupteten, eine über das Äußerliche hinausgehende Sensibilität zu besitzen. Sie meinte, sie sei sich der sogenannten ,,Vibrationen" bewußt gewesen:

„ Wenn ich einen Ort betrete, spüre ich die Vibrationen. Ich empfinde sie förmlich. Die Menschen verursachen diese Vibrationen. Ich möchte eine Bank (und Angestellte), die das erledigt, was für mich wichtig ist und nicht nach Millionen von Dollars aussieht. Im Grunde genommen suche ich nach einer Bank, die zu mir paßt. "

Ob Sie nun an Vibrationen glauben oder nicht, diese Kundin hat etwas sehr Wichtiges über Servicequalität gesagt: Ihre Bank ,,paßt zu ihr". Diese Übereinstimmung resultiert nicht nur aus dem äußeren Erscheinungsbild, sondern geht auch von dem Personal aus. Diese Bank entspricht ihren Erwartungen, weil sie weiß, daß diese für sie da ist.

⇨ **Zusammenfassung: Glaubwürdigkeit**

Um glaubwürdig zu wirken, müssen Bankmitarbeiter vertrauenswürdig sein, einen guten Ruf haben und Stolz auf die Beständigkeit der Bank innerhalb der Gemeinschaft sein. Die Bank muß dies durch ein entsprechendes äußeres Erscheinungsbild unterstreichen. Kunden erzählten uns, daß sie beim Betreten der Eingangshalle bereits die Servicequalität der Bank erahnen können. Das äußere Erscheinungsbild der Bank sowie die Erwartungshaltung, die die Kunden aufgrund ihres Rufes innerhalb der Kommune mitbringen, beeinflussen die Glaubwürdigkeit. Es ist wichtig für die Kundenbeziehung, den Beweis zu erbringen, daß Sie glaubwürdig sind und die Kunden Ihren Worten und Taten vertrauen können.

Zusammenfassung

Dieses Kapitel hat sich auf die professionelle Dimension der Servicequalität konzentriert. Wir bezeichnen sie deshalb als professionelle Dimension, weil die Komponenten, aus denen sie sich zusammensetzt – Kompetenz, Verantwortungsbewußtsein und Glaubwürdigkeit – eine bestimmte Managementtendenz widerspiegeln, die darauf abzielt, die Aufgaben von Anfang an richtig zu machen, sie in angemessener Zeit zu erledigen und ein klar definiertes und realistisches Serviceniveau zu schaffen. Ebenso wie die anderen Dimensionen, so ist auch diese sehr komplex.

In mancher Hinsicht haben wir den Eindruck gewonnen, daß die professionelle Dimension der wahrscheinlich wichtigste Aspekt der Servicequalität ist. Auch Banker haben uns berichtet, daß die professionelle Dimension eine der größten Herausforderungen bei dem Versuch darstellt, ein Top-Kundendienstleister zu werden.

Kapitel 4

Wie interpersonelle Beziehungen die Servicequalität beeinflussen

Wie im zweiten Teil des Servicequalitätsmodells, das in Kapitel 2 dargestellt wurde, geht es auch bei der Dimension der interpersonellen Beziehungen primär darum, wie die Bank dem Kunden in den täglichen Interaktionen begegnet. Über die interpersonellen Beziehungen vermittelt die Bank dem Kunden ihre Professionalität (Kapitel 3). Die Dimension der interpersonellen Beziehungen besteht aus drei grundlegenden Komponenten: Einfühlungsvermögen, Höflichkeit und Erreichbarkeit. Dieses Kapitel konzentriert sich auf Situationen, in denen diese drei Komponenten dazu benutzt werden, Professionalität und Kundenbeziehungen zur Perzeption von Servicequalität zu verbinden. Lesen Sie nun, was Ihre Kunden meinen, wenn sie über Einfühlungsvermögen, Höflichkeit und Erreichbarkeit sprechen.

Einfühlungsvermögen

Die erste Komponente der Dimension der interpersonellen Beziehungen ist das Einfühlungsvermögen. Ausschlaggebend hierbei ist, daß den individuellen Bedürfnissen in angemessener Zeit und effizient begegnet wird.

⇨ **Einfühlungsvermögen bedeutet, sensibel gegenüber Kundenbedürfnissen zu sein**

Einfühlungsvermögen selbst ist ein komplexes Qualitätskriterium mit unterschiedlichen Subkomponenten. Für viele Kunden bedeutet Einfühlungsvermögen beispielsweise, daß man sensibel auf ihre Bedürfnisse reagiert. Betrachten Sie nun die folgenden Kommentare von Bankkunden.

Ein Kunde aus Kalifornien meinte:

„Ich habe unlängst eine Hypothek für ein Haus, das ich bauen möchte, beantragt. Der Kreditsachbearbeiter sagte mir, daß die Bank ein wenig wegen meiner beruflichen Tätigkeit als Immobilienmakler beunruhigt sei, da ein Rückgang auf dem Immobilienmarkt festzustellen sei. Ich erinnerte ihn daran, daß auf der Rückseite eines jeden Kreditantrags der Satz stehe: ‚Niemand wird aufgrund seiner Rasse, seiner Religion, seiner Hautfarbe etc. diskriminiert.' Ich fragte ihn: ‚Und was ist mit dem Beruf? Es hat den Anschein, als wollten Sie mir sagen, daß Sie mir kein Darlehen geben wollen, weil ich Immobilienmakler bin. Das ergibt für mich keinen Sinn.' Sie bearbeiteten meinen Antrag weiter, und schließlich gewährten sie mir das Darlehen. Doch die Haltung der Bank erscheint mir etwas kurzsichtig. Ich hatte den Eindruck, daß dieser Bursche nicht viel von Immobilien verstand."

Allein die Bemerkung des Bankers ließ den Kunden daran zweifeln, daß die Bank diese Geschäftsbeziehung weiter fortsetzen wollte. Nur weil die Bank Hypothekenkrediten gegenüber im allgemeinen vorsichtig ist, bestand kein Grund, sich unsensibel gegenüber einem einzelnen Kunden zu verhalten.

Ein Mann aus North Carolina berichtete:

„Mein Sohn ist über 18 Jahre alt und bringt sein Geld so schnell durch, wie er es verdient. Er kann kein Sparkonto einrichten, wenn er nicht einen Mindestbetrag von 250 US-Dollar einzahlen kann. Nun, das ist lächerlich. Sie machen es einem nicht leicht, jemanden zum Sparen zu ermutigen. Das ist ein Service, den sie gestrichen haben. Sicher, es verursacht der Bank Kosten, einen Kontostand von 10 US-Dollar Erspartem aufrechtzuerhalten, doch es ist nicht gerade ermutigend für einen Fünfjährigen, sich erst 250 US-Dollar organisieren zu müssen. Das gleiche gilt für Kredite. Ich wollte einen Kredit über 1 000 US-Dollar beantragen. Sie wollten mir keinen Kredit über eine „so geringe" Summe gewähren."

Eine Kundin aus Colorado erlebte folgende Situation:

„Ich besitze eine Kindertagesstätte und folglich habe ich immer eine Menge Schecks. Meine Bank sagte mir, daß ich meine Kunden bitten solle, in bar zu bezahlen; denn, wenn ich Schecks einreichen würde, könnte ich nicht gleich Schecks auf mein Konto ausstellen. Mit Tränen in den Augen ging ich nach Hause. Ich dachte: ‚Das muß ein Scherz sein.' Ich wollte meinen Kunden nicht sagen, daß ich künftig Bargeld von ihnen haben wollte. Ich habe statt dessen sofort die Bank gewechselt."

Auch dies ist ein Beweis unsensiblen Verhaltens gegenüber dieser Geschäftsfrau.

Und ein Kunde vom Mississippi erzählte:

„Banken sollten den Bankbetrieb während der Mittagszeit und an Zahltagen besser planen. Sie sollten mehr Mitarbeiter bereitstellen. Oder haben sie etwa ihre Stoßzeiten noch nicht herausgefunden?"

Dies scheint landesweit ein ewiges Ärgernis zu sein. Kunden verstehen einfach die Logik der nur notdürftig besetzten Schalter während der Zeiten starken Andrangs nicht. Viele Kunden haben die Vermutung geäußert, daß sich die Banken mehr Gedanken um ihre Bankangestellten als um ihre Kunden machen.

⇨ **Einfühlungsvermögen bedeutet Flexibilität**

Eine weitere Subkomponente des Einfühlungsvermögens ist die Flexibilität. Sie betrifft die Frage, inwieweit die Bank in der Lage ist, sich auf die wechselnden Bedürfnissen der einzelnen Kunden einzustellen und wie groß die Bereitschaft des Bankpersonals ist, sich diesem ständigen Wechsel anzupassen.

Lesen Sie nun den Kommentar einer Frau aus North Carolina:

„Ich brauchte ein Darlehen und ging zu der Bank, bei der ich seit Jahren schon meine Bankgeschäfte erledigte. Sie berechneten mir einen Zinssatz und ich erklärte ihnen daraufhin, daß ich anderswo einen besseren bekommen könnte und fragte: ‚Wollen Sie dieses Geschäft mit mir machen?' Sie sagten, daß dies ein fester Zinssatz sei und daß, wenn ich anderswo einen besseren Zinssatz bekommen könne, ich doch besser dorthin gehen solle. Ich stellte fest, daß sich Banker nichts daraus machen, wenn man seit zwanzig Jahren Kunde bei ihnen ist. Eigentlich sollte man davon ausgehen können, daß es ihnen wichtig ist, vor allem bei der alarmierenden Zahl von Bankpleiten ... Das Problem hier ist, daß die Bank nicht flexibel war. Seien wir doch ehrlich! Bei der heutigen Marktsituation weiß jeder, daß man über alles verhandeln kann, und daß man in der Lage sein sollte, über die Kapitalbeschaffungskosten zu verhandeln, die natürlich von deiner Kreditwürdigkeit und dieser langjährigen Geschäftsbeziehung abhängen. Ich bin der Meinung, daß Banken, wenn sie eine flexiblere Preispolitik verfolgen würden, gute Kunden zufriedenstellen und anderen erklären könnten, warum sie einen höheren Zinssatz bezahlen müssen."

Auch ein Kunde aus Nebraska meinte dazu:

„Ich hatte ein Einlagenzertifikat bei meiner Hausbank und wußte, daß ich bei einer anderen Bank einen höheren Kurs bekommen könnte. Ich fragte meine Bank, ob wir über den Kurs verhandeln könnten und sie sagte ‚nein'. Die Bank verlor mein Geld. Es ist wirklich traurig. Die Bank ist ein Dienstleistungsinstitut, zumindest sagen sie das. Warum sind sie dann nicht an Kundendienst interessiert?"

Diese Kunden wissen, daß Banken über Tarife verhandeln sollten und müßten, um Kunden zu halten – vor allem nach einer zwanzig Jahre währenden Geschäftsbeziehung. Das Bankpersonal setzte in den oben beschriebenen Situationen die Preise jedoch aufgrund einer Tariftabelle fest, die natürlich die jeweilige Kundenbeziehung außer acht ließ. Dies wurde allgemein als unflexible Bankpolitik gewertet. Eine Frau aus Florida gab uns das folgende Beispiel zum Thema Flexibilität:

„ **I**ch kümmere mich um die Finanzen meiner Eltern. Eine ihrer Einlagenzertifikate wurde im Dezember fällig und ich beabsichtigte, das Geld auf ihr Girokonto zu überweisen, damit sie davon leben konnten. Mein Mann wurde im Dezember krank, und ich vergaß das Einlagenzertifikat einzulösen. Ich habe mich nicht einmal daran erinnert, als ich eine Fälligkeitsmitteilung erhielt. Erst nach Ablauf des Monats wurde mir klar, daß ich das Einlagenzertifikat vergessen hatte und rief die Bank an, um ihr den Grund zu erklären. Sie hörten mir zu und zahlten mir das Geld aus, ohne eine zusätzliche Gebühr dafür zu verlangen. "

Die Beziehung zwischen Bank und Kundin wurde in diesem Fall nicht durch Vorschriften bestimmt, sondern durch die individuelle Notwendigkeit.

Ein Kunde aus New York gab uns folgendes Beispiel:

„ **A**ls ich nach einer neuen Bank suchte, entschied ich mich schließlich für eine, in der ich einige Manager der oberen Führungsebene kannte. Ich rief sie an und erklärte ihnen meine Situation. Sie sagten, sie hätten ein spezielles Programm für Leute wie mich – das ‚Private Banking Program'. Ich stellte einen Bericht über meine Vermögenslage und ein Programm zusammen, das deutlich machen sollte, was ich wollte: einen Rahmenkredit, Zugang zu Langzeitkrediten, eine Hypothekenbeihilfe und Risikokapital. Ich erklärte ihnen, daß ich mich nur informieren und wissen wollte, mit welcher Spanne ich rechnen könne. Sie sahen sich meine Unterlagen kurz an und sagten: ‚Es tut uns leid, aber wir können Ihnen nicht helfen.' Es war nicht so, daß die Bank mich nicht als kreditwürdig betrachtet hätte. Es lag vielmehr daran, daß ich ihrem bankpolitischen Profil nicht entsprach und sie keine Ausnahme machen wollten. Die zweite Bank, die ich aufsuchte, prüfte meine Unterlagen und hatte hinsichtlich ihres bankpolitischen Profils nicht so große Bedenken. "

In diesem Beispiel – wie in vielen anderen auch, von denen wir erfuhren – reagierte die Bank entsprechend ihrer rigiden Bankrichtlinien, anstatt sich einer individuellen und flexiblen Politik zu bedienen, die darauf angelegt ist, den Bedürfnissen des Kunden zu entsprechen.

Ein weiterer, sehr interessanter Kommentar über Flexibilität kam von einem Kunden aus Kalifornien:

„Schalterpersonal sollte sich an die Bankpolitik halten. Aber ich denke, daß die höheren Angestellten einer Bank dafür um so flexibler sein sollten. In der heutigen Zeit müssen die Banken gerade jenen Kunden entgegenkommen, die sich ihnen gegenüber loyal zeigen. Sie sind ihnen etwas schuldig. Ich habe gelernt, keine Loyalität zu empfinden. Ich gehe dort hin, wo ich die besten Zinsen bekomme."

Und ein Kunde aus Washington meinte:

„Ich bin nicht dafür, daß Schalterpersonal die Freiheit haben sollte, meinetwegen den Richtlinien der Bank zuwiderzuhandeln. Aber es sollte die Möglichkeit haben, jemanden direkt ansprechen zu können, der die nötige Autorität besitzt. Wichtig allein ist, wie der Angestellte die Situation meistert. Er sollte lediglich erklären, daß er zwar das Problem verstanden hat, aber leider keine Entscheidung treffen kann. Er geht dann zu seinem Manager und von diesem Manager erwarte ich, daß er von der Politik der Bank abweicht, um meinen individuellen Interessen so weit entgegenzukommen, wie er anderen damit nicht schadet."

Die Kunden erwarten also kein absolut flexibles Bankensystem, da sie die Notwendigkeit von Vorschriften durchaus einsehen. Aber sie möchten die Gewißheit haben, daß es jemanden gibt, der diese Regelungen – wenn nötig – „biegen" kann, um ihren individuellen Bedürfnissen zu entsprechen.

Ein Kunde aus Kalifornien berichtete uns über diese Begebenheit:

„ Ich finde es wirklich gut, daß ich meine Bank anrufen kann und so Überweisungen von einem Konto zu einem anderen tätigen lassen kann. Ich erhalte einen Beleg der Überweisung mit einer entsprechenden Nummer, so daß ich, wenn ich meinen Kontoauszug bekomme, die Belegnummer vergleichen kann. Das ist wirklich prima, weil ich nicht mehr zur Bank gehen und etwas unterschreiben muß. Das ist super. "

⇨ **Einfühlungsvermögen bedeutet, über das Übliche hinaus zu gehen**

Eine andere Subkomponente des Einfühlungsvermögens beinhaltet das, was wir als ,,Über-das-Übliche-hinausgehen" bezeichnen. Betrachten Sie die folgenden Beispiele zweier Kunden aus Kalifornien:

„ Persönlich zugestellte Kontoauszüge! Als wir den Bankangestellten das erste Mal mit unseren Kontoauszügen in unser Büro kommen sahen, fielen wir fast rückwärts um. Außerdem benutze ich nun ebenfalls ihren Kurierdienst, er kommt vorbei und holt unsere Überweisungen ab. Wie das funktioniert? Er kommt zu einer Zeit, wenn es uns am besten paßt – manchmal morgens und manchmal nachmittags. So vergehen oft Wochen, ohne daß ich zur Bank gehen muß. "

Hier ein weiteres Beispiel für Einfühlungsvermögen:

„ Mein Unternehmen entwickelte eine Methode, die es uns erlaubt, Geld von hundert verschiedenen Konten zu überweisen und diese Gelder auf einem einzigen Konto zusammenzufassen. Die Bank arbeitet mit uns zusammen. Auf diese Weise müssen wir individuelle Ein- bzw. Auszahlungsvorgänge nicht einzeln dokumentieren. Sie waren bereit, unsere Methode zu akzeptieren. "

Dies zeigt ein Entgegenkommen der Bank, das die Kunden nicht vorausgesetzt hatten. Es ist sicherlich nicht einmal *erwartet* worden. Es hat den Kunden jedoch die Bereitschaft der Bank bewiesen, auf individuelle Weise mit ihnen zu kooperieren.

Das nächste Beispiel stammt von einem Kunden aus New York:

„ **D**ie von uns erstellten Computerschecks konnten von den Lesegeräten unserer Bank nicht gelesen werden. Das war ein Alptraum. Doch die Bank druckte unsere Schecks neu aus. Sie war sehr darum bemüht, diese Schecks mit unserer Software kompatibel zu machen und wollte sogar wissen, ob sie auch unseren Ansprüchen genügten. Ich denke, daß die Bank hier mehr getan hat, als wir hätten erwarten dürfen. "

Die Schlußbemerkung des Kunden „Ich denke, daß die Bank hier mehr getan hat, als wir hätten erwarten dürfen" beschreibt die Komponente des Einfühlungsvermögens – über das Übliche hinauszugehen – sehr gut.

Ein Kunde aus Texas beschrieb schließlich diese Situation:

„ **I**ch habe meine Bank sogar schon um 18 Uhr angerufen und es waren noch Leute dort, die ans Telefon gingen. Mein Geschäft läuft rund um die Uhr und daher kann es sein, daß ich eine Frage habe, die nicht in der Zeit von 9.30 Uhr und 15 Uhr aufkommt. Doch es scheint, daß die Fragen tatsächlich immer erst um 15.15 Uhr auftauchen. Meine Bank ist immer da, wenn ich eine Frage habe und sofort eine Antwort brauche. "

Die Bank hatte nach Geschäftsschluß einen Telefonservice eingerichtet, um Fragen der Kunden zu beantworten. Dies kann man ebenfalls als „Über-das-Übliche-hinausgehen" bezeichnen.

⇨ **Einfühlungsvermögen bedeutet personenorientiertes Verhalten**

Die wahrscheinlich wichtigste Subkomponente des Einfühlungsvermögens ist das, was wir personenorientiertes Verhalten nennen. Wir sagen „die wahrscheinlich wichtigste Subkomponente", weil wir in unseren Zielgruppen mehr Beispiele zu personenorientiertem Verhalten als zu jeder anderen Subkomponente des Einfühlungsvermögens bekommen haben. Wenn die Kunden über

Einfühlungsvermögen nachdachten, dann dachten sie in erster Linie daran, wie die Bank ihrer Verpflichtung, dem individuellen Service zu genügen, nachkommt. Hier die Beispiele von Banken, die personenorientiert agieren.

Ein Kunde aus North Carolina meint hierzu:

,, Ich ging in die Bank, um ein fälliggewordenes Einlagenzertifikat weiter anzulegen. Die Dame nannte mir drei oder vier Alternativen. Sie nahm nicht einfach mein Geld und pries die erstbeste Möglichkeit an. Sie zeigte mir Alternativen auf. Das Ganze endete schließlich damit, daß ich ein besseres Geschäft machte und das gefiel mir. Mir gefällt es aber auch, in die Bank zu gehen und ein vertrautes Gesicht zu sehen. ‟

Ein Kunde aus Mississippi sagte:

,, Als meine Frau zur Bank ging, um Geld auf ihr Sparkonto einzuzahlen, äußerte sich der Kundenberater kritisch über den Geldbetrag auf dem Konto und empfahl meiner Frau, doch eine andere Geldanlage zu nutzen, die ihr mehr Zinsen einbringen würde. Wir fanden es großartig, daß uns der Kundenberater darauf aufmerksam machte. Ich weiß es zu schätzen, wenn mein Banker mir Vorschläge hinsichtlich lukrativerer Geldanlagen macht. ‟

Ein Kunde aus Illinois erzählte uns diese Begebenheit:

,, Warum setzt man ‚groß' immer mit mangelnder Qualität gleich. Ich weiß wirklich nicht, inwieweit die Größe irgend etwas mit Servicequalität zu tun haben sollte. Ich bin zu einer Zeit im Nordwesten aufgewachsen, als die Warenhäuser noch nicht so groß waren. Als ich noch ein Kind war, nahm mich meine Mutter immer mit in das Warenhaus, um mir Schuhe zu kaufen. Das Warenhaus ist heute noch genauso gut wie es früher war. Es hat riesige Ausmaße und expandiert trotz der Tatsache, daß es sehr teuer ist. Es ist aber auch nicht billig, Geschäfte bei meiner Bank zu tätigen, aber das macht mir nichts aus. Ich schätze einfach die Bequemlichkeit und Möglichkeit, meiner Bank meine Pläne unterbreiten zu können, wenn ich etwas vorhabe und daß sie mir die 100 000 US-Dollar geben, wenn ich sie brauche. Normalerweise muß man einer anderen sozialen Schicht angehören, um die persönliche Aufmerksamkeit, wie ich sie erfahre, von einem Banker zu bekommen. Doch ich bekomme diese persönliche Aufmerksamkeit von meiner Bank und deshalb habe ich nichts dagegen, wenn es etwas mehr kostet. "

Der Kunde möchte mit dieser Geschichte andeuten, daß Banken durchaus einen höheren Preis für gute Servicequalität verlangen können.

Ein Kunde aus Colorado meint hierzu:

„ Der Grund, weshalb ich meiner früheren Bank den Rücken gekehrt habe, liegt darin, daß ich die Rechnung meiner Vermögenssteuer per Post bezahlte. Ich hatte die Überweisung in meiner Brieftasche und hatte vor, sie noch am selben Tag neben all den tausend anderen Besorgungen, die ich machen mußte, zu erledigen. Drei oder vier Tage später stellte ich fest, daß meine Überweisung immer noch in meiner Brieftasche war. In der Zwischenzeit hatte die Bank meinen Vermögenssteuerscheck platzen lassen. Also das ist eine Unverschämtheit! Ich rief die Bank an und sagte: ‚Seit 20 Jahren überweise ich regelmäßig Geld bei Ihnen, warum haben Sie mich nicht angerufen, statt meinen Vermögenssteuerscheck platzen zu lassen?' Die Bank antwortete, daß sie nicht gewußt habe, wer ich war. Sie gab lediglich meine Daten in den Computer ein und als er ‚nicht gedeckt' anzeigte ... Nach 20 Jahren wissen sie nicht einmal, wer ich bin. "

Ein anderes Beispiel hinsichtlich personenorientierter Verhaltensweisen kommt aus North Carolina:

„ Banken *kümmern sich nicht um ihre Kunden*. Ich sitze im Management eines großen Konzerns und finde, daß die Leute in den Chefetagen sich sehr wohl um ihre Klientel kümmern. Aber den Mitarbeitern, die ja eigentlich für die Kunden da sein sollten, denen ist es egal, ob sie deren Bankgeschäfte erledigen oder nicht.

Es sind diese Leute, die abends nach Hause gehen, sich entspannen und das war's. Am nächsten Morgen raffen sie sich wieder auf und sagen sich: ‚Jetzt muß ich wieder in diese Bank.' Ich weiß aber, daß die Leute in den Chefetagen der Bank um ihre Kunden bemüht sind. "

Das folgende Beispiel stammt von einer Kundin aus Nebraska:

„ Ein gutes Beispiel für den flexiblen Kundenservice einer Bank ist das folgende: Ich ging in ein Warenhaus und stellte einen Scheck auf das Konto meines Mannes aus. Ich habe zwar eine Vollmacht über dieses Konto, aber es steht nur der Name meines Mannes auf den Schecks. Der Verkäufer sagte: ‚Das geht nicht.' Und ich sagte: ‚Gut, dann rufen Sie bitte die Bank an und fragen Sie denjenigen, der ans Telefon geht.' Er rief also an und sagte, daß er gerade einen Scheck von einer Dame vorgelegt bekommen habe, die diesen auf das Konto ihres Mannes ausgestellt habe, und er wolle sich nur vergewissern, ob dies okay sei. Und dieses Okay bekam er nicht von einem Manager, sondern von irgendeiner Person, die gerade ans Telefon gegangen war. Der Verkäufer legte auf und fragte mich: ‚Gehört Ihnen zufällig die Bank?' Es ist einfach herrlich zu erleben, daß man für die Bank nicht bloß eine Nummer, sondern etwas Besonderes ist. "

Zwei Kunden aus Kalifornien berichteten:

„ Eine Sache, die ich meiner ehemaligen Bank übelnehme ist folgende: Ich ging eines Tages zu meiner Bank, bei der ich seit zwanzig Jahren treuer Kunde war, um Geld einzuzahlen und nicht etwa abzuheben. Es handelte sich dabei um einen bestimmten Betrag. Sie mußten erst eine Genehmigung einholen, um meine Einzahlung zu akzeptieren! Also, wissen Sie … Ich bringe ihnen Geld und muß auf eine Genehmigung warten, das Geld einzahlen zu dürfen. "

„ Ich bin berüchtigt dafür, daß ich, wenn ich dreimal die Woche einen großen Stapel Schecks für all unsere Distributoren unterzeichne, immer einen vergesse zu unterschreiben. In der vergangenen Woche vergaß ich, den Scheck einer meiner Mitarbeiter zu unterschreiben. Egal, wer nun die Bank anruft, sie wird sagen: ‚Es ist Susan's Scheck. Kein Problem. Wir werden es weitergeben.' Sie rufen mich dann an und wenn sie mich nicht erreichen können, dann verlangen sie meinen Buchhalter, um das Okay zu bekommen. Ich muß nicht zur Bank gehen und ihn unterschreiben. "

Diese Beispiele machen deutlich, daß eine Bank, um gegenüber ihren Kunden flexibel agieren zu können, auch personenorientierte Verhaltensweisen in ihrem Dienstleistungssystem entwickeln muß.

⇨ **Einfühlungsvermögen beinhaltet auch die Bereitschaft, Bearbeitungsfehlern seitens der Bank nachzugehen**

Eine weitere Subkomponente des Einfühlungsvermögens ist die Bereitschaft der Bank, im Interesse des Kunden Bearbeitungsfehler ausfindig zu machen. Betrachten Sie einmal das folgende Beispiel eines Kunden aus Nebraska:

„Ich mußte eine Zahlungssperre vornehmen lassen. Die Kundenberaterin, die mich bediente, irrte sich jedoch, als sie mir sagte, der Scheck sei noch nicht bearbeitet worden und ihn sperrte. Als ich am nächsten Tag in die Bank ging, war der Scheck doch bereits bearbeitet worden. Ich erkundigte mich danach und die Beraterin, die mich am Tag zuvor bedient hatte, war sehr freundlich und hilfsbereit und meinte, es sei offensichtlich etwas falsch gelaufen. Sie erklärte es mir und kümmerte sich darum. Am nächsten Tag rief sie mich sogar an, um mir mitzuteilen, daß nun alles okay sei. Mir hat ihre Hilfsbereitschaft sehr gefallen. Ich war wirklich überrascht, weil die Bedürfnisse des Kunden in einem solchen Durcheinander oft vergessen werden. Doch sie nahm sich die Zeit, mich zu beruhigen. Das hat einen wirklich großen Eindruck auf mich gemacht. "

Einfühlungsvermögen bedeutet auch, wie das Beispiel eines Kunden aus Nebraska beweist, den Wünschen der Kunden sofort nachzukommen:

„ Aufgrund der Beschaffenheit meines Girokontos erhalte ich keine Durchschläge meiner Zahlungsanweisungen mit meinem Kontoauszug. Die Bank sagte mir jedoch, daß mir auf Wunsch ein Durchschlag zugeschickt werden könnte. Ich bat sie also um einen Durchschlag. Wissen Sie wie lange ich darauf warten mußte? Anderthalb Wochen. Das war wirklich unangenehm. "

Ein Kunde aus Kalifornien erzählte uns:

„ Angenommen, Sie nehmen eine Refinanzierung in der heutigen Marktsituation vor, dann bekommen Sie heute diesen Zinssatz und morgen jenen. Dauert es zu lange bis Sie eine Genehmigung erhalten, dann kann es sein, daß Sie am Ende einen höheren Zinssatz bezahlen müssen als zu Anfang. Der Zeitfaktor ist von entscheidender Bedeutung bei der Refinanzierung. "

Die Beispiele zeigen, daß das Einfühlungsvermögen der Bank auch einer zeitlichen Dimension unterliegt. Kunden haben bestimmte Vorstellungen hinsichtlich der Zeit, die sich eine Bank für die Beantwortung ihrer Fragen nehmen sollte. Einfühlungsvermögen bedeutet nicht nur, den Wünschen der Kunden zu entsprechen, sondern auch, diesen Wünschen innerhalb ihrer Zeitvorstellungen nachzukommen.

⇨ **Einfühlungsvermögen impliziert die Bereitschaft zur Problemlösung**

Einfühlungsvermögen bedeutet letzten Endes auch, kundenspezifische Probleme zu lösen. Ein Kunde aus Illinois erzählte beispielsweise:

„ Schlechter Service bedeutet für mich, Probleme nicht lösen zu können. Jedes Mal, wenn ich ein Problem habe und die Bank anrufe, muß ich mit einer anderen Person darüber sprechen. Und oft sind die Angestellten gleichgültig und unverschämt. Angestellte, die ihren Beruf nicht gerne ausüben, sollten nicht in einer solchen Branche arbeiten. "

Und nun die Kommentare eines Kunden aus North Carolina und Colorado:

„ Mir fehlt die ‚Kein-Problem'-Einstellung der Banker. Ich möchte nur wissen, wie sie meine Probleme lösen können und nicht, welche Probleme sie haben, um meine zu lösen. "

„ Wenn ich in eine Bank gehe und sie können mein Problem nicht lösen, dann erwarte ich, daß sie jemanden rufen, der mir entsprechend weiterhelfen kann. Als Kunde möchte ich nicht zu einem späteren Zeitpunkt wiederkommen müssen. "

Diese Kunden verstehen unter Servicequalität die Fähigkeit, Probleme einwandfrei und effektiv lösen zu können.

⇨ **Zusammenfassung: Einfühlungsvermögen**

Im ersten Abschnitt des Kapitels über die interpersonelle Beziehungsdimension der Servicequalität ging es um die Definition des Einfühlungsvermögens mit Hilfe von Kundenerfahrungen. Wir haben festgestellt, daß die Kunden in unseren Zielgruppen unter Einfühlungsvermögen Dinge wie Sensibilität, Flexibilität, „über das Übliche hinausgehen", personenorientiertes Verhalten, die Bereitschaft, Bearbeitungsfehlern nachzugehen, die Fähigkeit, Wünschen in angemessener Zeit nachzukommen sowie Problemlösungen verstehen. Dadurch wird offenkundig, daß Einfühlungsvermögen ein multidimensionaler Faktor ist – mit unterschiedlichen Bedeutungen für unterschiedliche Kunden. Die Herausforderung für Banker besteht darin, festzustellen, was Kunden unter Einfühlungsvermögen verstehen, um ihre Bankorganisation entsprechend darauf ausrichten zu können.

Höflichkeit

Die zweite Komponente der interpersonellen Beziehungsdimension ist die Höflichkeit. Wir haben festgestellt, daß Höflichkeit die Subkomponenten Freundlichkeit, Rücksichtnahme und Respekt impliziert. Es gilt diejenige Bank als höflich, bei der Kunden Züge von Freundlichkeit, Rücksichtnahme und Respekt wahrnehmen. Wenn diese Eigenschaften nicht wahrgenommen werden, gilt die Bank als unhöflich, und es wird als wenig wahrscheinlich angesehen, daß diese Bank einen hochwertigen Kundenservice bieten kann.

⇨ **Höflichkeit bedeutet Freundlichkeit**

Zunächst einmal präsentieren wir ihnen einige Kundenkommentare, die die Vorstellung von Freundlichkeit definieren. Eine Kundin aus New York kommentiert folgendermaßen:

„ **V**or Jahren warb eine Bank im Nordosten mit der Floskel ‚Sie haben einen Freund'. Eine meiner Verwandten war Managerin bei einem großen Unternehmen. Es regnete. Ihre Hausbank hatte ihren Sitz zehn Häuserblocks weiter unten auf der Straße. So entschloß sie sich in die Bank nebenan zu gehen, um einen Bankscheck einzulösen. Doch sie wollten ihn nicht einlösen, und die Dame hinter dem Schalter wurde sogar ein wenig ausfallend. Meine Verwandte meinte: ‚Ich dachte, ich habe hier einen Freund.' Die Kundenberaterin erwiderte: ‚Er ist gestorben.' Meine Verwandte erzählte einer Freundin, die ein Konto bei dieser Bank hatte, was sie erlebt hatte. Die Freundin rief daraufhin den Zweigstellenleiter an und löste ihr Konto auf. "

Diese Begebenheit ist vor allem deshalb interessant, weil die Bank beschlossen hatte, Freundlichkeit als Wettbewerbsvorteil innerhalb der Branche zu nutzen. Aber offensichtlich war dies nicht durch die Bankhierarchie durchgedrungen. Das unfreundliche Verhalten einer Mitarbeiterin bezahlte die Bank mit dem Verlust eines großen Kontos und brachte ihr zudem negative Publicity ein. Die Bank hatte mit Hilfe der Werbung eine Erwartungshaltung hinsichtlich Freundlichkeit in den Köpfen ihrer Zielgruppe geschaffen, vermochte es aber nicht, diese in die Realität umzusetzen.

Ein Kunde aus Nebraska erzählte:

„Ich erledige täglich meine geschäftlichen Transaktionen in der City und ich freue mich sogar darauf, in die Bank zu gehen, weil die Kundenberater dort sehr freundlich sind. Es ist einfach phantastisch. Ich komme herein und genieße es förmlich. Mittlerweile kenne ich jeden in diesem Gebäude. Wann immer ich komme, es herrscht stets eine freundliche Atmosphäre. "

Und ein Kunde aus Colorado meinte:

„Ich habe das Gefühl, einen persönlichen Service zu erhalten, wenn sie sich Zeit nehmen, um mir beispielsweise ein Frohes Weihnachtsfest zu wünschen. Ich bin noch nie bei einer freundlicheren Bank gewesen. Selbst diejenigen, die mich nicht bedienen, haben ein freundliches Wort. "

Diese Kunden freuen sich darauf, ihre Bank aufzusuchen, weil sie wissen, daß sie herzlich begrüßt und von freundlichen Mitarbeitern bedient werden. Das bedeutet jedoch nicht, daß dadurch den anderen Dimensionen der Servicequalität, wie zum Beispiel der Sorgfalt, weniger Bedeutung zukommt. Aber Freundlichkeit kann sicherlich auftretende Fehler für den Kunden und für die Bank annehmbarer machen. Ein Kunde aus Kalifornien meint hierzu:

„In meiner Bank kennt mich jeder, vom Direktor bis zum Kassierer, mit Namen. Ob ich nun eine große Summe oder eine kleine Summe einzahle, es ist immer wieder schön mit Namen angesprochen und gefragt zu werden: ‚Wie geht es Ihnen?' "

Diese Darstellung ist vor allem deshalb interessant, weil wir in North Carolina hörten, daß es den Kunden nicht wichtig sei, mit Namen angesprochen zu werden. Doch bei näherer Untersuchung stellte sich heraus, daß lediglich die *gezwungene* Anrede von den Kunden als unangemessen betrachtet wurde. Wenn der Banker den Namen von einem Scheck oder einem anderen Dokument ablesen muß, dann wird dies im allgemeinen nicht als aufrichtige Freundlichkeit gewertet. Es ist für Kunden offensichtlich einfach, Unaufrichtigkeit festzustellen.

Doch eine Kundin aus Mississippi hat nichts dagegen, wenn ihr Name von einem Scheck abgelesen wird. Sie meinte:

„ Wenn ich in meine Filiale gehe, dann springen immer gleich vier oder fünf Angestellte herbei, um mich zu bedienen. Ich glaube, es ist der freundlichste Ort, den ich je gesehen habe. Es ist wichtig, begrüßt zu werden und ein Dankeschön zu bekommen. Es ist schön mit Namen angesprochen zu werden, selbst wenn sie auf den Scheck schauen müssen, um ihn sich zu vergegenwärtigen. "

Und schließlich meinte ein Kunde aus Tennessee:

„ Ich habe noch nie in einer der Filialen meiner Bank ein mürrisches Gesicht gesehen. Sie scheinen immer zufrieden zu sein. "

⇨ **Höflichkeit bedeutet Rücksichtnahme**

Die zweite Komponente der Höflichkeit ist die Rücksichtnahme. Diese bezieht sich auf die Bereitschaft der Banken, sich in die Lage der Kunden zu versetzen und sich entsprechend zu verhalten. Betrachten Sie diesbezüglich einmal die Situation einer Frau aus Lousiana:

„ Mein Mann und ich hatten uns zu einem Konsolidierungskredit entschlossen, so daß wir, statt jeden Monat mit 14 bis 15 kleinen Schecks bezahlen zu müssen, nur eine Zahlung leisten müssen. Nun, der Kundenberater, der uns gegenüber saß, hatte die Frechheit zu sagen: ‚Ich verstehe nicht, wie zwei junge Leute wie Sie sich so tief verschulden können.' Wir sprachen lediglich über einen Konsolidierungskredit von 4 000 US-Dollar. Wir kündigten unsere drei Bankkonten und gingen zu einer anderen Bank. "

Dieser Banker nahm, nach Darstellung der Kundin, keine Rücksicht auf die Gefühle und die Situation der Kunden. Die beiden suchten Rat und Hilfe und keine herablassende Behandlung.

Eine Dame aus Kalifornien nannte uns dieses Beispiel:

„ Ich rief meine Bank an und erbat eine Auskunft über mein Girokonto, weil es mir nicht gelang, mein Konto auszugleichen. Die Dame, mit der ich sprach, meinte, ich sollte doch einen Buchhalter *einstellen*, um es in Ordnung bringen zu lassen. Die Antwort gefiel mir gar nicht. Wenn ich nun in die Bank gehe, schaut sie in eine andere Richtung und ignoriert mich. Das ist sehr unangenehm. "

Was hat sich diese Kundenberaterin dabei gedacht, derart rücksichtslos auf die Anfrage der Kundin zu reagieren. Vielleicht wollte sie nur nicht belästigt werden. Wir fragen uns, ob diese Kundenberaterin jemals daran gedacht hat, daß möglicherweise auch die Bank einen Fehler gemacht und dieses Problem verursacht haben könnte.

Ein Mann aus North Carolina erzählte uns die folgende Begebenheit:

„ Meine Frau fuhr zu einem Drive-in-Schalter der Bank. Sie legte ihre Schecks in die Schiebevorrichtung. Die Angestellte ließ sie jedoch auf, weil sie mit jemandem, der hinter ihr stand sprach. Es war sehr windig an diesem Tag, und die Schecks flogen weg. Die Mitarbeiterin bat meine Frau auszusteigen und nach ihnen zu suchen. Als sie mit den Schecks zurückkam, ging sie hinein und kündigte das Konto. "

Es hätte dieser Dame nicht viel Mühe gekostet, der Kundin zumindest zu helfen, die Schecks wieder einzusammeln.

Ein Kunde aus Illinois erzählte uns diese Geschichte:

„ Eine Bank, bei der ich Kunde gewesen war, erlaubte sich folgendes: Ich ging zu meiner Bank, um eine größere Geldsumme von meinem Konto abzuheben. Sie wollten den Grund dafür wissen. Und ich sagte: ‚Das geht Sie gar nichts an. Es ist mein Geld, und ich möchte es haben.' Ich mußte ihnen tatsächlich eine Begründung liefern, weil sie mir andernfalls das Geld nicht gegeben hätten. "

Der Kunde betrachtete es als unangemessen und taktlos, eine Begründung für die Abhebung einer größeren Geldsumme abgeben zu müssen. Kunden neigen dazu, die Neugierde der Banker übelzunehmen, wenn es um das Abheben von Guthaben geht. Doch die meisten Kunden erkennen die legitime Funktion dieser Frage, die lediglich dem Schutz ihrer Gelder dient. Diese Praxis darf jedoch nicht dazu benutzt werden, sich in die Privatangelegenheiten der Kunden einzumischen. Nicht alle Beispiele hinsichtlich Rücksichtnahme sind negativ. Betrachten Sie nun das Beispiel einer Frau aus Kalifornien:

„ Als ich mein Geschäftskonto eröffnete, hatte ich nicht nur eine Menge Geld, sondern auch eine Menge Fragen. Die Bankerin war sehr freundlich zu mir. Ich hatte ein kleines Mädchen bei mir und sie half mir nicht nur, auf das kleine Mädchen aufzupassen, sondern beantwortete auch meine Fragen und bot mir sogar an, meine Produkte in der Filiale zu verkaufen. Ich war sehr erfreut. Das tat so gut. Es war wirklich prima. Ich ging nach Hause und sagte meinem Mann: ‚Du wirst nicht glauben, was ich erlebt habe.' "

⇨ **Höflichkeit bedeutet Respekt vor dem Individuum**

Die dritte und letzte Subkomponente der Höflichkeit ist der Respekt. Darunter verstehen wir sowohl den Respekt vor dem Kunden als Individuum als auch den Respekt vor den Bankgeschäften des Kunden und seinen persönlichen finanziellen Anliegen – egal, worum es sich dabei handelt.

Betrachten Sie nun die folgende Stellungnahme eines Geschäftskunden aus North Carolina:

„ Ich war bei einer Bank, habe sie aber verlassen, weil mir die Leute nicht zusagten. Ich weiß nicht, ob Sie jemals in dieser Bank gewesen sind. Sie begrüßen Sie mit einer Tasse Kaffee, lassen Sie auf dick gepolsterten Stühlen beziehungsweise Couch Platz nehmen und geben Ihnen ein Exemplar des *Wall Street Journal* zu lesen. Es gibt dort kein Schalterpersonal. Die Burschen, die für mich arbeiten, sind groß und Rauhbeine der einen oder anderen Art, die sich von niemandem die Stimmung verderben lassen. Sie kommen freitags in ihrer mit Farbe verschmutzten Arbeitskleidung in die Bank. Ich bekam ständig Anrufe und wurde gefragt: ‚Kennen Sie diesen Burschen?' Ich sagte ‚Ja', und daß ich ihm gerade seinen Lohnscheck gegeben hätte. Daraufhin wurde mir gesagt: ‚Wir wollen diese Leute nicht in unserer Empfangshalle sehen.' Das war das Ende meiner Bankgeschäfte mit dieser Bank.' Ich erklärte einer anderen Bank, wie meine Leute freitags aussehen und für sie war das okay. "

Dieses Verhalten beweist einen Mangel an Respekt vor dem Geschäft dieses Kunden. Es ist Aufgabe des Bankers, sich mit der Art des Geschäftes seines Kunden vertraut zu machen und für einen reibungslosen Serviceablauf zu sorgen. Es ist nicht angemessen, jeden Scheck, den der Kunde seinen Mitarbeitern ausstellt, in Frage zu stellen.

Ein weiteres Beispiel zum Thema Respekt wurde uns von einem Kunden aus Mississippi zugetragen:

„ Ich glaube nicht, daß sie erkannt haben, welches Potential in mir steckt. In einigen Jahren werde ich eine Menge Geld besitzen. Ich glaube nicht, daß sie das wissen beziehungsweise erkennen, ob Leute über Potential verfügen. "

Dies zeigt einen Mangel an Respekt vor der Person beziehungsweise – wie in diesem Fall – vor den Qualitäten des Menschen, die in jedem von uns stecken.

Eine Frau aus Nebraska gab uns ein positives Beispiel zum Thema Respekt:

„ Ich hatte mich scheiden lassen und mußte ein Girokonto eröffnen. Ich ging zu einer Bank und sagte: ‚Können Sie mir etwas über Ihre Dienstleistungen erzählen.' Und die Bankerin meinte: ‚Natürlich, kommen Sie bitte mit.' Es waren eine Menge Leute dort. Sie sagte: ‚Eine Minute noch', und führte mich in ein Beratungszimmer. Ich erklärte ihr meine Situation und erzählte ihr, daß ich einen großen Geldbetrag hätte, den ich bei einer Bank anlegen wollte. Sie erklärte mir verschiedene Möglichkeiten und rief noch einen weiteren Banker hinzu. Sie sagten, wenn ich noch weitere Fragen hätte, dann sollte ich es sie wissen lassen. Es herrschte so etwas wie Familienatmosphäre. Als ich hinausging, verabschiedeten sie sich von mir, indem jeder mich bei meinem Vornamen nannte."

⇨ **Zusammenfassung: Höflichkeit**

Wie die Interviewpartner aus unseren Zielgruppen erkennen lassen, verbindet jeder etwas anderes mit dem Begriff Höflichkeit. Höflichkeit bedeutet demnach: freundlich und rücksichtsvoll gegenüber dem Kunden zu sein und den Kunden als Individuum zu respektieren. Mit anderen Worten: Ihre Aufgabe ist es, festzustellen, was Ihre Kunden unter Höflichkeit verstehen und Ihre Mitarbeiter zu veranlassen, diese Informationen in ihre gewohnheitsmäßigen Verhaltensweisen gegenüber den Kunden einfließen zu lassen.

Erreichbarkeit

Die dritte Komponente der zwischenmenschlichen Beziehungsdimension ist das, was wir als Erreichbarkeit identifiziert haben. Auch mit dieser Komponente verbinden unterschiedliche Leute die unterschiedlichsten Dinge. Nach unserer Untersuchung bedeutet Erreichbarkeit für die meisten Bankkunden zweierlei. Zum einen heißt Erreichbarkeit, ansprechbar zu sein. Sind die jeweiligen Ansprechpartner der Kunden jederzeit erreichbar? Ist das Personal ansprechbar und ist das Herantreten an den Banker immer mit einer positiven Erfahrung seitens des Kunden verbunden? Zum anderen bedeutet Erreichbarkeit auch Verfügbarkeit. Sind die Dienstleistungen der Bank und die Banker zu Zeiten verfügbar, wenn die Kunden sie brauchen? Das setzt voraus, daß die Bank über ein Netzwerk von Serviceabläufen verfügt, die dem Kunden immer dann zur Verfügung stehen, wenn er sie nutzen möchte.

⇨ **Erreichbarkeit bedeutet, da zu sein**

Betrachten wir diesbezüglich zunächst einmal die Erwartungshaltung eines Kunden aus Kalifornien. Seine Stellungnahme steht nicht im Widerspruch zu den Kommentaren, die wir überall im Land hörten:

„ Mein Banker sollte *stets* erreichbar sein. Das heißt, er sollte immer dann erreichbar sein, wenn ich eine Information benötige, die für mich wichtig ist. "

Lesen Sie nun den Kommentar eines Kunden aus Idaho:

„ Meine Bank ist ein ausgesprochener Glücksstreffer, weil sie sich um persönlichen Service bemüht. Die Möglichkeit, einen leitenden Angestellten zu Gesicht zu bekommen, der eine Entscheidung treffen kann, ist erleichtert worden. Das Bankpersonal ist stets ansprechbar. Ich weiß das natürlich zu schätzen. Wenn Sie mit einem Problem kommen, dann kümmert man sich sofort darum. "

Diese Bank hat ein System eingeführt, das den Kunden die Möglichkeit bietet, einen leitenden Angestellten anzusprechen, wenn er einen Vorgang zum Abschluß bringen möchte.

Ein Kunde aus Kalifornien meinte hierzu folgendes:

„ Meine Bank ist absolut serviceorientiert und will so gut wie alles für den Kunden tun. Das hat mit den Direktiven zu tun, die der Bankdirektor nach und nach einführte. Sobald sich eine Schlange bildet, kommt jemand – nicht unbedingt jemand vom Schalterpersonal – und fragt, ob er helfen kann. Und selbst wenn ich nach Geschäftsschluß an die Tür klopfe, öffnet mir jemand, um zu fragen, ob er mir helfen könne. "

Das zeigt, daß Erreichbarsein an der Spitze der Hierarchie beginnen muß. Wenn der Vorstandsvorsitzende/Direktor erreichbar ist, dann sind es die Mitarbeiter wahrscheinlich auch.

Ein Kunde aus Colorado sprach die Wichtigkeit der persönlichen Beziehung an, als er Erreichbarkeit definierte:

„ Wenn meine Bank Führungskräfte austauscht, dann sollte der neue Manager zu mir kommen und sich vorstellen. Ich muß die Möglichkeit haben, jemanden ansprechen zu können, wenn ich ihn brauche. Ich habe lieber mit einer kleinen Bank zu tun, in der ich einen festen Ansprechpartner habe, der meine finanziellen Bedürfnisse kennt und wo ich nicht jedesmal mit mehreren Leuten verhandeln muß. "

Es ist sehr wichtig, Kunden die Möglichkeit zu bieten, sich an jemanden zu wenden, der ihnen bei ihren finanziellen Bedürfnissen hilft. Die Bank kann diese Atmosphäre schaffen, sie kann sie aber auch leicht zerstören.

Ein Kunde, der früher in Texas lebte, berichtet, inwieweit die Struktur eines Banksystems der Erreichbarkeit schaden kann:

„ Ich mag das Filialbankwesen nicht. Ich glaube, daß liegt daran, weil ich aus Texas komme. Es ist ziemlich schwer, jeden in einem Filialsystem zu kennen. Wenn ich einen Kreditsachbearbeiter aufsuche, dann gehe ich nicht davon aus, daß er mir den Kredit gewähren kann. Denn er muß meinen Antrag einem Ausschuß vorlegen, um eine Genehmigung einzuholen. In Texas konnte ich direkt zu einem Kreditsachbearbeiter gehen und bekam ein Darlehen – es gab dort keinen Ausschuß. "

Ein solches System bedeutet nicht notwendigerweise, daß dort eine Genehmigung nicht genauso schnell eingeholt werden könnte, es ist nur vergleichsweise schwieriger. Das Management muß daher dafür sorgen, daß die schnelle Einholung einer Genehmigung innerhalb einer Filialbank möglich wird.

Ein Kunde aus North Carolina schildert, wie wichtig für ihn die persönliche Beziehung innerhalb der Kunde-/Bankbeziehung ist:

„ **I**ch werde kein Geld einzahlen, wenn ich nicht in eine Bank gehen kann und es einem Schalterangestellten aushändigen kann. Mir gefällt es, in die Bank zu gehen und Hallo zu sagen. "

Einen Lehrsatz für größere Banken formuliert ein Kunde aus Kalifornien:

„ **J**e größer die Organisation, desto mehr Abteilungen muß man durchlaufen, um eine Antwort zu bekommen. "

Muß das so sein? Warum kann eine große Organisation nicht so strukturiert sein, daß es Kunden erleichtert wird, Informationen beziehungsweise Genehmigungen zu erhalten? Unserer Meinung nach wäre dies möglich, wenn die nötige Sorgfalt in die Ablauforganisation, Struktur und das Prozeßdesign investiert würde.

Ein Kunde aus Mississippi führte als Beispiel der Erreichbarkeit seinen persönlichen Kundenberater an:

„ **M**ein Banker druckt seine private Telefonnummer auf seine Visitenkarten. Das ist Erreichbarkeit pur. "

Wenn auch Sie Ihren Kunden zeigen wollen, daß Sie jederzeit für sie erreichbar sind, dann folgen Sie diesem Beispiel.

⇨ **Erreichbarkeit bedeutet, verfügbar zu sein**

Die zweite von uns identifizierte Komponente der Erreichbarkeit ist die Verfügbarkeit. Verfügbarkeit bedeutet über Filialen, Geldautomaten und Informationsschalter zu verfügen, um den Kunden Service leichter zur Verfügung zu stellen. Nach Aussage eines Kunden aus Nebraska bedeutet dies allerdings auch, daß man über Personal verfügt, das diesen Service unterstützt:

„ Meine Bank bietet einen Telefonservice unter der Nummer 1-800 an, Sie hat ihren Sitz außerhalb der Staatsgrenzen. Die Antworten werden von einem Computer abgefragt. Sie könnte sich nicht weniger Mühe geben. Es gefiel mir besser, als ich noch vor Ort mit den Leuten verhandeln konnte. "

Dieser Service wurde als unpersönlicher und unangemessener Ersatz für die lokale und persönliche Betreuung gewertet.

Das Beispiel eines Kunden aus Florida beweist, daß die bloße Tatsache, den Service vor Ort bekommen zu können auch nicht immer ausreicht. Er muß dann auch entsprechend geleistet werden:

„ Für mich ist schlechter Service mit Unannehmlichkeiten verbunden. Stundenlanges Warten, um eine Transaktion zu tätigen. Manchmal stehen in den Schlangen vor den Schaltern dreißig Personen. Das ist einfach schlechtes Management. "

Und ein anderer fügte hinzu:

„ Es gibt etwa zwanzig Schalter in unserer Bank, von denen nur vier geöffnet haben. Darüber kann ich mich wirklich ärgern. Von wegen Service – das ist doch die schlechteste Art, eine Bank zu leiten. "

Und ein Kunde aus Mississippi berichtet, daß das Interesse der Bankmitarbeiter am Verkauf den Kundenservice manchmal beeinträchtigt:

„ Manche Banken zahlen ihren Kundenberatern eine Provision, damit sie viel verkaufen. Manchmal glaube ich, daß sie den Service aufs Spiel setzen, weil sie ein Einlagenzertifikat verkaufen wollen. Diejenigen, die lediglich ihre täglichen Bankgeschäfte erledigen wollen, müssen warten. Ich bin für das Verkaufen von Produkten, aber ich glaube, daß dies dem eigentlichen Service schadet. "

Kundenservice bedeutet nicht, den Kunden wissen zu lassen, daß der Computer ausgefallen ist, wie ein Kunde aus Kalifornien berichtet:

„ **M**an sollte davon ausgehen können, daß es einen Ersatz gibt, wenn ein Computer ausfällt. Als ich eines Abends auf dem Weg zum Flughafen war, ging ich vorher noch zu einem Geldautomaten. Ich fuhr zu vier verschiedenen bevor ich einen fand, der funktionierte. "

Für einen Kunden aus Nebraska bedeutet Verfügbarkeit, die notwendigen Informationen bereit zu haben, wann immer der Kunde sie braucht:

„ **E**rreichbarkeit bedeutet für mich, Informationen verfügbar zu haben: das heißt, eine Nummer zu wählen und die Informationen zu bekommen, ohne fünfmal weiterverbunden zu werden. Ich habe keine Zeit zur Bank zu gehen; deshalb rufe ich an, um etwas herauszufinden. "

Ein anderer Aspekt der Verfügbarkeit bedeutet, die Art von Dienstleistung bereitstellen zu können, die der Kunde braucht – wie von einem Kunden aus Illinois dargelegt wurde:

„ **I**ch suche Bequemlichkeit, niedrige Kosten beziehungsweise keine Kosten. Ich will nach Möglichkeit nicht zur Bank gehen müssen. Ich zahle mein Geld per Post oder auf elektronischem Wege ein und muß deshalb nicht unbedingt zur Bank. Ich meine *bequem* nicht hinsichtlich Standort, sondern beispielsweise hinsichtlich der verfügbaren Geldautomaten. Mir ist es egal, wo die Bank sitzt, solange ich mein Geld dann bekomme, wenn ich es brauche. "

⇨ **Zusammenfassung: Erreichbarkeit**

Wie die anderen Dimensionen der Servicequalität, die wir aus der Perspektive des Kunden betrachteten, so ist auch die Erreichbarkeit eine recht komplexe, aus verschiedenen Komponenten bestehende Dimension. Erreichbarkeit impliziert jeden einzelnen dieser Faktoren beziehungsweise deren Kombination: ein Standort in der Nähe des Wohnortes beziehungsweise Büros; die Verfügbarkeit von Geldautomaten; Verfügbarkeit von Mail-in-Bankservice; Öffnungszeiten; telefonische Erreichbarkeit; wenige Vermittlungen zwischen Frage und Antwort sowie die private Telefonnummer der jeweiligen Ansprechpartner. All diese Komponenten der Erreichbarkeit – und da mag es durchaus noch andere geben – müssen ineinandergreifen, um den leichten Zugang zu Bankdienstleistungen für jeden Konsumenten zu ermöglichen.

Zusammenfassung

Dieses Kapitel hat sich mit der interpersonellen Beziehungsdimension der Servicequalität beschäftigt. Unsere Untersuchung zeigte, daß der Aufbau guter Beziehungen nur dann gewährleistet ist, wenn sich die Bank dem Kunden gegenüber einfühlsam und höflich erweist und jederzeit für ihn da ist. Dies ist die Dimension, in der die Bank Engagement zeigt, auf individuelle Kundenbedürfnisse im Rahmen höflicher und freundlicher Beziehungen zu reagieren. Nach unseren Erkenntnissen müssen Banker nach den Bedingungen der Kunden erreichbar sein und nicht nach den Bedingungen der Banker.

Kapitel 5

Die Dimension der Kundenpflege

Unsere Untersuchung macht deutlich, daß diejenigen Banken, die versuchen, alle organisatorischen Faktoren – wie zum Beispiel Produktentwicklung, Vertrieb, Werbebotschaften, Mitarbeiterverhalten, After-sales-Service, Reklamationen, Leistungsanreize sowie andere greifbare Dimensionen des Service – auf die Zufriedenheit des Kunden hin auszurichten, das Ziel haben, die Kundenzufriedenheit als Wettbewerbsvorteil zu nutzen. Unserer Meinung nach ist die Kundenzufriedenheit das Resultat des Verhältnisses zwischen Bankleistung und Kundenerwartungen, wobei die Kundenerwartungen den primären Faktor dieses Verhältnisses darstellen. In dem Maße, wie Banken daran interessiert sind, ihre Kunden zu kennen, kennen sie deren Erwartungen. Die Dimension der Kundenpflege kann in zwei Subkomponente unterteilt werden: die Kunden verstehen und mit ihnen sprechen.

Verstehen

Bei der Bestimmung von Servicequalität muß die Bank versuchen, ihre auf die Organisation bezogene Denkweise mit der Denkweise des Kunden zu verbinden, um im Hinblick auf Service zu einem gemeinsamen Konsens zu gelangen. Das Verschmelzen dieser Denkweisen läuft darauf hinaus, den Kunden besser zu verstehen. Doch was bedeutet das genau?

⇨ **Verstehen bedeutet, die Bedürfnisse des einzelnen Kunden zu erkennen**

Die Kunden zu verstehen bedeutet, sich die Mühe zu machen, Kunden als Individuen zu behandeln – auch wenn es sich um andere Unternehmen handelt –, indem man herausfindet, was sie wünschen und brauchen. Oftmals verstehen Kunden ihre eigenen Bedürfnisse nicht so ganz beziehungsweise wissen nicht, welche Bankdienstleistungen ihren Bedürfnissen entgegenkommen. Deshalb muß die Bank ihre Kunden gut kennen und verstehen, um sie auf den richtigen Weg zu führen. Der Kommentar eines Kunden aus Nebraska veranschaulicht dies:

„ Ich bin für einen freundlichen und höflichen Service. Als Angestellter in dieser Branche sollte man sehr gut mit Menschen umgehen können. Die Angestellten sind dazu da, Ihren Kunden und deren Bedürfnissen nach Ihren besten Fähigkeiten gerecht zu werden. Ich denke, das ist wirklich wichtig, weil so viele Leute Konten empfohlen bekommen, die sie nicht brauchen oder ihnen wurden gar die falschen empfohlen. Sie müssen ihre Kunden kennenlernen, da sie sich – was die Dienstleistung anbelangt – dem individuellen Bedürfnis anpassen müssen. "

Dieser Kommentar bestätigt, was wir überall in den Vereinigten Staaten gehört haben. Kunden erwarten von ihren Bankinstituten, daß sie sie kennen, um ihren individuellen Bedürfnissen bestmöglichst entsprechen zu können.

Ein Kunde aus North Carolina erzählte diese Geschichte:

„ Wenn die Bank einen guten Kunden hat, dann sollte sie wissen, wer er ist. Zwei meiner Schecks platzten aufgrund eines Fehlers. Mein Konto war mit lediglich 18 US-Dollar im Minus. Ich wurde per Post benachrichtigt. Warum haben sie mich nicht angerufen und mich das Problem wissen lassen? Das hat mich geärgert. Sie sagten mir zwei Tage lang nicht, daß es einen Fehler beziehungsweise ein Problem gab. Der Scheck für einen meiner Lieferanten platzte. Der Lieferant wird keine Geschäfte mehr mit mir machen, weil die Bank nicht verstanden hat, welche Konsequenzen für mich damit verbunden waren. Wenn sie mich, einen guten Kunden, gekannt hätten, dann hätten sie mir helfen können, dieses Problem zu vermeiden. Aber sie haben wahrscheinlich gedacht: ,Den schnappen wir uns, weil er einen Fehler gemacht hat'. "

Dieses Beispiel weist Elemente der Kundenkommunikation auf, die wir uns im nächsten Abschnitt ansehen werden. Der Kunde selbst sagt, daß die Bank ihn beziehungsweise sein Geschäft nicht gut genug verstanden habe, um sensibler auf sein Problem zu reagieren. Seiner Meinung nach hat die Bank lediglich versucht, zwei Schecks so schnell wie möglich aus dem Bearbeitungsprozeß herauszunehmen, anstatt sich die Zeit zu nehmen, die Konsequenzen geplatzter Schecks eines nachweislich guten Kunden nachzuvollziehen. Gute Kunden sollten geschätzt und entsprechend behandelt werden, denn sie sind die Existenzberechtigung der Banken. Ein anderer Kunde aus North Carolina sagte:

„ Der Zweigstellenleiter der Bank, bei der ich mein Geschäftskonto habe, kam in mein Geschäft, um zu hören, ob alles in Ordnung sei. Ich war sehr beeindruckt, daß er in mein Geschäft kam. Jetzt bin ich Kunde auf Lebenszeit, sofern die Bank nicht wirklich einen riesigen Fehler macht. Er spricht mit seinen Kunden. Er zeigte mir, daß er mein Geschäft schätzt. Er ist bereit, sich Zeit zu nehmen, um mich und mein Geschäft kennenzulernen. Ich fühlte mich durch seinen Besuch sehr geehrt. Dies war eines meiner positivsten Erlebnisse mit einer Bank. "

Diese Schilderung bringt einen interessanten Punkt zur Sprache. Die Zeit, die aufgebracht wird, um einen Kunden kennenzulernen und zu verstehen, ist nicht verschwendet. Allerdings reicht es nicht aus, um Servicequalität zu liefern. Der Kunde bemerkte, daß die Bank auch weiterhin Leistungen erbringen muß, wenn er Kunde der Bank bleiben soll. Das heißt, perfekte Leistungserstellung muß im Rahmen der Kundenpflege stattfinden, damit hochwertige Servicequalität erreicht werden kann.

⇨ **Verstehen bedeutet persönliche Aufmerksamkeit und Engagement**

Die Kunden, mit denen wir sprachen, suchen eine Bank, die ihnen persönliche Aufmerksamkeit schenkt, die der Bank jedoch Zeit und Mühe kostet. Sie erwarten von der Bank, daß sie sich engagiert, wenn sie die individuelle Situation und die individuellen Wünsche ihrer Kunden verstehen will. Das bedeutet, daß die Bank in ihrer Eigenschaft als Dienstleister auf den Kunden zugeht, anstatt darauf zu warten, daß der Kunde von sich aus kommt. Betrachten wir einmal den Kommentar eines Kunden aus Kalifornien:

„ Ich bin Kürschner und kaufe Dinge, die ich, wie man mir sagte, besser nicht hätte kaufen sollen. Ich habe oft nach Gefühl gekauft, während andere nur aufgrund einer Expertise kaufen würden. Oft habe ich als Kunde eingekauft und nicht als Kürschner. "

„ Ob Sie nun Kürschner, Banker oder was auch immer sind, wenn Sie einmal so weit sind und nur noch mit Nummern arbeiten, dann verlieren Sie die Perspektive. Wir haben mit Kunden zu tun. Ich denke so oft, daß die Banken vergessen haben, daß sie mit Menschen zu tun haben und nicht mit Nummern. "

Kunden sind keine Transaktionen. Sie tätigen Transaktionen. Aber es sind Individuen mit unterschiedlichen Bedürfnissen, Wünschen etc., die man verstehen muß, um sie erfolgreich bedienen zu können.

Ein Kunde aus Colorado meinte:

„ Ich betrachte eine große Bank als ‚Institut'. Sie kennen mich nicht und sie bleibt auch für mich anonym. Doch die Bank, bei der ich alle meine Darlehnsgeschäfte tätige, die kennt mich. Diese Bank bezeichne ich nicht als Institut. Ich glaube daher, daß der Hauptunterschied darin besteht, wie gut sie mich und meine Bedürfnissen kennenlernen *möchte*. Ich glaube, je größer eine Bank ist, desto unpersönlicher ist sie auch. "

Wir sind erstaunt darüber, daß dieses Thema immer wieder angesprochen wurde. Denn wir können uns nicht erklären, warum Größe mit Unpersönlichkeit gleichgesetzt werden sollte. Offensichtlich impliziert Größe in der Wahrnehmungswelt des Kunden

Unpersönlichkeit. Unsere Analyse bezweifelt jedoch die Zwangsläufigkeit dieser Ansicht. Eine große Bank kann sich so organisieren, daß sie persönlich wirkt, auch wenn dies schwieriger zu bewerkstelligen ist als in einer kleinen Bank. Wir weisen den Gedanken zurück, daß groß gleichzeitig unpersönlich bedeuten soll. Aber es kostet Mühe, nicht unpersönlich zu sein, ungeachtet der Tatsache, wie groß die Bank ist.

Ein Kunde aus Nebraska berichtete uns über die folgende Situation:

„ Als mein Vater 89 Jahre alt war (er ist nun 94) lebte er in einem Appartementhaus für Senioren. Er half gern anderen Leuten. Er lief immer sechs Häuserblocks weit die Straße hinunter, um seine Bankgeschäfte zu erledigen. Eines Tages erfuhr er, daß eine seiner Bekannten ein krankes Bein hatte und nicht so weit laufen konnte. Deshalb bot er ihr an, ihre Schecks bei der Bank zu hinterlegen, wenn er seine Bankgeschäfte tätige. Die Bank war so freundlich, die Tatsache zu akzeptieren, daß er einer anderen Person eine Gefälligkeit erweisen wollte und war flexibel genug, ihm zu gestatten, die Bankgeschäfte für diese ältere Dame zu erledigen. Er tat dies regelmäßig für sie. Für sie war es bequem und ihn freute es, daß die Bank ihm vertraute. "

Das entspricht vielleicht hinsichtlich der Sicherheitsbestimmungen nicht gerade der traditionellen Bankpraxis. Doch diese Bank bewies gegenüber zwei Kunden Sensibiliät und persönliche Aufmerksamkeit. Für den Vater des Kunden und für die ältere Dame war es wichtig, daß sich die Bank persönlich auf die speziellen Bedürfnisse der beiden alten Leute eingestellt hat.

Und ein Kunde vom Mississippi meinte:

„ Wenn ich eine Bank betrete, möchte ich, daß die Leute, mit denen ich verhandle, Interesse an dem haben, was ich mit ihnen besprechen möchte und *mir* helfen, das heißt, mir bei *meinem* Problem helfen. "

Die entscheidenden Worte dieses Kunden sind *mir* und *meinem*. Die Botschaft besagt, verhandle mit *mir* persönlich, aber mit *deiner* Zeit und *deiner* Bemühung.

Um Ihnen eine Vorstellung dessen zu vermitteln, wie Publikumsverkehr aussehen sollte, lesen Sie hierzu bitte die Aussage eines Kunden aus New York:

„ **W**enn Sie mit Publikum zu tun haben, müssen Sie sich den Kunden ansehen und sich fragen: ‚Wie würde ich reagieren, wenn ich diese Person wäre.' Banken stellen sich diese Frage nicht immer. "

Viele Kunden sind der Meinung, daß Banken aus ihrer Perspektive auf den Kunden eingehen, anstatt die Perspektive des Kunden zu berücksichtigen. Wir haben dies ebenfalls in vielen Situationen festgestellt. Unlängst haben wir ein Seminar über Servicequalität gehalten, auf dem wir uns vor allem auf das konzentrierten, was Kunden von Banken erwarten. Wir stellten fest, daß viele Banken eher darüber sprechen wollten, warum sie in den meisten Fällen nicht auf die Wünsche ihrer Kunden eingehen konnten. Die meisten ihrer Argumente machten durch Systeme verursachte Beschränkungen dafür verantwortlich. Unsere Antwort darauf war, daß die Systeme so gestaltet sein sollten, daß sie den Bedürfnissen der Kunden gerechtwerden und nicht der Bequemlichkeit der Bank.

⇨ **Verstehen bedeutet, den Stammkunden wiederzuerkennen**

Eines der vielleicht wichtigsten Bedürfnisse im Leben der meisten Menschen ist das Bedürfnis, von anderen wiedererkannt und akzeptiert zu werden. Wir sind der Ansicht, daß dies auch auf die Kunden einer Bank zutrifft und für sie von großer Bedeutung ist. Aus diesem Grund ist es für die Bank wichtig, ein Umfeld zu schaffen, in dem Kunden als Individuen erkannt und akzeptiert werden. Diese Tatsache wird von einem Kunden aus North Carolina angesprochen, der meinte:

„ Meine Tochter zog vor vier Monaten nach New York und der Zweigstellenleiter sowie ein Mitarbeiter erinnern sich an sie. Sie war nur sechs Monate Kundin bei dieser Bank. Nun fragen sie: ‚Wie geht's Ihrer Tochter?' Es ist schön, daß sie sich an ihre Kunden erinnern. "

Dieser Kunde ist der Überzeugung, daß seine Bank etwas Besonderes ist, weil sie sich an seine Tochter erinnert, die nur für kurze Zeit Kundin dieser Bank war.

Ein Kunde aus Kalifornien meinte:

„ Es ist sehr wichtig für mich, daß sie mich kennen, wenn ich anrufe. Ich lege auch Wert auf Flexibilität. "

Es ist für Kunden wichtig zu wissen, daß sie sogar am Telefon erkannt werden und nicht nur, wenn sie in die Bank gehen. Dies wird auch von einem weiteren Kunden aus Kalifornien bezeugt, der sagte:

„ Es ist das Wissen, anrufen und sagen zu können: ‚Ich bin Ihr Kunde. Würden Sie mir bitte meinen Kontostand nennen. Ich muß ihnen nicht unbedingt die Blutgruppe meiner Urgroßmutter nennen, sie wissen auch so, daß ich es bin.' Bei meiner Bank muß ich keine Kontonummer angeben. Sie kennen mich. "

Schließlich erzählte uns ein Kunde aus North Carolina diese Geschichte:

„ Ich hatte mein Konto früher bei einer anderen Bank. Als ich das erste Mal zu ihr ging, war es noch eine kleine Bank. Jeder kannte mich. Sobald ich sie betrat, hörte ich meinen Namen. Doch dann wurde sie größer und größer und schließlich wurde sie aufgekauft. Was dann kam, können Sie sich denken. Also wechselte ich die Bank. "

Aufgrund der in der Vergangenheit und auch heute noch erfolgenden Bankfusionen fühlen sich die Kunden häufig verloren. Sie berichteten uns, daß sie den Eindruck hätten, daß das Bankmanagement vielfach mehr um die Besitzverhältnisse besorgt sei, als um die Zufriedenheit ihrer Kunden. Aus der Sicht der Kunden ist das bedauerlich. Selbst im Falle von Fusionen erwarten Kunden auch weiterhin als gute Kunden behandelt zu werden, egal, wer das gegenwärtige Eigentumsrecht hat.

⇨ **Zusammenfassung: Verstehen**

Zusammenfassend stellen wir fest, daß die erste Subkomponente der Kundenpflege – Verstehen – bedeutet, die spezifischen Bedürfnisse des Kunden zu erkennen, ihm persönliche Aufmerksamkeit zu schenken, sich persönlich für ihn zu engagieren und den Stammkunden wiederzuerkennen. Eine Bank, die diesen Ansprüchen gerecht wird, versteht ihre Kunden.

Kommunizieren

Der zweite Aspekt der Kundenpflege ist die Kommunikation. Wie das Verstehen so umfaßt auch das Kommunizieren mehrere Subkomponenten.

⇨ **Kommunizieren bedeutet, den Kunden auf dem laufenden zu halten**

Viele Kunden gaben an, daß sie über ihren finanziellen Status besser auf dem laufenden gehalten werden müßten. Man sollte sie nicht nur über Bankaktivitäten auf dem laufenden halten, sondern auch über die generelle Entwicklung auf dem Geldmarkt, damit sie von diesem Wissen möglicherweise profitieren können. In der nun folgenden Stellungnahme setzt ein Kunde aus North Carolina schlechten Service mit dem Mangel an Informationen gleich. Er sagte:

„Schlechte Qualität ist für mich gleichbedeutend mit mangelnder Information, durch die ich nicht das bekommen kann, was ich brauche oder haben möchte. Vor gar nicht langer Zeit hatte ich zwei Bankkonten, die ich zusammenlegen wollte. Die Bank hatte, ohne mein Wissen, den Rahmenkredit des einen Kontos auf das andere übertragen. Ich erhielt überhaupt keine Informationen darüber. Als ich die Bank aufsuchte, um diesbezüglich etwas in Erfahrung zu bringen, sagte man mir: ‚Ich weiß nichts darüber. Ich kann auch nichts herausbekommen, aber hier ist eine Nummer, die Sie anrufen können.' Als ich anrief, bekam ich zwar eine Antwort auf meine Frage, aber ich wollte mit jemandem persönlich sprechen – denn ich war eigentlich in die Bank gegangen, um eine persönliche Antwort zu bekommen. Ich hatte den Eindruck, daß sie gar nicht daran interessiert waren, mit mir zu sprechen. "

Der Kunde glaubte, die Bank habe was ihn betreffe eine einseitige Entscheidung getroffen und es nicht einmal für nötig gehalten, sich mit ihm in Verbindung zu setzen. Der Kunde ärgerte sich nicht darüber, wie die Bank mit seinem Rahmenkredit verfahren war, sondern daß er darüber nicht in Kenntnis gesetzt worden war. Ist das ein Einzelfall? Offensichtlich nicht, wenn man sich die Zahl der folgenden Kommentare ansieht. Ein Kunde aus New York berichtete über das folgende Beispiel mangelnder Kommunikationsbereitschaft:

„ Ich war zunächst verärgert darüber, daß ich meine Schecks nicht mit meinem Kontoauszug zurückbekam. Aber dann dachte ich, daß es eigentlich egal sei, da ich sie ja anfordern konnte. Es ärgerte mich aber trotzdem, weil mir von dieser Änderung nichts mitgeteilt worden war. Ich bekam lediglich meinen Auszug, aber keine Schecks. Was mich daran ärgerte war, daß sie mich nicht vorher darüber informiert hatten. "

Der Kunde war bereit zu akzeptieren, daß er die erledigten Schecks nicht zurückbekam, solange er sie anfordern konnte. Die Bank hatte es vorgezogen, den Kunden nicht über diese Änderung zu informieren und stellte ihn einfach vor vollendete Tatsachen. Das war die Ursache des Ärgernisses. Ein verärgerter Kunde wird nicht leicht von guter Servicequalität zu überzeugen sein. Ein Kunde aus Mississippi nannte uns das folgende Beispiel:

„Vor kurzem schickte ich meinem Makler einen größeren Scheck. In der Höhe entsprach dieser Scheck einem steuerfreien Alterssicherungs-Sparkonto, das eine Woche später fällig werden sollte. Der Makler hatte die Instruktion, den Scheck bis zu einem bestimmten Termin zurückzuhalten, und erst dann, wenn ich das fällig werdende Einlagenzertifikat auf mein Girokonto einzahlen würde, würde er meinen Scheck auf sein Konto einzahlen. Nun, Sie ahnen es sicher! Der Makler hatte seine Mitarbeiter nicht informiert und der Scheck wurde sofort eingelöst. Ich erfuhr zum ersten Mal per Post davon, als ich eine Überziehungsbenachrichtigung bekam und feststellte, daß mein Konto mit 20 000 US-Dollar überzogen war. Ich bin ein guter Kunde der Bank, und deshalb haben sie eher den Scheck bezahlt, als ihn an den Makler zurückzusenden. Nun, ich habe es zu würdigen gewußt, daß die Bank den Scheck bezahlt hat. Aber diese Transaktion stand in keinem Verhältnis zu den üblichen Transaktionen meines Girokontos, so daß ich es als persönlichen Service angesehen hätte, wenn man mich angerufen und bezüglich des Schecks nachgefragt hätte. In diesem besonderen Fall hätte ich die Bank instruiert, den Scheck zurückzuschicken. Das hätte mir 200 US-Dollar Überziehungsgebühr erspart. Sie hätten sich nur mit mir in Verbindung setzen müssen und mich die Entscheidung treffen lassen können, anstatt sie für mich zu treffen."

Das ist ein interessanter Fall, weil die Bank – in dem Glauben einen guten Service zu leisten – in Wirklichkeit einen schlechten Service geleistet hat, weil sie sich eigentlich angesichts der Höhe des Scheckbetrages mit dem Kunden hätte in Verbindung setzen müssen. Die Unannehmlichkeit hätte mit einem einzigen Telefonanruf verhindert werden können. Ein weiteres Informationsproblem wurde von einem Kunden aus Nebraska angesprochen:

„Ich wußte nicht, daß meine Bank mit einer größeren fusioniert hatte bis ich das Logo sah. Die Fusion ist so schlecht wie die Informationsbereitschaft der Bank gegenüber ihren Kunden."

Fusionsverhandlungen sind sicherlich eine sehr heikle Angelegenheit, die demzufolge vertraulich behandelt werden muß. Andererseits können wir aber auch den Wunsch der Kunden nachvollziehen, wissen zu wollen, was mit dem Institut passiert, dem sie einen Teil ihrer Zukunft anvertraut haben. Eine kurze Mitteilung an die Kunden wäre durchaus in Ordnung gewesen. Das wäre sicherlich angebrachter gewesen, statt die Kunden über ein neuerstelltes Logo herausfinden zu lassen, daß sich die Bank mit einer anderen zusammengeschlossen hat.

Ein Kunde aus Texas meint, daß sich die Banken sowohl bei guten als auch bei schlechten Nachrichten mit den Kunden in Verbindung setzen sollten:

„ **M**an erfährt von guten Nachrichten über die Werbung, aber die schlechten Nachrichten, wie beispielsweise reduzierte Zinsen auf Ersparnisse, werden nicht wie die guten Nachrichten bekanntgegeben. Die müssen Sie immer selbst herausfinden. Offenbar wollen sie, daß man die schlechten Nachrichten nicht so schnell wahrnimmt, wie die guten. "

Wir glauben nicht, daß es langfristig gesehen im Interesse der Banken sein kann, die Offenlegung schlechter Nachrichten vor Kunden zu vermeiden. Doch Sie sollten dem Kunden die Informationen in Worten erklären, die er versteht. Die Kunden möchten vorher wissen, wenn Sie die Zinsen auf Einlagenzertifikate reduzieren, so daß sie die Kontrolle über ihre finanziellen Aktivitäten behalten. Sollte es für die Bank schlimme Folgen haben, wenn sie ihre Kunden auf dem laufenden hält, dann sollte sie einmal über eine Senkung ihrer Gebühren nachdenken.

Ein Kunde aus Kalifornien ärgerte sich über einen Bankvorgang, der eigentlich Routine ist. Er sagte:

„ **N**eulich erlaubte sich meine Bank etwas, daß mir gar nicht gefiel. Sie verkauften meine Hypothek an ein anderes Bankinstitut, von dem ich noch nie etwas gehört hatte. Ich finde, sie hätten mich vorher benachrichtigen müssen. Ich bekam einen Brief von der Hypothekengesellschaft, die mir mitteilte, daß sie nun meine Hypothek besäße. Meine Bank benachrichtigte mich überhaupt nicht. Meiner Meinung nach, hätte sie das aber tun müssen. "

Nicht alle Kunden wissen, daß die Banken Hypotheken verkaufen dürfen. Sie protestieren auch nicht unbedingt gegen diese Praxis, sondern sie protestieren dagegen, daß ihre Bank sie nicht darüber informiert.

⇨ **Kommunizieren bedeutet, die Sprache des Kunden zu benutzen**

Kunden sind mit der Terminologie der Finanzwelt nicht sonderlich vertraut. Oftmals benutzen Banker bei Kundengesprächen eine Insider-Sprache, als wenn jeder über Finanzprodukte so informiert sein müßte wie sie. In der folgenden Stellungnahme konstatiert ein Kunde aus Mississippi die Notwendigkeit, dem Kunden die Dinge auf verständliche Weise nahezubringen:

„ Manchmal hat es den Anschein, als müßte ich erst einmal verschiedene Zahlenreihen auf meinem Kontoauszug studieren, um festzustellen, was was ist. Ich hätte es gerne etwas einfacher. Ich weiß, welche Schecks ich ausgestellt habe. Ich weiß, wieviel Geld ich hatte. Ich weiß, was davon abgezogen wurde. Ich kenne meinen Kontostand – alles sehr einfach. Ich möchte nicht wissen, wie sich die Zahlen hier und da verhalten. Mir ist es egal, in welcher Reihenfolge meine Schecks eingingen. Sie sind entweder der Reihe nach aufgeführt oder nicht. Ich möchte lediglich meinen Kontostand wissen. Meiner Meinung nach gestalten sie ihn deshalb so kompliziert, weil sie mir auf diese Weise alles Mögliche mitteilen wollen. Mir liegt wirklich nichts daran. Unter guter Servicequalität verstehe ich, daß die Bank so mit mir kommuniziert, daß ich es verstehe. "

Alles was für die Kommunikation mit Bankkunden notwendig ist – vom Telefon bis zur Anschlagtafel – sollte so gestaltet und in Worte gefaßt sein, daß Kunden sie sofort verstehen können, ohne einen Finanzdolmetscher bemühen zu müssen. Ein anderes Beispiel zum Thema Kommunikation stammt von einem Kunden aus North Carolina:

„ Wenn eine Bank mir etwas sagt, daß ich absolut unsinnig finde, dann soll sie es mir erklären. Hier ein Beispiel: Ich brachte einen Scheck, der auf meine Hypothekengesellschaft ausgestellt war zur Bank. Ich bin der Alleineigentümer dieser Gesellschaft. Ich dachte: ‚Oh, hier ist etwas Taschengeld.' Ich bat die Kassiererin ihn einzulösen. Ich sagte, ich bin die Gesellschaft, Sie wissen das. ‚Gut, lassen Sie es mich Ihnen erklären,' antwortete sie, ‚wir wissen zwar, daß Sie die Gesellschaft sind, aber wir wissen nicht, ob Sie nicht vielleicht einen stillen Teilhaber haben, der einen Anspruch von 50 Prozent an diesem Scheck hat. Wir können ihn natürlich einlösen. Aber wenn dieser Partner Wind davon bekommt, könnte er kommen, und wir hätten einen Haufen Ärger.' Ich sagte nur: ‚Sie haben vollkommen recht.' Sie hatte es mir erklärt, und ich hatte es verstanden. "

Dieses Beispiel zeigt, wie notwendig es ist, Kunden die Politik der Bank so zu erklären, daß sie das Prinzip, das dieser Politik zugrunde liegt, verstehen. Die meisten Leute akzeptieren Erklärungen, wenn sie ihnen in Worten nahegebracht werden, die sie verstehen.

⇨ **Kommunizieren bedeutet, selbst Kontakt aufzunehmen**

Viele Kunden sind verärgert darüber, daß sie immer den Kontakt zur Bank aufnehmen müssen. Das ist sicherlich die traditionelle Geschäftspraxis, aber viele Kunden wünschen sich, daß die Bank den Kontakt zu ihnen aufnimmt, wenn es im Interesse des Kunden ist. Ein Kunde aus Kalifornien meinte beispielsweise:

„ Meine Bank ruft mich an, um zu erfahren, wie es mir geht und mir mitzuteilen, wie sie meine Bankgeschäfte vorantreiben. Natürlich würde sie mich auch anrufen, wenn ich über irgend etwas verärgert wäre, aber sie rufen mich auch an, bloß um sich zu vergewissern, daß es mir gut geht. "

Aktives Interesse am Kunden bietet immer einen Anlaß, Kontakt zu ihm aufzunehmen. Auf diese Weise findet sowohl der Kundenberater als auch der Kunde Gelegenheit zu einem Gespräch, das von keiner Transaktion allein bestimmt wird.

Ein Kunde aus Colorado sagte:

,,Meine Bank nahm eine Änderung bei ihren Minimaleinlagen vor. Dies stand aber ganz versteckt unten auf der Seite. Das ist eine schlechte Methode, Kunden über eine Änderung bezüglich Girokonten in Kenntnis zu setzen."

Was der Kunde damit andeuten wollte, war, daß die Bank durchaus ihre Minimaleinlagen ändern kann, wenn sie dies für notwendig erachtet. Seine Botschaft besagt lediglich: ,,Sag es mir offen und versteck die Information nicht irgendwo auf einer Seite. Informiere mich gleich am Anfang."

Ein Kunde aus North Carolina zeigte den Zusammenhang auf zwischen der Notwendigkeit, als Kunde auf dem laufenden gehalten zu werden und der Notwendigkeit, Kontakt zum Kunden aufzunehmen:

,,Bis zu dem Zeitpunkt als meine Bank verkauft wurde, hätte ich gesagt, Freundlichkeit bedeutet Qualität. Aber jetzt ist es eher das *Auf-dem-laufenden-Sein*. Wenn es Änderungen in der Bearbeitungsweise gibt, dann möchte ich davon erfahren – denn sie haben mein Geld. Mein Geld ist mir sehr wichtig und ich weiß nicht, was mit ihm passiert. Mit anderen Worten: Auf dem laufenden gehalten zu werden bedeutet für mich gute Servicequalität. Ich bekam einen Anruf von einem meiner Banker, der eine Einzahlung bekommen hatte, die ich den Abend zuvor in den Nachttresor eingeworfen hatte. Er sagte, er riefe mich nur an, um mir zu sagen, daß ich mich um 10 US-Dollar zu meinen Ungunsten verrechnet hätte und daß er die Berichtigung für mich machen würde. Das war der erste Telefonanruf, den ich jemals von einem Banker bekommen habe. Ich habe das zu schätzen gewußt."

Kunden schätzen Anrufe von ihren Banken, wenn es sich um Anrufe handelt, die einen Service erkennen lassen. Sie sind nicht besonders dankbar, wenn es sich um ,,Verkaufsgespräche" im eigentlichen Sinne handelt, es sei denn, solche Anrufe werden getätigt, um einen persönlichen Service zu übermitteln, den der Kunde nutzen kann oder vielleicht sogar braucht.

Die beiden folgenden Beispiele machen deutlich, wie wichtig die Kontaktaufnahme zu den Kunden auch für die kundenfreundliche Konzipierung der Kontoauszüge und anderer Formulare ist, über die die Bank üblicherweise mit den Kunden kommuniziert. Zunächst der Bericht eines Kunden aus Colorado:

,, Ich habe Konten bei einer Bank und bekomme jeden Monat eine Seite, auf der alles aufgelistet ist, was ich bei der Bank erledige: Ersparnisse, Giro, Rentenpapiere und Einlagenzertifikate. Alles wird aufgeführt. Diese Seite informiert mich monatlich über alles, was ich wissen muß. "

Ein Kunde aus North Carolina meinte:

,, Ich habe ein Sparkonto und Rentenpapiere bei meiner Bank. Ich finde es gut, wenn ich jeden Monat meine Kontoauszüge bekomme, die mir Einlagen, Zinsen und Fälligkeitsdaten angeben. Einen solchen Kontoauszug bekomme ich jetzt aber nur noch einmal im Jahr, und das gefällt mir gar nicht. "

⇨ **Zusammenfassung: Kommunizieren**

Diese Beispiele zeigen, wie wichtig die regelmäßige Kommunikation für den Kunden ist und inwieweit jede Art der Kommunikation als Indikator für Servicequalität gewertet wird. Eine Bank muß selbst herausfinden, welchen Weg sie gehen will, um auf bestmögliche Weise mit ihren Kunden kommunizieren und entsprechend handeln zu können.

Mit Kunden zu kommunizieren bedeutet, sie über Dinge, die für sie von Bedeutung sind sowie über ihre laufenden Bankgeschäfte zu informieren. Das bedeutet aber auch, dies in einer Sprache zu tun, die der Kunde versteht. Eine wichtige Komponente der Kommunikation ist unserer Meinung nach die regelmäßige Kontaktaufnahme zum Kunden. Banken sollten diesbezüglich proaktiver werden und sogar nach Gelegenheiten suchen, um mit ihren Kunden sprechen zu können, anstatt darauf zu warten, daß die Kunden zu ihnen kommen.

Zusammenfassung

Dieses Kapitel hat sich mit der Dimension der für die Servicequalität wichtigen Kundenpflege beschäftigt. Obwohl beinahe jede Bank, die wir kontakiert hatten, bekundete, ihre Kunden zu kennen, wünschten sich die meisten ihrer Kunden, daß ihre Banken sie noch besser kennen sollten. Wenn ein Banker den Kunden kannte, sei es aufgrund einer persönlichen Beziehung oder aufgrund einer Geschäftsbeziehung, so war der Banker besser gerüstet, um den individuellen Erwartungen des Kunden gerecht zu werden. Wenn die Kommunikationskanäle zwischen Bank und Kunde offen und für beide Parteien zugänglich sind, dann kann dieses Wissen auch zu einer zufriedenstellenden Servicequalität führen. Den Kunden zu kennen, ist eine wichtige Voraussetzung für die Etablierung einer hochwertigen Servicebeziehung.

Im folgenden werden vier Banken vorgestellt, die die Kundenbeziehung zur treibenden Kraft ihrer Geschäftsaktivitäten gemacht haben. Wir haben diese vier Banken nicht nur ausgewählt, weil sie einen hervorragenden Kundenservice anbieten, sondern auch, weil sie die Kundenservicestrategie dazu benutzen, unterschiedliche Ziele zu erreichen. Die erste Bank, über die Sie lesen werden, ist die Bank von Yazoo City, eine kleine Genossenschaftsbank, die der Idee des Kundenservice eine neue Bedeutung gegeben hat. Die Concord Commercial Bank ist ein hervorragender Servicedienstleister, der Unternehmen im Umkreis von San Francisco einen Top-Service bietet. Die Seafirst Bank nutzt den

Kundenservice als Vertriebsstrategie in ihren nordwestlichen Märkten, während Northern Trust die Wirkung ihrer Fachkenntnisse im Kundenservice dazu benutzt, um die oberen Marktsegmente zu erreichen. Da jede Bank eine andere strategische Richtung verfolgt, sind sie allesamt außergewöhnliche Beispiele dafür, inwieweit Banken sich behaupten können, wenn sie eine Kundenservicestrategie anwenden.

Kapitel 6

Kundenservice bei der Bank von Yazoo City

Yazoo City liegt am Mississippi Delta. Die Stadt ist berühmt für ihre Villen aus der Zeit vor dem Bürgerkrieg, für ihre Gastfreundlichkeit, für ihre schönen Frauen, für ihre Baumwolle und für ihre außergewöhnlich heißen und feuchten Sommer. Im Jahre 1876 eröffnete eine Gruppe von Baumwollhändlern dort eine Bank als Geldmittelquelle für ihre Pflanzungen. Seit dieser Zeit hat die Bank von Yazoo City (BYC) eine große Wirtschaftskrise sowie harte wirtschaftliche Zeiten überstanden. Sie schließt nur während der Bankferien und hat sich mit der Zeit zu einer Bank mit einer Bilanzsumme von 84 Millionen US-Dollar entwickelt.

Yazoo City (12 500 Einwohner), Mississippi, liegt im Yazoo County (27 000 Einwohner). Dieser Teil des Mississippi ist stark von der Landwirtschaft und von staatlichen Transferzahlungen abhängig. Der örtliche Markt wird von einer relativ großen Gesellschaft, der Mississippi Chemical, beherrscht, die etwa 600 Leute beschäftigt. Die Kundenbasis für Banken, die in diesem Markt arbeiten, wird durch ein wichtiges wohlhabendes Segment auf der einen Seite und einer gleich wichtigen, aber weniger wohlhabenden Bevölkerung auf der anderen polarisiert. Aufgrund kontinuierlich harter wirtschaftlicher Zeiten verringerte sich der Markt im mittleren Einkommensbereich erheblich. Die meisten Beschreibungen dieser Gegend verwenden sogar das Wort „arm". Das Management der Bank hatte sich andere geographische Märkte angesehen, aber demographische Erhebungen in benachbarten Delta-Counties ließen eine Expansion nicht ratsam erscheinen. Im Süden des Yazoo County liegt Jackson, Mississippi, die Hauptstadt des Bundesstaates. Dies ist gleichzeitig der Ort des möglicherweise intensivsten Bankenwettbewerbs des Staates. Folglich machte sich Griffin Norquist, Direktor der BYC, die einzige Marktstrategie zu eigen, die ein wenig an die Strategie der

Gerber Babynahrung erinnert, ,,Yazoo County ist unser Geschäft, unser einziges Geschäft."

Drei Banken kämpfen um den stagnierenden, wenn nicht sogar zurückgehenden Markt, zu dem auch Yazoo City gehört. Eine dieser Banken ist die Filiale der größten Bank des Staates, die eine Bilanzsumme von 3 Milliarden US-Dollar ausweist, während die andere eine Genossenschaftsbank mit einer Filiale am örtlichen Markt ist. Die Bank von Yazoo City kontrolliert mehr als 40 Prozent des Marktes und hat eine bedeutende Stellung im oberen Marktsegment inne.

Das Überdenken der bisherigen Strategie der BYC

Die BYC erfreut sich seit einigen Jahren einer soliden Profitabilität, die sie sich zum Großteil durch die Konzentration auf das Transportgeschäft und durch die Bedienung des örtlichen Marktes als Hausbank erwirtschaftet hat. Das konservative Image der Bank hinsichtlich der Kreditvergabe und ihr Ruf, nur wohlhabende Kunden zu bedienen, waren sowohl ein Segen als auch ein Problem für das gegenwärtige Bankmanagement. Van Ray, Senior Vice President der BYC, bestätigt dieses damalige Image und gibt zu, daß über Jahre ,,die Bank Kleinkonten abgelehnt hat. Wir hatten ein 1 500 US-Dollar-Minimum, und kein Konto bedeutete keine Kredite."

Diese Politik, das heißt die Abhängigkeit von einem Marktsegment, das ein Durchschnittsalter von 56 Jahren aufweist, ein undiversifiziertes Kreditportfolio sowie relativ hohe Kapitalkosten, hat die BYC gefährdet. Ray beschreibt die Bank folgendermaßen:

,, BYC ist eigentlich eine Geschäftsbank, die ihre Geschäftsaktivitäten mehr auf die Seite des Privatkundengeschäfts verlagern muß. Rundherum gibt es nur Landwirtschaft beziehungsweise Unternehmen, die mit Landwirtschaft in Beziehung stehen. Wir haben stark in landwirtschaftliche Kredite investiert. 1984 fielen auf ein Kreditportfolio von 30 Millionen US-Dollar nur 2 Millionen auf den Konsumentenmarkt. Wir mußten unser Konsumentenkreditgeschäft erhöhen. Das ist stabiler und erwiesenermaßen sehr profitabel. Jetzt umfassen unsere Konsumentenkredite etwa 27 Prozent unseres Kreditportfolios im Vergleich zu 7 Prozent 1984. "

Doch der strategische Wandel wurde erschwert durch das Image der BYC und der Präsenz eines mächtigen Wettbewerbers im Bereich des Privatkundengeschäftes. Die Aktivitäten des Hauptkonkurrenten verbunden mit der Qualität seines Managements ließen eine Marktdiversifikation zu einem unüberwindlichen Problem werden. Das Management der BYC mußte erkennen, daß sie mit der Produktentwicklung und den Möglichkeiten der Produktbereitstellung dieser großen Bank nicht konkurrieren konnte. Ray verdeutlicht diese Wettbewerbswirklichkeit, wenn er sagt:

„ Wir wissen, daß wir nicht Produkt für Produkt mit ihnen konkurrieren können. Sie verfügen über eine große Marketingabteilung und ein großes Budget. Sie können daher mit allen erdenklichen Innovationen auf den Markt kommen, und wir können nicht mit ihnen konkurrieren. Wir werden immer die Position des Verfolgers einnehmen. Vor einiger Zeit versuchten wir ein Baufinanzierungsdarlehen als Konkurrenzprodukt zu ihrem Produkt zu vermarkten. Wir gaben 5 000 US-Dollar für die Entwicklung des Produktes aus, nur um letztendlich festzustellen, daß es dafür keinen wirklichen Markt gab. Wir mußten also eine andere für uns realisierbare Methode finden, um auf dem Markt Fuß zu fassen. "

Der strategische Wandel

Der strategische Wandel der BYC begann 1987 als ein Unternehmensberater damit beauftragt wurde, die Bank zu modernisieren. Ziel dieser Maßnahme war die Kosteneindämmung. Die Ergebnisse dieses Programms waren unterschiedlich. BYC konnte zwar die Kosten seiner Geschäftsaktivitäten senken, jedoch nur auf Kosten der Mitarbeitermoral. Über 300 personelle Veränderungen wurden in der Bank vorgenommen. Jeder Mitarbeiter wurde versetzt. Die Wechsel wurden in einer Weise durchgeführt, die Mitarbeiter um ihre Jobs fürchten ließ und es entwickelte sich etwas, das von einigen der Schalterangestellten als ,,schlechtes Betriebsklima" bezeichnet wurde. 1988 wurde Griffin Norquist Direktor von BYC und übernahm somit eine Bank mit fragwürdigen strategischen Aussichten und einer mehr als ungünstigen Mitarbeitersituation.

Nach einer Periode der Stabilisierung unternahm Norquist einen großen Schritt, um aus BYC verstärkt eine Bank für Privatkunden zu machen. Im Mittelpunkt dieser Aktion stand das Ziel, nicht nur einen guten Kundenservice, sondern den bestmöglichen Service im Markt anzubieten. Hinter dieser Entscheidung steht das, was Norquist als seine ,,Supermarkt-Theorie des Bankwesens" bezeichnete. Norquist erklärte, daß die Situation, mit der sich die kleinen ortsansässigen Geschäfte bei der Eröffnung eines Supermarkts konfrontiert sehen, vergleichbar sei mit der einer kleinen ortsansässigen, unabhängigen Bank, die mit der Zweigstelle einer großen bundesweiten Bank konkurrieren müsse. Norquist ist jedoch der Überzeugung, daß eine ortsansässige, unabhängige Bank auch eine gewisse Stärke in sich birgt. Er erklärte:

,, Wenn in den kleinen Städten des Südens – dies mag auch anderswo zutreffen – ein Supermarkt eröffnet, dann ruiniert er das Geschäftsleben der Innenstadt. Ich wußte jedoch, daß es für kleine Geschäfte einen Weg geben müßte, mit einem Supermarkt zu konkurrieren. Genau das gleiche trifft für unabhängige Banken zu. Im Süden, und wahrscheinlich auch anderswo, existiert so etwas wie Loyalität gegenüber der unabhängigen, ortsansässigen Bank. Doch ich wußte auch, daß uns das nicht gewinnbringend über die Runden bringen würde und uns auch darüber hinaus keine Gewinne einbringen würde. Wie sollte ich den ‚Supermärkten' des Bankgewerbes entgegentreten. Unser ‚Supermarkt' befindet sich direkt gegenüber von uns. Unser Hauptkonkurrent ist eine Bank mit einer Bilanzsumme von 3 Milliarden US-Dollar, deren Hauptgeschäftsstelle weniger als 40 Meilen von hier entfernt liegt. Ich hatte die Wahl die Strategie zu fahren, wie viele kleine Geschäfte sie Supermärkten gegenüber angewendet haben – ‚Wir werden unser Möglichstes tun und versuchen am Ball zu bleiben' – oder wir implementierten eine rigorose Qualitätsstrategie. Es gibt keine Möglichkeit, hinsichtlich Preisen oder Produkten zu konkurrieren. Wir besitzen aber einen Vorteil, selbst wenn unser Megakonkurrent sich die Qualitätsstrategie zu eigen machen sollte. Unser Vorteil liegt in den Führungskräften, die in der Bank vor Ort versuchten herauszufinden, ob der Kunde so behandelt wird wie er behandelt werden sollte. Das ist der Schlüssel. Die Qualität unseres Service wird ferner dadurch vergrößert, daß die Führungskräfte nicht in abgeschlossenen Büroräumen sitzen, sondern ihren Platz in der Lobby haben. "

Umfrageergebnisse machten deutlich, daß sich BYC im Markt gut positioniert hatte

BYC war von jeher bekannt für seinen guten Service, so daß Norquist wußte, daß er nicht bei Null anfangen mußte. Die Bank gab daher zunächst einmal eine Studie in Auftrag, die feststellen sollte, wie die Kunden die BYC und ihre Wettbewerber einschätzten. Vierhundert Einwohner von Yazoo City, dem Markt der BYC, wurden über Telefon nach ihrer Einschätzung des Bankgewerbes im allgemeinen und der Servicequalität ihres Geldinstituts im besonderen befragt. Abbildung 4 gibt den Fragenkatalog dieser Umfrage wider.

Serviceumfrage

Guten Tag, mein Name ist _____. Ich rufe im Auftrag der Telemarketing, Inc. an. Wir führen eine Umfrage über Banken durch. Kann ich bitte mit jemandem sprechen, der die Bankgeschäfte für Ihre Familie erledigt? Danke. Arbeiten Sie beziehungsweise irgend jemand in Ihrer Familie in einer Bank? (Wenn ja, dann danken Sie ihnen und brechen Sie die Befragung ab; wenn nein, fahren Sie mit der Befragung fort.) Tätigen Sie Ihre Bankgeschäfte in Yazoo City? (Wenn nein, danken Sie ihnen und brechen Sie die Befragung ab. Wenn ja, fahren Sie mit der Befragung fort.)

1. Zu welcher Bank gehen Sie in Yazoo City?
   _____ Bank of Yazoo City
   _____
   _____
   _____
   _____ andere _____

2. Wie zufrieden sind Sie mit der Servicequalität Ihrer Bank?
   _____ sehr zufrieden
   _____ zufrieden
   _____ weder zufrieden noch unzufrieden
   _____ unzufrieden
   _____ sehr unzufrieden
   _____ keine Meinung

3. Würden Sie sagen, daß Ihre Bank Ihnen einen guten Service bietet?
   _____ immer
   _____ manchmal
   _____ selten
   _____ nie
   _____ keine Meinung

4. Würden Sie sagen, daß Ihre Bank zu groß ist, die richtige Größe hat oder zu klein ist, um Ihnen den Service zu bieten, den Sie brauchen?
   _____ zu groß
   _____ die richtige Größe
   _____ zu klein
   _____ keine Meinung

Ich lese Ihnen nun einige Aussagen vor, die Ihre Bank beschreiben könnten. Bitte sagen Sie mir, ob Sie diesen zustimmen oder nicht. (Wenn der Interviewpartner zustimmt, fragen Sie, ob er der Aussage sehr zustimmt oder einfach nur zustimmt. SZ bedeutet ,,sehr zustimmen", Z bedeutet ,,zustimmen", N bedeutet ,,neutral", NZ bedeutet ,,nicht zustimmen", ÜZ bedeutet ,,Überhaupt nicht zustimmen", KM bedeutet ,,keine Meinung".)

5. Meine Bank bietet mir stets
   einen guten Service.   SZ Z N NZ ÜZ KM

6. Meine Bank interessiert sich
   für meine Bedürfnisse.   SZ Z N NZ ÜZ KM
7. Meine Bank kümmert sich um mich.   SZ Z N NZ ÜZ KM
8. Die Dienstleistungen meiner Bank sind preis-
   günstiger als die Dienstleistungen anderer
   Banken in dieser Stadt.   SZ Z N NZ ÜZ KM
9. Meine Bank bietet mir den Service,
   den ich brauche.   SZ Z N NZ ÜZ KM
10. Ich gehe gern zu meiner Bank.   SZ Z N NZ ÜZ KM
11. Die Angestellten meiner Bank sind freundlich.   SZ Z N NZ ÜZ KM
12. Ich würde meine Bank meinen Familien-
    angehörigen und meinen Freunden empfehlen.   SZ Z N NZ ÜZ KM
13. Es ist bequem für mich, meine Bankgeschäfte
    bei meiner Bank zu tätigen.   SZ Z N NZ ÜZ KM
14. Meine Bank hält, was sie in ihrer Werbung
    verspricht.   SZ Z N NZ ÜZ KM
15. Meine Bank behandelt mich
    wie einen wichtigen Kunden.   SZ Z N NZ ÜZ KM
16. Meine Bank versteht meine Bankbedürfnisse.   SZ Z N NZ ÜZ KM
17. Meine Bank macht keine Fehler
    bei der Abwicklung meiner Bankgeschäfte.   SZ Z N NZ ÜZ KM
18. Ich fühle mich sicher bei meiner Bank.   SZ Z N NZ ÜZ KM
19. Meine Bank erleichtert mir das Tätigen
    meiner Bankgeschäfte.   SZ Z N NZ ÜZ KM
20. Ich würde die Bank wechseln, wenn ich
    einen besseren Service bei einer anderen Bank
    bekommen könnte.   SZ Z N NZ ÜZ KM

Bisher haben wir über .... gesprochen, Ihrer Bank in Yazoo City. Nun wüßte ich gerne Ihre Meinung zu einer anderen Bank.

21. Wenn Sie zu einer anderen Bank in Yazoo City wechseln müßten,
    zu welcher würden Sie dann gehen?

    _____ Bank of Yazoo City
    _____ Bank 1
    _____ Bank 2
    _____ Bank 3
    _____ eine andere (Name) _____
    _____ keine Meinung

22. Wie würden Sie die Servicequalität beurteilen, die _____ ihren Kunden bietet. (Benutzen Sie den Namen der Bank, der bei Frage 21 genannt wurde.)
    _____ sehr gut
    _____ gut
    _____ durchschnittlich
    _____ schlecht
    _____ sehr schlecht
    _____ keine Meinung
23. Zu welcher Einkommensklasse gehören Ihrer Meinung nach die Kunden dieser Bank, zur:
    _____ oberen Einkommensklasse
    _____ mittleren Einkommenklasse
    _____ niedrigen Einkommensklasse
    _____ oberen und mittleren Einkommensklasse
    _____ mittleren und niedrigen Einkommensklasse
    _____ alle drei
    _____ keine Meinung

Bitte sagen Sie mir, ob Sie der folgenden Aussage über ... zustimmen oder nicht. (Benutzen Sie den Namen, der bei Frage 21 genannt wurde.)

24. _____ bietet den Service, den ich brauche und nutzen würde, wenn ich Kunde dieser Bank wäre.   SZ Z N NZ ÜZ KM

25. Wenn ich meine Bankgeschäfte bei _____ erledigen würde, wäre es bequem für mich.   SZ Z N NZ ÜZ KM

26. _____ berechnet mehr Gebühren für ihre Dienstleistungen als andere Banken der Stadt.   SZ Z N NZ ÜZ KM

27. Bei welcher Bank von Yazoo City läuft es am unkompliziertesten, wenn Sie sich Geld leihen?
    _____ Bank of Yazoo City
    _____ Bank 1
    _____ Bank 2
    _____ Bank 3
    _____ andere _____
    _____ keine Meinung

28. Bei welcher Bank geht es am kompliziertesten zu, wenn Sie sich Geld leihen müssen?
    _____ Bank of Yazoo City
    _____ Bank 1
    _____ Bank 2
    _____ Bank 3
    _____ andere _____
    _____ keine Meinung

29. Gibt es eine Bank in Yazoo City, zu der Sie nicht gehen würden, wenn Sie sich Geld leihen müßten?
_____ Bank of Yazoo City
_____ Bank 1
_____ Bank 2
_____ Bank 3
_____ andere _____
_____ keine Meinung

Nun sind wir fast am Ende der Befragung angelangt. Die letzten Fragen dienen lediglich der Klassifizierung.

30. Geschlecht:
_____ männlich
_____ weiblich

31. Rasse:
_____ weiß
_____ schwarz
_____ keine Angabe

32. Altersgruppe:
_____ unter 21
_____ 21 bis 29
_____ 30 bis 39
_____ 40 bis 49
_____ 50 bis 59
_____ 60 und älter
_____ keine Angabe

33. Einkommensgruppe:
_____ unter 10 000 US-Dollar
_____ 10 000 bis 19 999
_____ 20 000 bis 29 999
_____ 30 000 bis 39 999
_____ 40 000 bis 49 999
_____ 50 000 und mehr
_____ keine Angabe

Hiermit schließt unsere Befragung. Vielen Dank für Ihre Auskunft!

Abbildung 4: Serviceumfrage

Die Ergebnisse der Befragung lieferten wertvolle Erkenntnisse darüber, wie das Management der BYC vorgehen mußte, um sich als führende Servicebank im Privatkundengeschäft zu etablieren. Die Schlüsselergebnisse der Befragung zeigten:

⇨ Die BYC genoß bei allen Kunden hinsichtlich Kundenservice einen guten Ruf. Gemessen an den ermittelten Beurteilungen bewerteten die BYC-Kunden ihre Bank höher als die Kunden der Konkurrenzinstitute.

⇨ Als Alternative besaß die BYC sogar einen höheren Stellenwert als ihre Konkurrenz. Auf die Frage, welche Bank die Kunden wählen würden, wenn sie die Bank wechseln müßten, wurde BYC stets an erster Stelle genannt.

⇨ Der BYC ging der Ruf voraus, die teuerste Bank zu sein, die sich ausschließlich um das wohlhabendere Marktsegment bemühe. Dieses Urteil bestätigten die Führungskräfte in ihrer eigenen Einschätzung - eine Hinterlassenschaft ihrer früheren Strategie.

⇨ Die Analyse jener Kunden, die bereit waren, die Bank zu wechseln, um einen besseren Service von einer anderen Bank zu bekommen, lieferte die wichtigsten Informationen. Zum ersten stuften potentielle Wechsler die Servicequalität ihrer Bank bedeutend niedriger ein als andere Kunden. Zum zweiten zeigte das demographische Profil der potentiellen Wechsler, daß sie sich bei einem durchschnittlichen Einkommen zwischen 20000 US-Dollar und 30000 US-Dollar am unteren Ende des ökonomischen Spektrums befanden. Dies waren die bevorzugten Kandidaten der BYC. Drittens waren ,,potentielle Wechsler" jünger und zeigten das typische Profil eines Kreditnehmers. Und schließlich war die Mehrheit der potentiellen Wechsler Kunden der großen Bank, der Filiale der bundesweiten Bank – Norquists ,,Supermarkt".

⇨ Die Untersuchung ergab, daß eine nachweisliche Philosophie der Kundenpflege der Faktor war, der einen Kunden dazu veranlaßt, die Bank einer anderen Person zu empfehlen. Von sekundärer Bedeutung war die Verfügbarkeit notwendiger Dienstleistungen, das Einfühlungsvermögen der Bank, die

Freundlichkeit der Angestellten und das Gefühl der Sicherheit. Das war eine wichtige Erkenntnis, weil BYC im Vergleich zu seinem Hauptkonkurrenten nur über ein relativ kleines Marketingbudget verfügte. Außerdem war die Verfügbarkeit von Werbeträgern im Yazoo County begrenzt. Dadurch wurden jene Servicefaktoren, die die positive Mundpropaganda beeinflussen, um so wichtiger. Darüber hinaus glaubte Norquist, daß der Schlüssel zur Förderung der Kundenservicestrategie in dem Motto lag: ,,Kunden verkaufen an Kunden".

⇨ Eine ähnliche Analyse wurde hinsichtlich der Wahrnehmung der Zufriedenheit des Kunden mit der Servicequalität seiner Bank durchgeführt. Die Konsistenz des Service war hierbei ein entscheidender Faktor. Andere Faktoren, wie die Freundlichkeit der Angestellten, das Interesse an Kundenpflege, die Verfügbarkeit der notwendigen Dienstleistungen sowie die Fehlerminimierung wurden erst in zweiter Linie genannt.

Auf der Basis dieser Erkenntnisse enwickelte das Management der BYC eine Kundenservicestrategie, die in einem einzigen Statement ausgedrückt werden konnte:

⇨ **Wir von der Yazoo City Bank haben uns der Qualität, dem Nutzen und dem Kundenservice verschrieben.**

Diese einfache Strategieaussage wurde aus unterschiedlichen Gründen gewählt. Erstens konnte man sie dem Mitarbeiterstab schnell vermitteln. Zweitens wurde sie auf das Banklogo gedruckt, an den Schaltern angebracht, auf den Schreibtischen der Abteilungsleiter aufgestellt; auch das gesamte Werbematerial wurde mit der Strategieaussage versehen. Sie ist einfach, leicht zu merken und überall in der Bank ständig sichtbar. Es ist eine Aussage, die Kunden verstehen können, und die drei grundlegende Werte beinhaltet: Qualität, Nutzen und Kundenservice. Sie repräsentiert letztendlich Normen, an denen die Beschäftigten der Bank ihr eigenes Verhalten messen können. Liefern sie Qualität? Liefern sie einen Nutzen? Liefern sie Kundenservice?

Eine Möglichkeit, das leidige Image der „teuren" Bank zu relativieren, war, den wichtigsten Bankprodukten einen zusätzlichen Wert zu verleihen. Ein höherer Wert reduziert aus der Sicht des Kunden den Preis für das Produkt beziehungsweise den Service. Aus diesem Grund stärkte BYC den Wert der Basisbankprodukte mit einer beachtlichen Dosis ihres Top-Kundenservice.

Bestärkt durch die Ergebnisse der Umfrage, glaubte das Management nun für die Entwicklung eines Plans zur Implementierung ihrer Kundenservicestrategie bereit zu sein. Ihr Ziel war es, den Anteil der Privatkunden durch ein Top-Dienstleistungssystem zu vergrößern. Ihr Ziel war das Segment „der Arbeitnehmer", und dabei insbesondere jene Kunden, die bereit waren, die Bank wegen eines besseren Kundenservice zu wechseln. Realistischerweise ging das Management der BYC nicht davon aus, daß nun eine Flut neuer Kunden über sie hereinbrechen würde, nur weil sie mit einem besonders guten Kundenservice warben. Vielmehr sollte die Implementierung der Strategie die hohe Qualität des Kundenservice unter Beweis stellen und somit für Kunden, die bereit waren, die Bank zu wechseln, die Alternative werden. Ihr gegenwärtiger Rang als Alternative Nummer 1 lieferte ihnen die solide Basis, auf der sie sich als bevorzugte Alternative etablieren wollten. Das Management wurde angehalten, den Schritt in Richtung Wachstum langsam und auf konservative Weise zu vollziehen.

Qualität, Nutzen und Kundenservice in die Praxis umsetzen

Ein entscheidender Faktor bei der erfolgreichen Implementierung der BYC-Kundenservicestrategie war die Idee, die Mitarbeiter dazu zu befähigen, den notwendigen Service zu bieten. Zwei Ziele wurden für die Schulungsseminare festgelegt. Erstes Ziel war, die Fähigkeit der Kundeninteraktion bei Mitarbeitern und Führungskräften zu verbessern. Um dem Anspruch eines nicht nur guten, sondern sogar hervorragenden Kundenservice gerecht zu werden, taten die Führungskräfte alles, um ihre Mitarbeiter mit dem notwendigen Rüstzeug zu versorgen.

Das zweite Ziel richtete sich auf die Beziehung der Mitarbeiter untereinander sowie auf die Beziehung der Mitarbeiter zum Kunden. Die Prämisse, die diesen Schulungsimpetus auslöste, besagte, daß ein hohes Kundenserviceniveau nur von Leuten erreicht werden kann, die sich gegenseitig respektieren, sich ihrem Job verpflichtet fühlen und die Qualität und Nutzen in die Kundenbeziehung mit einfließen lassen wollen. Die früheren Veränderungen in der Bank hatten zu Mißtrauen und einer schlechten Kommunikation unter den Mitarbeitern geführt. Es war wenig Sinn für Teamarbeit oder Kooperation vorhanden.

Angestellte mit Führungsverantwortung erhielten eine Schulung von 36 Stunden und die Mitarbeiter eine von 24 Stunden. Als Teil der Schulung wurden in der Bank sogenannte Quality Circles eingeführt. In diesen wurde den Mitarbeitern nahegebracht, inwieweit ihre Vorstellungen von Kundenservice dazu benutzt werden können, das Gesamtkonzept des Kundenservice der Bank zu verbessern. Durch die Integration von Quality Circles in den Schulungsteil des Umwandlungsprozesses, konnten die Mitarbeiter Erfahrungen hinsichtlich der Interaktion untereinander machen und wie man an Problemlösungen herangeht.

Im folgenden wird das Programm, das der Kundenserviceschulung bei BYC entnommen wurde, vorgestellt. Abbildung 5 gibt einen Einblick in das Schulungsprogramm.

Programmbeschreibung – Serviceschulung

Kontinuierlicher Top-Kundenservice ist heutzutage für die strategische Planung einer Bank von entscheidender Bedeutung. Damit die Ziele des Kundenservice erreicht werden, muß sich jeder Mitarbeiter der Bedürfnisse und Wünsche sowohl der internen als auch der externen Kunden genauestens bewußt sein und Fähigkeiten und Gewohnheiten entwikkeln, die einen exzellenten Kundenservice zur ,,Gewohnheit" werden lassen. Das Schulungsprogramm ist so konzipiert, daß die festgesetzten Ziele in die Realität umgesetzt werden können.

Kundendefinition: Ein konzeptueller Überblick

Der Kunde im Bankgewerbe wird als eine Person definiert, die eine Bank betritt, um die angebotenen Finanzdienstleistungen zu nutzen. Die Erfahrungen dieser Person mit der Bank sind entscheidend, denn diese bilden die ,,Momente der Wahrheit", die für die positiven beziehungsweise negativen Eindrücke des Kunden verantworlich sind und darüber entscheiden, ob er sich in Zukunft für die Nutzung weiterer Dienstleistungen dieser Bank entschließen wird.

Es gibt jedoch noch einen anderen sehr wichtigen Kundentypen, der den Service beeinflußen kann – der interne Kunde. Zu diesen Kunden zählen Kollegen und Vorgesetzte. Es ist absolut notwendig, daß sie miteinander reden, sich verstehen, Konflikte austragen etc., wenn ein positives und effizientes Arbeitsklima in der Bank vorherrschen soll. Es wurde bereits erwähnt, daß Mitarbeiter Kunden nur so gut behandeln werden, wie sie selbst behandelt werden. Um die Wahrheit dieser Aussage zu bestätigen, muß man sich nur vorstellen, wie schwer es einem fällt, freundlich und aufmerksam zu sein, wenn man gleichzeitig von Ärger und Ressentiments erfüllt ist.

Folglich muß sich das Schulungsprogramm nach den Konzepten und Fähigkeiten, die gebraucht werden, richten, um sowohl auf die Bedürfnisse der internen als auch auf die Bedürfnisse der externen Kunden eingehen zu können. Ferner muß jeder lernen, sich anzupassen und sich Fähigkeiten aneignen, die notwendig sind, um Probleme in Chancen umzukehren. Auf diese Ziele hin ist das folgende Schulungsprogramm ausgerichtet (Abbildung 5).

Training für Führungskräfte

Die entscheidende Rolle der Manager und Vorgesetzten im Dienstleistungsprogramm kann nicht deutlich genug betont werden. Wie gut die Arbeitskräfte an der Basis auch ausgebildet sein mögen, das Programm wird scheitern, wenn die Vorgesetzten exzellenten Kundenservice nicht kompetent und konsequent nach einem bestimmten Vorbild gestalten, bestärken und belohnen. Die Vorgesetzten werden alle Fertigkeiten erlernen, die auch den Mitarbeitern beigebracht werden sowie Fertigkeiten hinsichtlich des positiven Leistungsmanagements und der Mitarbeiterbeurteilung. Das Trainingskonzept ist folgendermaßen aufgebaut:

1. Sitzung: A. Kundenservice: Ein Überblick
             B. Der Vorgesetzte als Trainer
             C. Führungsstile
2. Sitzung: A. Persönliche Reaktionen auf ein sich wandelndes Umfeld
             B. Der Wert eines Teams
             C. Ein Team aufbauen und motivieren
3. Sitzung: A. Die wesentlichsten Punkte einer offenen Kommunikation
             B. Die nur vermittelnde versus die sich austauschende Kommunikation
             C. Fertigkeiten des aktiven Zuhörens
4. Sitzung: A. Eigene Persönlichkeits- und Kommunikationsstile erkennen beziehungsweise die Persönlichkeits- und Kommunikationsstile der anderen erkennen
             B. Feedback: Wie werde ich von anderen wahrgenommen?
             C. Unterschiede miteinander verknüpfen und für sich nutzbar machen
5. Sitzung: A. Konfliktquellen am Arbeitsplatz
             B. Gewinner-Gewinner-Verhandlungen
             C. Fertigkeiten zur Konfliktlösung
6. Sitzung: A. Momente der Wahrheit: Sensibilisieren
             B. Kundenservice: Ziele und Standards
7. Sitzung: A. Beziehungen zum externen Kunden aufbauen
             B. Auf den Kunden und seine Bedürfnisse eingehen
             C. Konflikte mit Kunden
8. Sitzung: A. Leistungsmanagement: Ein Überblick
             B. Planung und Zielfestsetzung
             C. Beobachtung des Mitarbeiterverhaltens

Abbildung 5: Abriß des Schulungsprogramms

9. Sitzung: A. Feedback-Fähigkeiten – 1. Positives Feedback;
                 2. Negatives Feedback
              B. Einführung in die Besprechung von Leistungsproblemen

10. Sitzung: A. Besprechung von Leistungsproblemen: Demonstration
                 und Praxis
              B. Disziplinarische Besprechungen
              C. Dokumentation

11. Sitzung: A. Mythen über Leistungsbeurteilung
              B. Wie man Beurteilungsfehler vermeidet
              C. Die Vorbereitung für die Leistungsbeurteilung
              D. Verfahrensweise der Leistungsbeurteilung

12. Sitzung: A. Die Praxis der Leistungsbeurteilung
              B. Wie man mit schwierigen Mitarbeitern umgeht
              C. Aktionsplanung

Training für Mitarbeiter

1. Sitzung: A. Kundenservice: Ein Überblick
              B. Der Wert eines Teams
              C. Persönliche Reaktionen auf ein sich wandelndes Umfeld

2. Sitzung: A. Die wesentlichsten Punkte der offenen Kommunikation
              B. Die nur vermittelnde versus die sich austauschende
                 Kommunikation
              C. Fertigkeiten des aktiven Zuhörens

3. Sitzung: A. Eigene Persönlichkeits- und Kommunikationsstile
                 erkennen sowie die Persönlichkeits-
                 und Kommunikationsstile der anderen
              B. Feedback: Wie werde ich von anderen wahrgenommen?
              C. Unterschiede miteinander verknüpfen
                 und für sich nutzbar machen

4. Sitzung: A. Konfliktquellen am Arbeitsplatz
              B. Gewinner-Gewinner-Verhandlungen
              C. Fertigkeiten zur Konfliktlösung

5. Sitzung: A. Wie man auf unterschiedliche Führungsstile reagiert
              B. Momente der Wahrheit: Sensibilisieren
              C. Kundenservice: Persönliche Ziele setzen

Abbildung 5: Abriß des Schulungsprogramms (Fortsetzung)

6. Sitzung: A. Beziehungen zum Kunden aufbauen
B. Mit Kunden kommunizieren
C. Sich dem bevorzugten Kommunikationsstil des Kunden anpassen
D. Psychologische Bedürfnisse des Kunden

7. Sitzung: A. Auf den Kunden und seine Bedürfnisse eingehen
B. Gründe für die Beschwerden eines Kunden
C. Auf die Beschwerden eines Kunden eingehen
D. Wie man mit verschiedenen Kunden gleichzeitig fertig wird
E. Wie man einen Kunden weiterleitet
F. Wie man mit Kritik umgeht

8. Sitzung: A. Wie man mit Kundenstreitigkeiten umgeht
B. Potentielle Konfliktsituationen
C. Den eigenen Ärger über einen Kunden kontrollieren
D. Wie man einen verärgerten Kunden beruhigt
E. Einige „todsichere" Möglichkeiten, wie man einen Kunden verärgert
F. Zusammenfassung und Aktionsplanung

Gestaltung

Jede Sitzung dauert $3\frac{1}{2}$ Stunden. Die Inhalte des Schulungsprogramms konzentrieren sich auf Verhaltensweisen, die sich auf reale Situationen des Berufsalltags beziehen; das heißt, den Mitarbeitern werden Verhaltensweisen mit dem Ziel nahegebracht, diese im Berufsalltag immer häufiger und mit steigender Effektivität anzuwenden.

Es wird empfohlen, beide Schulungsleiter in den Schulungsseminaren der Vorgesetzten einzusetzen, um auf diese Weise die Teilnehmer mit den Beiträgen der Trainer zu konfrontieren, was wiederum zu einem breiteren Kenntniserwerb und zur Entwicklung effektiverer Fertigkeiten führt. Jeder Trainer wird dann für die Schulung beider Mitarbeitergruppierungen verantwortlich sein (alles in allem vier Gruppen).

Mit Genehmigung von Dr. Berverley Sandifer-Smallwood, President of Smallwood Associates

Abbildung 5: Abriß des Schulungsprogramms (Fortsetzung)

Die Ergebnisse der Befragung

Welchen Nutzen zogen die Teilnehmer aus den Seminaren? Auswertungen nach der Schulung ergaben, daß Teamgeist und familiäre Atmosphäre die Atmosphäre des Mißtrauens und der Streitigkeiten, die bis dahin die Kultur der Bank beherrscht hatten, verdrängt hatten. Eine Kundenberaterin sagte folgendes, als sie gebeten wurde, doch einmal auf die Veränderungen einzugehen, die sie in der Beziehung zu Mitarbeitern und Kunden erlebe:

„ Ich bin ein besserer Zuhörer geworden. Ich kann besser mit Kollegen kommunizieren. Ich behandle die Kunden, als seien sie die wichtigsten Menschen der Welt – ungeachtet des Geschäftsvorgangs. "

Andere Mitarbeiter sagten:

„ Ich bin jetzt eher bereit, Ideen zur Verbesserung der Effizienz und Effektivität unserer Organisation beizusteuern. Ich habe den Eindruck, daß das Management Verbesserungsvorschlägen nun aufgeschlossener gegenübersteht. Wir haben bereits Verfahren durchgesetzt, die helfen sollen, daß Kreditgenehmigungen direkter und schneller als früher bearbeitet werden. "

„ Ich konzentriere mich sogar mehr auf den Kunden. Ich bleibe jetzt stehen, um Kunden zu begrüßen und ihnen, wenn ich kann, selbst bei einem Problem zu helfen, anstatt ihn irgendwohin zu schicken, nur, weil es nicht zu meinem Abteilungsbereich gehört. "

Ein Mitarbeiter berichtete, daß er die Beziehung zwischen Mitarbeitermoral und Kundenservice jetzt deutlicher sehe:

„ Ich bin sehr stolz auf die Bank. Die Bank hat in den vergangenen Jahren eine Menge Veränderungen durchgemacht. Die Geschäftsleitung scheint sich für die Zufriedenheit und für die Gefühle ihrer Mitarbeiter zu interessieren. Wenn die Mitarbeiter mit ihrem Arsbeitsplatz zufrieden sind, dann wirkt sich das auch auf ihre Arbeit aus. Sie sind loyaler gegenüber der Bank und kreativer in der Umsetzung der Ideen, die die Bank ausgeführt sehen möchte. Das Gefühl der Zufriedenheit überträgt sich auf den Kunden und macht somit auch aus ihm einen glücklicheren und zufriedeneren Kunden. "

Welchen Eindruck hatten die Mitarbeiter von der Schulung? Zwei Mitarbeiter stellten folgendes fest:

„ Ich persönlich wußte, daß dieses Programm auf Kundenservice ausgerichtet war. Aber ich weiß auch, daß eine Menge mehr dabei herausgekommen ist als nur Kundenservice. Ich glaube, daß wir interne Probleme hatten, an denen wir arbeiten mußten. Das waren Probleme, die sich im Kundenservice widerspiegelten. Da wir an diesen Problemen gearbeitet haben, können wir nun ein höheres Dienstleistungsniveau anbieten.
Diese Schulungsprogramme haben uns geholfen, der Bank eine wirklich positive Richtung zu geben. Die Stimmung in der Bank ist menschlich und höflich. Es ist ein angenehmer und freundlicher Ort. Das ist etwas, daß die Kunden wahrnehmen. "

Norquist und die anderen Führungskräfte begriffen den Austrahlungseffekt der Schulung und waren sich ferner der Tatsache bewußt, daß sie, um den Sinn für Teamarbeit und Kooperation aufrechtzuerhalten, ihn aktiv unterstützen mußten. Aus diesem Grund nahm die Geschäftsleitung an dem kompletten Schulungsprogramm teil, also nicht nur an den 36 Stunden für Vorgesetzte oder an den 24 Stunden für die Mitarbeiter, sondern sie nahmen an allen 60 Schulungsstunden teil. Welchen Eindruck machte das auf die Mitarbeiter? Die grundlegende Ansicht der Mitarbeiter war, „Wenn der Vorstandsvorsitzende die Schulung nicht ernst nimmt, dann nimmt sie niemand ernst".

Van Ray, Senior Vice President, wiederholte diesen Gedanken:

„ Da die Geschäftsleitung zusammen mit den Mitarbeitern an den Schulungsseminaren teilnahm, erkannten sie, wie wichtig wir die Schulung nahmen. Im Verlauf dieser Schulung erkannten sie, wie abhängig wir von den Kunden sind. "

Einer der Kundenberater bemerkte:

„ **A**ls ich Griffin (Norquist) und Van (Ray) in den Schulungsseminaren sah, wußte ich, daß all das, was sie über Kundenservice gesagt hatten, wirklich von Bedeutung war. Ich war so froh, festzustellen, daß sie nicht nur darüber sprachen, sondern daß es wirklich wichtig war. "

Was rät Norquist anderen Vorstandsvorsitzenden hinsichtlich ihres Engagements in der Kundenserviceschulung?

„ **S**ie müssen die gesamte Schulung mitmachen. Sie können die Teilnahme nicht delegieren. Sie müssen auf jeden Fall daran teilnehmen. Es ist die einzige Möglichkeit, der Sache Glaubwürdigkeit zu verleihen. Jedes Mitglied der Geschäftsleitung und auch Führungskräfte opferten 60 Stunden ihrer Zeit, um in Schulungsseminaren zu sitzen. Wenn sie nicht bereit sind, diese Zeit aufzuwenden, läuft es nicht. "

Dennoch ist nicht alles „eitel Sonnenschein" bei BYC. Einige Mitarbeiter gaben an, daß es noch Probleme gebe. Ein Mitarbeiter erklärte: „Ich sehe noch Probleme und es entmutigt mich wirklich, vor allem wenn ich an all die Zeit und Mühe denke, die wir in die Schulung gesteckt haben. Eine Reihe von uns warten darauf, ob diese Probleme nun in Angriff genommen werden."

Norquist und die anderen Mitglieder der Geschäftsleitung sind sich der Notwendigkeit bewußt sowohl das Management als auch die Mitarbeiter davon zu überzeugen, daß ihr Schritt in Richtung Kundenservice keine Eintagsfliege ist, sondern daß sie dieses Thema auf lange Sicht beschäftigen wird. Das ist Norquists große Sorge.

Er erklärte:

„ **E**iner der größten Vorbehalte, den die Mitarbeiter hatten, war, daß dies eine vorübergehende Modeerscheinung sei. Das war auch die Meinung der Manager. Und das ist etwas, was wir ihnen

immer wieder klarmachen müssen. Kundenservice wird uns auf lange Sicht beschäftigen. Wenn uns jemand, der mit der Implementierung des Kundenservice beauftragt ist, verläßt, dann werden wir jemanden bestimmen, der seine Arbeit fortsetzt. "
Norquist ist Realist, was die Wirkung des Schulungsprogramms angeht. Er ist nicht so naiv, anzunehmen, daß einige Stunden Schulung seine Bank zu einer Alternative des Top-Kundenservice im Markt werden läßt. Wo sieht er also die wirklichen Vorteile dieser Schulung?

„ Das für mich Unbegreifliche ist, daß ich nicht behaupten kann, daß irgendein Mitarbeiter seinen Job nun mit mehr Zufriedenheit ausübt. Doch wer ist schon wirklich zufrieden mit seinem Job? Aber ich denke, es gibt gewisse Verbesserungen in den meisten Bereichen. Es gibt noch einige interpersonelle Probleme, aber diese Art von Problemen werden wir immer haben. Aber ich glaube, daß sie nun besser miteinander und auch mit den Kunden umgehen können. Früher ging man davon aus, daß man den Kunden mit Argumenten besiegen müsse. Siegen war wichtig. *Jetzt ist es wichtiger, sich zu vergewissern, daß der Kunde gut behandelt wird und – falls ein Problem auftaucht – dieses auch gelöst wird.* "

Wie man den Serviceteppich ausrollt

Nachdem Norquist zu der Überzeugung gelangt war, daß BYC nunmehr in der Lage sei, ihrem Anspruch entsprechend, Kundenservice zu leisten, war es an der Zeit, der öffentlichkeit „die neue und verbesserte BYC" vorzustellen. Norquist beauftragte seine Werbeagentur, die seit der Formulierung der strategischen Aussage mit von der Partie war, eine Broschüre und andere Werbemittel zu entwickeln, welche die hohe Qualität des Kundenservice bei BYC publik machen sollten.

Früher hatte die BYC mit dem Slogan geworben – „ES IST IHRE BANK". Die neue Kampagne griff das Thema des Besitzverhältnisses mit leichter Veränderung wieder auf. Anstatt weiterhin zu behaupten, es sei die Bank des Kunden, proklamierte BYC nunmehr „ES IST AUCH UNSERE BANK". Die Idee, die hinter dieser Aussage stand, besagte, daß alle 34 Mitarbeiter der BYC stolz auf die Bank und auf ihren Wandel sind, den diese während der vergangenen Jahre vollzogen hat. Abbildung 6 zeigt eine Kopie der Broschüre, die sich um die neue Kampagne dreht.

Einige Aspekte dieser Broschüre verdienen zusätzliche Aufmerksamkeit, weil sie sich auf BYC's Bankphilosophie des Kundenservice beziehen. Der erste Aspekt bezieht sich auf den Garantiegedanken. Norquist argumentierte, „Jeder garantiert guten Service, aber nur wenige unterstützen ihn. Wir gehen einen Schritt weiter. Ich habe persönlich das Versprechen unterschrieben, daß wir unsere Kunden mit dem besten Kundenservice, der im Markt zu finden ist, versorgen werden." Er hat nicht nur dieses Versprechen unterschrieben, sondern hat den Garantiegedanken sogar mit einem Versprechen untermauert. Das Versprechen lautet:

Wenn Sie mit unserem Service jemals unzufrieden sein sollten, werden wir dieses Problem nicht nur in Angriff nehmen, sondern bieten Ihnen sogar die Wahl zwischen folgenden Möglichkeiten:

⇨ Zahlung von 10 US-Dollar auf Ihr Konto,

⇨ einen $\frac{1}{2}$ Prozent Zinsabzug bei einem neuen Ratenkredit,

⇨ drei Monate lang keine Kontoführungsgebühr,

⇨ freie Nutzung eines Schließfachs für ein Jahr,

⇨ keine Jahresgebühr auf Visa/Master Card für ein Jahr.

Norquist setzte dieser Garantie noch eins drauf:

Wenn Sie zur Bank von Yazoo City wechseln und sind nicht zufrieden, dann werden wir persönlich Ihr Konto zu Ihrer früheren Bank transferieren, ohne daß Ihnen dadurch Kosten entstehen.

Um die Idee des Engagements, die für Norquist ein integraler Bestandteil der BYC-Methode war, zu bekräftigen, ließ er die privaten Telefonnummern des Managementteams in die Broschüre setzen. Wenn ein Kunde ein Problem hat, so hat er die Möglichkeit zu jeder Zeit einen der Topmanager direkt zu erreichen. Norquist möchte, daß sich seine Leute, sobald ein Problem auftritt, sofort mit diesem beschäftigen. Ob das Individuum weiterhin Kunde bei BYC bleiben wird, wird davon abhängen, wie gut und wie schnell dieses Problem gelöst werden wird.

Wie man eine Reihe von Standards entwickelt

Neben der neuen Kampagne entwickelte Betty Nickels, die Marketingleiterin der BYC, einen Anforderungskatalog hinsichtlich des Erscheinungsbildes der Geschäftsstelle, hinsichtlich der Fähigkeiten der Kassierer sowie hinsichtlich der Fähigkeiten der Kundenberater an der Basis. Was die Kassierer anbelangt, so beinhalten diese Anforderungen Punkte wie:

Nichtkundenbezogene Aktivitäten. Das schließt alle Tätigkeiten des Kassierers am Schalter ein, wenn Kunden davor stehen, die bedient werden möchten, und wie sich der Kassierer gegenüber dem Kunden verhält, während er seinen anderen Verpflichtungen nachgeht.

Zumutbare Wartezeiten. Spezifische Wartezeiten wurden ermittelt, die die maximale Wartezeit, welche die Kunden ertragen müssen, festsetzen.

Zwischenmenschliche Fähigkeiten. Dies beinhaltet, wie der Angestellte das Kundengespräch beginnt; wie er mit der Transaktion umgeht und sie abwickelt und beendet sowie sein professionelles Auftreten.

Es wurden auch Anforderungen für die Kundenberater entwickelt. Sie umfassen folgendes:

Abbildung 6: Es ist auch unsere Bank!

138

Interpersonelle Beziehungen. Diese Gruppe von Anforderungen beinhaltet Punkte wie: nichtkundenbezogene Aktivitäten und wie der Kunde während der Erledigung anderer Pflichten behandelt wird; die Anrede des Kunden mit Namen; Kommunikationsfähigkeiten, die den Grad des Augenkontakts, des Lächelns sowie den Grad des Einfühlungsvermögens und des Interesses beinhalten; das professionelle Auftreten und der Gebrauch des Namens des Kunden am Ende der Transaktion.

Auskunfts- und Problemlösungsfähigkeiten. Dieser Punkt impliziert die Perzeption des Kunden hinsichtlich der Tatsache, ob der Repräsentant an der Basis das Problem des Kunden wirklich verstanden hat; inwieweit der Kunde glaubt, daß seine Problem in guten Händen ist; die Sorgfalt der Transaktionsabwicklung und wie schnell er eine Antwort auf seine Frage erhält.

Verkaufsfähigkeiten. Verkaufsfähigkeiten umfassen Fähigkeiten wie: zuhören können; die Fähigkeit, Fragen zu stellen, die die Bedürfnisse des Kunden deutlicher machen; Produktkenntnisse, die durch die Fähigkeit zum Ausdruck gebracht werden, die Dienstleistungen der Bank den Kundenbedürfnissen anzupassen; die Bereitschaft, Bearbeitungsfehlern nachzugehen und die Verwendung von Verkaufshilfsmitteln.

Diese unterschiedlichen Standardanforderungen bilden die Grundlage eines kontinuierlichen Schulungsprogramms für Bankangestellte. Außerdem denkt BYC darüber nach, um eine Erfüllung der Anforderungen gewährleisten und das gesamte Dienstleistungsangebot bewerten zu können, Kunden wie Käufer zu behandeln, die den Service einkaufen, den die Bank anbietet. Gegenwärtig benutzt Norquist eine Testgruppe, um zum einen festzustellen, was Kunden wünschen, und um zum anderen die gegenwärtige Fähigkeit der BYC einzuschätzen, Servicequalität anbieten zu können.

Funktioniert es?

Das ist eine der am häufigsten gestellten Fragen, die in bezug auf die Anwendung des Kundenservice als strategische Option gestellt wird. Es gibt mehrere Antworten auf diese Frage. Die erste Antwort konzentriert sich auf die Einstellung und auf das Verhalten der Angestellten der BYC. Eines der wichtigsten Ziele der Strategie war, die Mitarbeiter stolz zu machen und ein Team aufzubauen, das zusammenhält. Funktioniert es? Fragen Sie jeden einzelnen Mitarbeiter, wie wir es taten, und sie werden Ihnen sagen, wie stolz sie auf ihre Bank und ihre Kollegen sind. Gefühle wie Mißtrauen und internes Gerangel, die die Bank durchdrungen hatten, sind zum Großteil durch einen neuen *esprit de corps* ersetzt worden.

Nehmen die Kunden wahr, inwieweit sich die Geschäftstätigkeiten bei BYC gewandelt haben? Mehrere Kundenkommentare geben an, daß die Atmosphäre bei BYC ,,fürsorglicher, höflicher, wärmer und freundlicher" geworden sei. Darüber hinaus zeigt sich dieser neuentdeckte Stolz in der Art und Weise, wie die Bank sich in der Gemeinde engagiert. Norquist berichtete über BYC's Teilnahme am dortigen Volkslauf. ,,Von den meisten Banken nahmen zwei bis sechs Leute teil. Von uns nahmen über 60 Leute teil – inklusive unserer Lebenspartner." Norquist nannte es ,,beinahe peinlich, wie BYC-Leute das Marathongehen dominierten." Das Interessante an dieser bemerkenswerten Beteiligung war, wie Norquist sich beeilte zu betonen, daß ,,die Mitarbeiter es aus eigenem Antrieb taten."

Und nun ein paar individuelle Beispiele zum Thema Kundenservice. Joe Bryan, ein Senior Vice President, der für die Vergabe von Krediten an Landwirte zuständig ist, ist einer der ,,Servicehelden" bei BYC. Vor ungefähr einem Jahr hatten sich zehn Baumwollpflanzer zusammengetan, um ein letztes Feld abzupflücken. Bis zu diesem Zeitpunkt hatte es überhaupt nicht geregnet, obwohl Regen für kurz nach Mitternacht vorhergesagt worden war. Norquist berichtete über die folgende Begebenheit:

„ Joe fuhr hinunter, um zu sehen, ob sie es schaffen würden. Der Farmer, dessen Feld sie abpflückten, war kein Kunde von uns. Sie zogen Baumwollanhänger, aber sie hatten keine Lastwagen mehr. Joe befestigte einen Anhänger an seinen Lastwagen und half, bis weit nach Mitternacht die Anhänger zu ziehen. Dies ist kein Einzelfall. Einer der Farmer wandte sich an einen anderen und meinte: ‚Ich wette, dein Kreditgeber hilft dir nicht, deine Baumwolle zu pflücken, oder?' "

Dieses Beispiel ist ein weiteres Indiz für die einfache Kundenservice-Philosohpie der BYC: Wenn du deinem Kunden zuerst hilfst, brauchst du dir um das Bankgeschäft keine Sorgen zu machen. Norquist wies darauf hin, daß die Kundenservicestrategie auch in anderer Hinsicht gut funktioniert. Ein Quality Circle löse ein Problem, daß der Bank eine Menge Geld sparte. Van Ray erklärte:

„ Die Arbeitszeit unserer Zweigstellenmitarbeiter begann um 7 Uhr morgens. Sie versuchten die Arbeit vom Vortag bis um 9 Uhr zu erledigen, wenn die eigentliche Geschäftszeit begann. Doch dann änderten sie die interne Kontrolle der Bearbeitung der Taschen aus den Nachtschließfächern, um das Verfahren zu beschleunigen. Sie ersparten der Bank damit Unkosten. Wir mußten nicht länger für zwei zusätzliche Arbeitsstunden bezahlen, und die Mitarbeiter waren zufrieden, daß sie nicht mehr so früh anfangen mußten. "

Inwiefern beeinflußte die Kundenservicestrategie die Jahresbilanz der Bank? Die Mitarbeiter der Bank berichten von einer zunehmenden Kundenaktivität. Das Bankmanagement ist gerade dabei, neue Konten und Darlehen dahingehend zu untersuchen, inwieweit diese mit dem Wandel der strategischen Richtung in Beziehung gesetzt werden können. Eine erste Interpretation des finanziellen Wandels legt nahe, daß BYC bereits positive Zeichen ihres strategischen Wandels feststellen kann. Seit 1988 hat BYC ihre Einlagenbasis von 70,5 Millionen US-Dollar auf über 77 Millionen steigern können. Prognosen für 1993 sagen Einlagen von über 89 Millionen US-Dollar voraus. Während des gleichen Zeitraums (1988-90) stieg die Betriebsrendite von 1.00 auf 1.06.

Tips von der Spitze

Welchen Rat kann Norquist jenen geben, die über eine Kundenservicestrategie nachdenken? Norquist besteht auf die Notwendigkeit des Engagements seitens des Top-Managements. Eine Kundeservicestrategie funktioniert nicht, wenn das Top-Management nicht dahintersteht.

Dies ist eine Tatsache, die wir bei der Untersuchung anderer Banken ebenfalls festgestellt haben. Es ist nicht ungewöhnlich, das Wort „Kundeservice" in den Zielsetzungen einer Bank aufgeführt oder in Werbeanzeigen gedruckt zu finden, oder man diskutiert im Konferenzraum darüber. *Es ist jedoch viel schwieriger, eine Bank zu finden, die diese Idee und alles, was damit zusammenhängt aufgreift und realisiert.*

Norquists Engagement und das seiner leitenden Angestellten wird durch ihre Teilnahme an den Schulungsprogrammen bewiesen, die von allen Mitarbeitern besucht werden. Normalerweise ist ein Mangel an Engagement seitens der Vorstandsvorsitzenden in den Banken festzustellen, die lediglich behaupten, eine Kundenservicestrategie einzusetzen, diese jedoch nicht in die Tat umsetzen. „Sie dürfen nicht delegieren", sagte Norquist, „der Vorstandsvorsitzende muß sich an der Implementierung der Strategie beteiligen. Das ist die einzige Möglichkeit, um ihr Glaubwürdigkeit zu verleihen. Wenn Sie nicht bereit sind, dies zu tun, dann sollten Sie es gar nicht erst versuchen.

„ **D**er zweite Schlüssel zum Erfolg besteht darin, daß Sie die Mitarbeiter so behandeln müssen, wie Sie einen Kunden behandeln würden', erklärte Norquist. Das BYC-Management ist der Überzeugung, daß eine direkte Korrelation zwischen der Art und Weise besteht, wie Bankangestellte miteinander umgehen und wie sie mit Kunden umgehen. Norquist und seine Führungskräfte haben eine Menge Zeit darauf verwendet, die Geschäftskultur der Bank zu verbessern. Die anfängliche Stoßrichtung der Strategie-Implementierung verstärkte die Teamarbeit und Loyalität der Individuen gegenüber der Organisation. Die Mitarbeiterfluktuation liegt seit den vergangenen fünf Jahren bei durchschnittlich 1 Prozent. Diese Tatsache erfüllt die Bank von Yazoo City mit gewissem Stolz. Die Mitarbeiter sprechen davon, daß sie, bei der Bedienung der Kunden immer einen Schritt über das übliche hinausgehen', und stolz verkünden sie, ‚daß es keine Bank weit und breit gibt, welche die Servicequalität bietet, die sie ihren Kunden bieten.' Diese Servicekultur beruht auf dem Gedanken, den ein Mitarbeiter folgendermaßen zum Ausdruck brachte: ‚Servicequalität und Kunde bedeuten viel für mich.' "

Der vielleicht wichtigste Punkt – nach Meinung Norquists – ist die Notwendigkeit, daß der Vorstandsvorsitzende Kontrolle abgibt. Mit Kontrolle meint Norquist die **„emotionale Kontrolle"**. Norquist empfiehlt in der Tat, daß der Direktor etwas von seiner Entscheidungsbefugnis abgeben sollte. ,,Sie müssen in Ihren Mitarbeiterstab Vertrauen setzen." Auf die Frage, wie er denn feststelle, wann die Mitarbeiter die nötigen Fähigkeiten erworben hätten, um mehr Verantwortung hinsichtlich der Leitung einer Bank übernehmen zu können, antwortete Norquist, dies sei ein Prozeß von Versuch und Irrtum. ,,Sie machen Fehler, aber sie lernen auch aus ihnen."

Norquist hat im Grunde genommen die Organisationsstruktur von BYC auf den Kopf gestellt. An der Spitze des Schemas steht der Kunde und der Mitarbeiterstab. Etwas weiter unten befindet sich das mittlere Management, gefolgt von den leitenden Angestellten und dem Vorstandsvorsitzenden. Begleitet wird dieser strukturelle Wandel von einem offenen Kommunikationssystem, das gewährleistet, daß der einzelne Mitarbeiter auch gehört wird. Diese grundlegende Verschiebung ist für Norquist nicht einfach gewesen. Das erste Mal, als er mit dem Vorschlag eines Mitarbeiters konfrontiert wurde, sagte er: ,,Auf keinen Fall. Das werde ich nicht machen. Dann beruhigte ich mich und hörte mir an, was sie sagten und stellte fest, daß sie recht hatten. Der Vorschlag betraf etwas, das ich falsch gemacht hatte. Ich wurde immer noch von Gefühlen geleitet." Norquist ist bereit zuzugeben, daß die Angestellten, die tagtäglich mit Kunden zu tun haben, etwas machen, „das viel wichtiger ist, als das, was ich mache."

Ein anderer Grund für das gute Funktionieren der Kundenservicestrategie ist, daß Norquist offensichtlich innerhalb der Bank hoch respektiert wird und den Bankangestellten als Vorbild dient, auch wenn Norquist zögert, über sein eigenes Verhalten als Vorstandsvorsitzender zu sprechen. Sein Managementstil ist sehr offen und wird von vielen Mitarbeitern wie folgt charakterisiert: „Wenn ich in Schwierigkeiten bin, ist Griffin für mich da." Er hat, teilweise aufgrund seiner Persönlichkeit, ein Umfeld geschaffen, das mit dazu beiträgt, ein Serviceniveau zur Verfügung zu stellen, das die BYC zur Top-Bank der Region werden läßt. Die Mitarbeiter sehen Norquist als Vorbild, der stets über das übliche hinausgeht, um Kunden zu helfen. Er wird oft von Mitarbeitern als Coach beschrieben, der Rat erteilt und jedem hilft. Das heißt jedoch nicht, daß er nicht auch Kritik übt. Das will er und das tut er auch. Das Interessante daran ist, daß Mitarbeiter, die kritisiert werden, positiv darauf reagieren. Kundenservice ist bei der Bank von Yazoo City folglich zu einer Lebenseinstellung geworden.

Kundenservice nach Art einer Genossenschaftsbank

Eine kleine Genossenschaftsbank bietet sowohl Möglichkeiten als auch Probleme bei dem Versuch, die Betonung auf Kundenservice zu legen. Die Kehrseite der Medaille ist das Geld, das für die Entwicklung und Implementierung der Strategie notwendig ist. Das wird jedoch aufgrund der geringen Größe der Bank und der Tatsache, einen aufmerksameren Service bieten zu können, wettgemacht. Diese Fähigkeit ist ihr wichtigstes und bedeutendstes Kapital.

Es ist einfacher, eine Servicekultur in einem einzigen kleinen Büro oder einer Hauptbank mit einer Filiale zur Entfaltung zu bringen, als die Geschäftskultur in einer Bank mit zahlreichen Zweigstellenniederlassungen zu ändern. Darüber hinaus bietet die Kundenservicestrategie der Genossenschaftsbank, wie Ray hervorgehoben hat, eine Möglichkeit, die Wettbewerbsbedingungen im dortigen Markt zu diktieren, anstatt mit einem größeren Wettbewerber nach seinen Spielregeln zu konkurrieren. Ihre Größe kann ein Leistungspotential entfalten, daß die Standards für Servicedienstleistung im Markt setzt.

Aufgrund der Größe der Genossenschaftsbank – im Verhältnis zu den größeren Banken mit zahlreicheren Zweigstellenniederlassungen beispielsweise – wird die Funktion des Vorstandsvorsitzenden bei der Formulierung und Implementierung der Strategie eine grundsätzlich andere sein. Der Vorstandsvorsitzende wird notwendigerweise eher die Funktion einer *Führungspersönlichkeit* statt eines *Managers* innehaben. Seine Aktivitäten setzen sich in einem kleineren Bereich schneller durch. Dies beweist die Wirkung, die die Präsenz Norquists und Rays sowie anderer Führungskräfte während der Schulung auf die Mitarbeiter hatte. Norquist besteht beharrlich auf die Teilnahme des Vorstandsvorsitzenden bei der Implementierung der Strategie. Norquist ist eine Führungspersönlichkeit bei BYC und seine Handlungsweise setzt Maßstäbe für die übrigen Mitarbeiter.

Während es oft typisch ist, das Engagement an den ausgegebenen Geldern zu messen, kann Engagement aber auch an der Zeitdauer gemessen werden, die das Top-Management bereit ist, aufzuwenden, um die Organisation zum Marktführer in Kundenservicequalität zu machen. Dies trifft auf BYC zu. Während die Kosten für die Entwicklung und Implementierung der Kundenservicestrategie im Vergleich zu den tatsächlich aufgetretenen Kosten vieler größerer Banken verblassen mögen, ist der *Zeitfaktor*, den das Top-Management aufgewendet hat ein Hinweis darauf, wie wichtig ihnen ein Top-Dienstleistungssystem gewesen ist.

Die Bank von Yazoo City zeigte, wie wichtig es war, den Teufelskreis von schlechter Mitarbeitermoral und schlechtem Kundenservice zu durchbrechen. Dies war eines der vorrangisten Probleme, das man bei BYC anging. Nachdem der Sinn für Teamarbeit in die Geschäftskultur integriert worden war und die Mitarbeiter miteinander kooperierten, war es möglich, die Energie und Aufmerksamkeit auf den Kunden zu richten. Sowohl Kunden- als auch Mitarbeiterkommentare bestätigen die Notwendigkeit der Zufriedenheit der Mitarbeiter mit ihren Jobs, um einen hochwertigen Kundenservice bieten zu können.

Kapitel 7

Der Kundenservice bei der Concord Commercial Bank

Die Stadt

Concord Commercial Bank befindet sich im Zentrum von Concord, Kaliformien, der größten Stadt innerhalb des Contra Costa County, etwa 26 Meilen östlich von San Francisco. In den achtziger Jahren war ein signifikanter Anstieg der Einwohnerzahl der Stadt zu verzeichnen. Die Einwohnerzahl kletterte von 103 000 Einwohner im Jahr 1980 auf etwa 112 000 Einwohner im Jahr 1990. Für den Zeitraum von 1990 bis zum Jahr 2005 wird mit einem weiteren Zuwachs von 10 Prozent gerechnet. In der Industrie- und Großhandelsbranche wird von 1990 bis 2005 mit einem Beschäftigungszuwachs von circa 43 Prozent gerechnet, während sich das Stellenangebot im Einzelhandel auf über 27 Prozent erhöhen wird.

Die Handelskammer von Concord beschreibt die Situation der Stadt folgendermaßen:

„ Mit seinem günstigen Standort, seinen qualifizierten Arbeitskräften und den extrem niedrigen Erschließungskosten ist Concord nunmehr Sitz einiger der bedeutendsten Unternehmen des Landes und somit eines der führenden Wirtschaftszentren der Bay Area. Von Concords aktiver Industriepolitik profitieren sowohl bereits angesiedelte Industrieunternehmen als auch potentielle Interessenten. Die Stadt betreibt ein professionelles industriepolitisches Entwicklungsprogramm, das unter der Leitung eines erfahrenen Direktors steht sowie fundierte Arbeitsbeziehungen zum privaten Sektor durch die Handelskammer der Stadt, Immobilienmakler und Erschließungsgesellschaften unterhält. Der private Sektor von Concord bemühte sich besonders um die Erschließung prestigeträchtiger Büroflächen, erstklassiger Industrieanlagen und Lagerhäuser sowie um attraktive und angemessene Gewerbegebiete und Standorte, die in eine gute Infrastruktur eingebunden sind.

Das Geschäftsklima in Concord zollt dem freien Unternehmertum großen Respekt und bietet eine solide Basis, um neue Unternehmen zu fördern und Gewinne für bestehende zu gewährleisten. Unternehmen und Unternehmer erwartet ein stabiles und berechenbares fiskalisches Umfeld mit einer Stadtverwaltung, die straff und verantwortungsbewußt geleitet wird.

Sowohl der private als auch der öffentliche Sektor zeigen Dynamik bei der Entwicklung attraktiver und hochentwickelter Büro- und Gewerbegebiete, so daß Unternehmen, die die Region als Geschäftsstandort prüfen, sich über die ausgedehnten und vielfältigen Standortmöglichkeiten, die sich ihnen bieten, freuen werden. Concord ist stolz auf sein positives Geschäftsklima und freut sich darauf, Sitz einer immer größer werdenden Anzahl von Unternehmen aus der ganzen Welt zu werden. "

Tom Hawker, Vorstandsvorsitzender der Concord Commercial Bank (CCB), beschreibt die Entwicklung der Bank wie folgt: ,,Concord Commercial Bank wurde 1985 von einer Gruppe von Geschäftsleuten aus dem Raum Concord gegründet, die von ihren Bankbeziehungen mit Wells Fargo, Bank of America, Security Pacific und anderen großen Banken aus der Bay enttäuscht waren." Hawker hob hervor, daß – obwohl nichts an sich Schlechtes an diesen Banken gewesen sei – die Strategien dieser Banken nicht mit den Bedürfnissen klein- und mittelständischer Unternehmen aus der Bay harmoniert hätten. Das Gefühl der Enttäuschung rührte nicht von einem schlechten Service im eigentlichen Sinne her, sondern resultierte eher daraus, daß das Leistungspotential der Banken den Kundenbedürfnissen in einem enger definierten Markt nicht gerecht werden konnte. Die Unternehmer klein- und mittelständischer Betriebe hatten den Eindruck, daß die großen Banken der Bay in erster Linie Geschäftsbeziehungen zu dem finanzstarken Geschäftsklientel suchten und daher nach volumenstarken Wirtschaftszweigen suchten. Die großen Banken sahen sich nach einer Klientel um, die umfangreiche Darlehen und hohe Einlagen versprach, deren Volumen zu höheren Profiten trotz niedriger Zinsspannen führte. Dies führte zu *transaktionsorientierten* Beziehungen mit kleineren Kunden, die jedoch Geschäftsleute, die einen persönlicheren und individuelleren Service suchten, nicht zufrieden stellten. Dieser transaktionsorientierte Ansatz des Bankgewerbes führte zu der Empfindung in diesem Marktsegment, daß sie ein niedrigeres Serviceniveau zur Verfügung gestellt bekamen als sie ihrer Meinung nach verdienten und in der Tat auch verlangten.

Ein Punkt sollte hervorgehoben werden. Es ist für eine große Bank durchaus zulässig, die Strategie der Bankgeschäfte zu verfolgen, bei der Profite durch Volumen, anstatt durch individuellen Service gesteigert werden. Diese Strategie ist jedoch nicht für jedes Marktsegment geeignet. Möglichkeiten für andere strategische Servicedienstleistungen existieren dann, wenn das jeweilige Marktsegment so weit expandiert hat, daß es groß und potent genug ist, eine Bank zu unterstützen, die eine begehrte Alternative bietet. Dies ist genau der Punkt, den die Gründer und Organisatoren der CCB erkannten und auf dem sich CCB gründet. Sie erkannten die Unfähigkeit beziehungsweise die mangelnde Bereitschaft der großen Banken, ihre Bankaktivitäten derart umzugestalten, um auch klein- und mittelständischen Unternehmen mit einem hochwertigen und individuellen Kundenservice entgegenzukommen. So erkannte man eine Nische, und eine Gruppe konstituierte sich, die eine Bank nach ihren Vorstellungen gründete – die Concord Commercial Bank.

Concord Commercial Bank wurde auf der Basis des individuellen und persönlichen Service gegenüber klein und mittelständischen Unternehmen in der Umgebung von Concord/Contra Costa gegründet. Dies war von Beginn an das einzige Ziel der CCB und ist es bis heute geblieben. Hawker bemerkte ausdrücklich, daß CCB nur existiert, um der Idee der Gründer gerecht zu werden.

CCB bleibt in der Tat ihrem eigentlichen Zweck derart treu, daß sie Privatkonten ohne ein entsprechendes Geschäftskonto nicht akzeptiert. Kunden, die ein Privatkonto ohne geschäftliche Beziehung eröffnen wollen, werden buchstäblich auf die gegenüberliegende Seite verwiesen, auf der die Bank of Amerika in der einen und Wells Fargo in der anderen Richtung liegt. Wir werden in einem späteren Abschnitt etwas mehr über diese strikte Verfahrensweise sagen, wenn wir über die Implementierung der Strategie von CCB sprechen.

Die Jahresbilanz des Jahres 1985, dem ersten Jahr der Geschäftstätigkeit der CCB, verzeichnete ein Gesamtvermögen von fast 15 Millionen US-Dollar, Gesamteinlagen von 10,2 Millionen US-Dollar, ein Darlehnsvolumen von 6,8 Millionen US-Dollar und Netto-Einbußen von 445 000 US-Dollar, die für das erste Geschäftsjahr sicherlich nicht unerwartet kamen. Das Jahr 1986 wurde für die Zukunft der CCB charakeristisch. Beim Geschäftsabschluß 1986 war das Gesamtvermögen um 66 Prozent auf fast 25 Millionen US-Dollar gestiegen, die Gesamteinlagen erhöhten sich um 98 Prozent auf 20,1 Million US-Dollar, das Darlehnsvolumen wuchs um 146 Prozent auf 16,7 Millionen US-Dollar und die Netto-Einbußen für das Jahr nahmen um 69 Prozent ab und beliefen sich nunmehr auf 138 000 US-Dollar. Das zweite Geschäftsjahr war in der Tat bemerkenswert.

Von Ende 1985 bis zum dritten Quartal des Jahres 1989 war das Gesamtvermögen um 207 Prozent auf fast 46 Millionen US-Dollar angewachsen, die Gesamteinlagen erhöhten sich um 295 Prozent auf über 40 Millionen US-Dollar, die Darlehen beliefen sich auf 34,3 Millionen US-Dollar, was einen Zuwachs von 405 Prozent ausmachte, und der Netto-Gewinn wuchs auf 588 000 US-Dollar, umgerechnet auf das Jahr 1989.

Wie erklärt sich die CCB diese phänomenale Zuwachsrate und Leistung? Hawker führt als Ursache dieses Erfolgs äußere Einflüsse an:

„Walnut Creek, eine Schwestergemeinde, hatte vor sieben Jahren (um 1983 etwa) einen Stadtrat, der eine Null-Wachstums-Politik in seiner Stadt einleitete und damit eine entmutigende Botschaft hinsichtlich Gewerbeansiedlung, Wachstum und Expansion abgab. Concord hatte dagegen eine sehr fortschrittlich denkende Stadtverwaltung, die das Unternehmenswachstum und deren Expansion aktiv unterstützte. Mit der Gründung der Bank zwei Jahre nach der Null-Wachtums-Politik von Walnut Creek stand CCB somit gut da, um von dieser ungleichmäßig ausgeprägten Ausrichtung des wirtschaftlichen Klimas jener Zeit zu profitieren.

Und wie man sehen kann, spiegelt CCB in gewisser Weise das Wachstum von Concord wider. Wenn man die abgabepflichtigen Einzelhandelsumsätze von Concord von 1985 bis 1988 betrachtet, so stellt man eine Steigerung von fast 51 Prozent fest. Die Einlagen bei CCB dagegen wuchsen im gleichen Zeitraum um 276 Prozent. CCB hat somit mehr getan als nur das Wachstum und die Leistung der Stadt widerzuspiegeln. Sie ging weit über das Maß hinaus insoweit Einzelhandelsumsätze direkt mit den Einlagen verglichen werden können.

Wir hatten nicht nur Glück mit der Wahl des richtigen Zeitpunkts, sondern wir haben unsere Strategie auch streng und ausschließlich auf unseren Markt hin ausgerichtet – etwas, was die anderen Banken nicht gemacht haben. Deshalb glauben wir, daß die äußeren Umstände, die uns zugute kamen, durch die Implementierung unserer Strategie unterstützt wurden, die unsere Leistung der vergangenen fünf Jahre erklärt."

Die Concord-Strategie

Nachdem nun der Kontext, in dem die CCB ihre Geschäfte führt, erklärt worden ist, ist es wichtig, zu untersuchen, was CCB den Kunden, den Mitarbeitern und der Öffentlichkeit über die Bank berichtet. Die folgenden Abschnitte, die dem Jahresbericht der CCB entnommen wurden, legen ihre Strategie dar:

Ziel der Concord Commercial Bank ist es:

- ⇨ eine attraktive Langzeitrendite für unsere Teilhaber zu sichern;
- ⇨ jedem, der mit uns zu tun hat, eine effiziente und angenehme Erfahrung mit unserer Bank zu bieten.

Aufgrund unserer Einstellung „Geschäft und Bankgewerbe ... wir wachsen zusammen" sind unsere Abteilungsleiter und unser Mitarbeiterstab stets darum bemüht, sich Ihr Vertrauen immer wieder neu zu verdienen.

Das Mission Statement der Concord Commercial Bank lautet:

- ⇨ jeden Kunden mit persönlichen, effizienten und qualifizierten Bankdienstleistungen zu versorgen, die darauf angelegt sind, den finanziellen Bedürfnissen des Geschäfts und der Unternehmen, die in unserem Dienstleistungsbereich ansässig sind, zu entsprechen;
- ⇨ konsequentes Bemühen um eine Rendite für unsere Investoren, die die Standards des Bankgewerbes überschreitet;
- ⇨ unseren Mitarbeitern ein gutes und stimulierendes Arbeitsumfeld zu bieten;
- ⇨ mit unserer Zeit, unseren Fähigkeiten und unseren Geldmitteln zu dem Ziel beizutragen, aus unserer Gemeinde einen Ort zu machen, in dem es sich gut leben und arbeiten läßt.

Der Auftrag der Concord Commercial Bank wird erfolgreich sein in dem Bemühen:

- ⇨ den Ruf aufrechtzuerhalten, ein Geldinstitut zu sein, in dem es ein Vergnügen ist, Geschäfte zu tätigen, zu investieren und zu arbeiten;
- ⇨ über das durchschnittliche Wachstum hinauszukommen, ohne Qualität, Service oder Profitabilität einzubüßen;

⇨ qualitativ hochwertige Geschäftsbeziehungen vehement zu verfolgen und zu erhalten;

⇨ als eine Organisation respektiert zu werden, die ein verantwortungsbewußtes Mitglied der Gemeinschaft ist.

Erklärungen zu Ziel und Auftrag

Eines der vorrangisten Ziele der Mission Statement zu Ziel und Auftrag der CCB ist die Anerkennung einer Langzeitrendite für Aktionäre. Dies deckt sich mit dem Vorsatz in den Aufbau langlebiger Bankbeziehungen mit Geschäftskunden zu investieren. Zweitens gilt der Grundsatz, Kunden und Mitarbeitern positive Erfahrungen mit ihrer Bank zu ermöglichen. Der Aspekt, angenehme Bankerfahrungen zu gewährleisten ist im Hinblick auf unser Buch ,,Winning Banks" sehr interessant. Während unserer Untersuchung zu ,,Winning Banks" stellten wir fest, daß Kunden ihre Bankerfahrungen typischerweise mit ziemlich trockenen, nüchternen und aufgabenbezogenen Worten beschrieben, wie etwas, daß man erledigt, aber nicht als angenehm empfindet, fast so, als wenn man den Küchenboden aufwischt. CCB ist jedoch daran interessiert, diese typische Bankerfahrung in eine umzukehren, auf die sich der Kunde freut und so etwas wie Zufriedenheit aus der Bankbeziehung mitnimmt. Dies impliziert notwendigerweise persönliche und individuelle Aufmerksamkeit.

Der nächste bemerkenswerte Teil in der Zielbeschreibung der CCB ist der strategische Vorsatz – ,,Geschäft und Bankgewerbe … wir wachsen zusammen". Dies weist CCB eindeutig als Geschäftsbank aus und wird Kunden, Mitarbeitern, Investoren und allen, die ihre Broschüre lesen, als eine solche nahegebracht. Dieses Statement erscheint in den Jahresberichten, in den vierteljährlichen Stellungnahmen, in den Werbeanzeigen der Zeitungen und in fast allen Schreiben, die in der Bank verfaßt werden. ,,Geschäft und Bankgewerbe … wir wachsen zusammen" umschreibt mit sechs einfachen Worten, was CCB ist und was sie tun will.

Das Mission Statement umfaßt eine weitere Verfeinerung und Erweiterung des Ziels der CCB. Dem persönlichen und individuellen Service der Bank wird beispielsweise ausdrücklich in dem Mission Statement Rechnung getragen. Außerdem definiert das Mission Statement seine Erfolgskriterien folgendermaßen: den guten Ruf aufrechterhalten, wachsen, ohne an Qualität einzubüßen, qualitativ hochwertige Beziehungen fortsetzen und ein gutes Mitglied der Geschäftsgemeinde zu sein.

Kundenservice à la Concord

Die Ziele und das Mission Statement der CCB gleichen in bemerkenswerter Weise denen anderer Banken im Land. Die Worte effizient, Vertrauen, professionell, persönlich und Qualität stehen üblicherweise in den Erklärungen zu Ziel und Auftrag vieler Banken. Keine Bank sagt, sie sei ineffizient, nicht vertrauensvoll, unprofessionell, unpersönlich, oder sie liefere einen schlechten Service. Aber wie schafft es CCB, diesen positiven Attributen Authentizität zu verleihen und aus ihnen mehr als nur Worthülsen zu machen? Was unterscheidet die CCB von anderen Banken in der Bay? Im folgenden werden einige Punkte aufgeführt, die CCB von anderen Banken trennt und die Gegenstand von Interviews mit Hawker und seinen Mitarbeitern waren.

Eine offene Managementphilosophie – Mitarbeiterbesprechung

Als wir eines Donnerstagmorgens gegen 8.15 Uhr die Eingangshalle von CCB betraten, durften wir an einem wöchentlichen Ereignis bei CCB teilnehmen – einer Mitarbeiterbesprechung, die von Tom Hawker geleitet wurde. Dies ist eine gute Gelegenheit, den „Kundenservice a la Concord" zu erklären. Hawker betrachtet dieses Meeting als ein Forum des Informationsaustausches, an dem alle Mitarbeiter der Bank teilnehmen und auf dem Themen von Einkommen bis zur Darstellung und Besprechung neuer

Kunden und ihrer Geschäfte erörtert werden. Diese Methode impliziert zwei eindrucksvolle Aspekte. Erstens, es scheint kein Thema zu geben, über das Hawker nicht offen diskutieren würde. Unser Eindruck ist, daß Hawker sie alle aufgreift, um die Mitarbeiter darüber zu informieren, welche Leistungen – sowohl gute als auch schlechte- die Bank erbringt. Zweitens sprach Hawker über neue Kunden. Er bekam nicht nur einen neuen Kontenbericht, in dem Kontennummern und Dollarbeträge einzeln aufgeführt waren, sondern er stellte auch eine Liste mit Namen und Darstellung der neuen Bankkunden zusammen, so daß, wenn ein Kunde anruft oder vorbeikommt, er bereits im Haus bekannt ist. Hawker erklärte: ,,Auf diese Weise erhält jeder Informationen über neue Kunden. Es ist für uns wichtig, daß, sobald ein neuer Kunde am Schalter des Kassierers auftaucht, irgend jemand über ihn Bescheid weiß und etwas über ihn sagen kann."

Hawker erzählte die folgende Begebenheit, um zu zeigen, wie sich diese Bemühung für CCB auszahlt:

,,Vater und Sohn kamen in unsere Bank, die beide denselben Namen trugen, abgesehen von Jr. und Sr. Außerdem hatten die Ehefrau des Mannes und dessen Schwiegertochter denselben Namen. Wir haben in unseren regulären wöchentlichen Besprechungen einige Zeit damit zugebracht, unseren Mitarbeitern zu erklären, daß es einen Jr. und einen Sr. gebe mit recht unterschiedlichem, individuellem Vermögen, unterschiedlicher Kreditvergangenheit, die nicht durcheinandergebracht werden dürften."

Diese Unterscheidungsmerkmale sind wichtig für die Mitarbeiter von CCB, weil sie es sind, die den persönlichen und individuellen Service bieten. Wenn sie einen guten und persönlichen Service bieten wollen, dann können sie es sich nicht leisten, Jr. mit Sr. zu verwechseln. Wenn es trotzdem passiert, entwertet dies das auf individueller Basis beruhende Serviceversprechen. Aus diesem Grund wendet CCB Zeit auf, um zu verhindern, daß eine solche Verwechslung wieder passiert.

Hawker fuhr mit einer weiteren Servicequalitäts-Story fort:

„ Eine Dame, deren Mann gerade ein Konto bei der CCB eröffnet hatte, kam in unsere Bank. Einer unserer Kundenberater kannte ihren Namen bereits und begann sie zu beraten. Dann ging ein anderer Mitarbeiter auf sie zu und sagte: ‚Ich höre, Sie und Ihr Mann sind jetzt Kunden unserer Bank.' Nun, sie ging nach Hause und erzählte ihrem Mann von diesem Ereignis. Ihr Mann rief mich am nächsten Morgen an und erzählte mir, daß seine Frau sich so sehr über diese Begebenheit gefreut habe, daß sie gleich drei neue Konten eröffnet habe. Ich wünschte mir, dies würde jeden Tag passieren. Doch letztendlich fördern wir solche Zufälle, indem wir unseren gesamten Mitarbeiterstab über unsere Kunden und deren Geschäft informieren. "

Die gemeinsamen Kenntnisse über Kunden beinhalten sowohl Telefonkontakte als auch den direkten Kontakt. Hawker erklärte:

„Seit dem Tag unserer Eröffnung herrscht bei uns eine bestimmte Telefonetikette. Wenn ein Kunde in der Bank anruft, dann besteht die große Wahrscheinlichkeit, daß, wer auch immer zum Telefon geht, er den Namen des Kunden kennt und dies dem Kunden auch zeigt."

Diese Verfahrensweise resultiert aus der Tatsache, daß Mitarbeiter in offen geführten Mitarbeiterbesprechungen über Bankkunden informiert werden. Hawker führte die Regelung ein, daß das Telefon höchstens zweimal klingeln darf. Obwohl CCB eine Mitarbeiterin eingestellt hat, die in erster Linie für den Telefondienst verantwortlich ist, ist ausnahmslos *jeder* auf die Regel des zweimaligen Klingelns eingestellt und jeder geht an das Telefon, ungeachtet seiner eigentlichen Funktion. Diese Regel schließt auch Hawker mit ein. Hawker erklärte:

„ Ich habe es mir zur Gewohnheit werden lassen, zwei- bis dreimal am Tag ans Telefon zu gehen. Auf diese Weise verliere ich nicht den Kontakt zu den Kunden und ihren Bedürfnissen, und es zeigt den Mitarbeitern darüber hinaus, daß keiner in der Bank so wichtig ist, daß er nicht zum Telefon gehen könnte. Das wirkt besser als jedes Memo beziehungsweise mündliche Instruktionen. Ich bin das Vorbild. "

Dies wird in der Bank immer wieder repetiert. Hawker führt seine Mitarbeiter, indem er allen ein Vorbild ist.

Ein weiterer beabsichtigter Vorteil der wöchentlichen Mitarbeiterbesprechungen ist Hawkers Denkart hinsichtlich der mannigfaltigen Kontaktmöglichkeiten für den Kunden. Die Mitarbeiterbesprechung gibt den Mitarbeitern die Möglichkeit, Informationen zu erhalten, so daß mehr als ein CCB-Angestellter einen Kunden effektiv bedienen kann. Auf diese Weise ist ein reibungsloser Service gewährleistet, selbst wenn ein bestimmter Mitarbeiter einmal nicht anwesend sein sollte. Dies ist ein wichtiger Aspekt der Servicequalität bei CCB. Der Kunde muß erkennen, daß CCB als Team arbeitet, um ihm zu dienen und ihm zu helfen. Selbst wenn ein Teammitglied nicht verfügbar ist, so kann ein anderes einspringen, damit der Kunde gut bedient wird. Hawker erklärte:

„ Wenn ich nicht da bin, so stört dies nicht den Bankbetrieb. Es ist eine Frage, inwieweit Mitarbeiter bevollmächtigt und über Kunden informiert werden. Wir wollen nicht, daß der Kunde nur einen Ansprechpartner hat, sondern versuchen, ihm mehrere Kontaktmöglichkeiten innerhalb der Bank zu bieten. Ich persönlich habe nur ein paar wenige Kunden zu betreuen, weil ich nicht alles machen und alle Kunden gut bedienen kann. Meine Mitarbeiter müssen die Vollmacht haben, Entscheidungen zugunsten des Kunden treffen zu können. Ich will nicht alle Entscheidungen treffen müssen, und ich möchte, daß unsere Kunden erkennen, daß unsere Abteilungsleiter und unsere Mitarbeiter Entscheidungen treffen können. "

Das äußere Erscheinungsbild der CCB

Eine der eindrucksvollsten Besonderheiten des äußeren Erscheinungsbildes der CCB ist das Schild an der Eingangstür. Auf dem Schild steht ,,Banköffnungszeiten von 9–16 Uhr; *andere Termine nach Vereinbarung*". Ja! Den Kunden der CCB werden andere Termine zur Verfügung gestellt. Sie brauchen lediglich anzurufen und einen Termin vereinbaren. Hawker erklärte:

,, Normalerweise ist die Bank jeden Tag von 7.30 Uhr bis 18.30 Uhr beziehungsweise 19 Uhr geöffnet. Wenn ein Kunde anruft, wird er hereingelassen und wir kümmern uns um seine Angelegenheiten. Oder, wenn wir einen Kunden, wie es häufig der Fall ist, an der Tür sehen, öffnen wir sie und bitten ihn herein. Wir sind da, wenn der Kunde seine Bankgeschäfte erledigen will. "

Diese Ansicht wurde vielfach in Interviews mit anderen Mitarbeitern wiederholt. Eine Mitarbeiterin meinte, daß die Mitarbeiter stets solange bleiben bis der Kunde zufriedenstellend bedient worden ist. Offensichtlich hat Hawker seine Mitarbeiter davon überzeugen können, wie wichtig es ist, verfügbar zu sein, wenn der Kunde sie braucht. Die meisten Kunden sind es gewohnt, nach Geschäftsschluß schwere Vorhänge vor den Türen und Fenstern der Bank vorzufinden – ein Symbol dafür, daß der Kunde nicht mehr erwünscht ist. Hawker fügte hinzu: ,,Solange jemand da ist, der einen Kunden bedienen kann, wollen wir es auch. Einer der Vorteile, nur wenige Kunden zu haben, liegt darin, daß man – wenn jemand anruft beziehungsweise vorbeikommt – im allgemeinen weiß, wer er ist. Doch die Betreuung weniger Kunden stimmt darüber hinaus mit unserer Politik überein – nämlich, sich ausschließlich auf Geschäftskonten zu konzentrieren.

Andere äußerliche Attribute der CCB dienen ebenfalls der Bereitstellung von Servicequalität. Es gibt beispielsweise keine traditionellen Bankschalter. Diese Abweichung vom traditionellen Design einer Bank ergab sich in der Anfangsphase der Bank und ist wiederum ein Indikator für die Management-Philosophie der CCB. Hawker erklärte:

„Das Design repräsentiert eine Idee und eine Haltung. Wir suchen nicht nach Quantität, sondern nach Qualität. Wir möchten ein Bankgewerbe vorstellen, in dessen Mittelpunkt der *Kunde* und nicht das *Bankgeschäft* steht, und das bedeutet, daß wir mehr Zeit darauf verwenden wollen, uns mit dem Anliegen des einzelnen Kunden zu befassen, anstatt möglichst viele Kunden durch unsere Schalterhalle zu schleusen. Wir möchten niemanden mit der Stoppuhr in unserer Halle stehen sehen, der sagt: ‚Die Standardzeit für Kundenservice liegt bei 53 Sekunden und Sie haben 54 Sekunden gebraucht – das muß besser werden.' Aus diesem Grund haben wir Gesprächstische eingerichtet. Nach unserer Vorstellung soll der Kunde das Gefühl haben, die Abwicklung des Bankgeschäftes selbst zu leiten, anstatt lediglich eine Transaktion bearbeiten zu lassen. Bei uns werden die Kunden nicht wie eine Viehherde durch eine Schleuse getrieben, um dann an den Schaltern abgefertigt zu werden.

Diese Verfahrensweise ist von unseren Kunden sehr gut angenommen worden. Sie erzählen uns, daß sie sich viel wohler fühlen, wenn sie ihren Bankgeschäften nachgehen, und das ist es, was wir erreichen wollen – eine angenehme und erfreuliche Bankerfahrung. Das ist ein Charakteristikum, das gleich zu Anfang von unseren Gründern in die Bankphilosophie aufgenommen wurde, weil dies die Art war, nach der sie Bankgeschäfte tätigen wollten."

Ein rascher Trip durch die lokalen Bankfilialen der Wettbewerber, die in den entgegengesetzten Ecken der CCB angesiedelt sind, zeigt uns abgesperrte Bereiche, durch die Kunden zum traditionellen Bankschalter strömen. Außerdem hat jede Bank eine Schlange von acht bis zwanzig Personen, die darauf warten, bedient zu werden. Ein Signal gibt die Verfügbarkeit der nächsten Schalterstelle bekannt. Es war interessant zu beobachten, daß die verfügbaren Mitarbeiter in einiger Entfernung zu der Kundenabsperrung saßen. Diese Einrichtung ist kaum für den Kundentypus geeignet, dem die CCB ihre Dienste anbietet. Es ist für das bloße

Abwickeln von Bankgeschäften sicherlich angebracht, aber nicht für ein kundenorientiertes Bankgewerbe, das auf persönlichen und individuellen Service abzielt.

Ein anderer interessanter Punkt, der uns auffiel, war, daß der Schalterraum der CCB aufgrund der begrenzten Anzahl an Geschäftskunden ziemlich klein ist. Wenn also fünf Kunden in der Bank sind, die alle zum Kassierer wollen, dann ist der Raum voll. Die Mitarbeiter sind darauf eingestellt und kommen aus ihren Büros beziehungsweise verlassen ihren Schreibtisch, um jenen Kunden weiterzuhelfen, die nicht wegen Bargeldangelegenheiten gekommen sind. Selbst Hawker verläßt lieber sein Büro, um eine Scheckeinzahlung zu verbuchen, als einen Kunden auf einen Kassierer warten zu lassen. Es ist daher durchaus mit der Geschäftpolitik der CCB vereinbar, Privatkonten an andere Banken weiterzugeben. Denn viele Privatkunden führen zu einem überfüllten Kundenraum und ein überfüllter Kundenraum ist nach Möglichkeit zu vermeiden, wenn Geschäftskunden angemessen bedient werden sollen. Nach Hawker ist das Image einer überfüllten Bank etwas, daß die CCB nicht wünscht.

„Eine Sache, mit der ich mich beschäftigen mußte, war, daß die äußere Gestaltung für eine Bank von 20–25 Millionen US-Dollar konzipiert war und nicht für eine von 50 Millionen. Mit dem Wachstum kamen räumliche Beschränkungen und Probleme auf uns zu. Unser Wachstum führte dazu, daß unser Kundenraum überfüllter war, als uns recht war – da wir oben mehr Raum dazu gewinnen konnten, machten wir einige Änderungen, um den notwendigen Platz im Kundenraum wieder verfügbar machen zu können. Wenn drei Leute im Kundenraum waren, wirkte dieser überfüllt und das machte keinen guten Eindruck. Interessanterweise zog in erster Linie das Verwaltungspersonal in die erste Etage, während das Kundenpersonal im Erdgeschoß blieb, um weiterhin leichter für den Kunden erreichbar zu sein."

Mit der Ausdehnung auf die erste Etage bot sich Hawker die Gelegenheit, auch sein Büro zu verlegen, um mehr Zeit zu finden, seinen Verpflichtungen als Vorstandsvorsitzender nachgehen zu können. Doch was sein Büro und dessen Lage anbelangt, so hat Hawker ziemlich feste Vorstellungen. Er erklärte:

„ Ich habe über die Jahre beobachtet, daß ein Direktor beziehungsweise Vorstandsvorsitzender sich am liebsten während der Zeit der Expansion aus dem Mittelpunkt des Geschehens zurückziehen möchte. Denn es ist schwer, seinen Aufgaben nachzugehen, wenn ständig Leute kommen und gehen. Aber andererseits ist das der Grund, weshalb die Leute in unsere Bank kommen – ich bin erreichbar und für sie da. Selbst wenn wir uns nur zuwinken, so ist das eine Kundenbeziehung, die ich nicht pflegen kann, wenn ich oben – fernab vom Betriebsgeschehen – sitze. Das Büro wird daher im Hauptbereich des Bankgeschehens bleiben, dort, wo meine Kunden sind. Ich sehe eine Verpflichtung darin, im Mittelpunkt des Geschehens zu bleiben. "

Ein weiterer Vorteil der Bank, den Vorstandsvorsitzenden inmitten des Bankgeschehens zu wissen, ist, daß die Mitarbeiter sich an seinem Verhalten orientieren können. Tom Hawker hat Vorbildfunktion. Wir haben dies mehrfach am Tag beobachtet; sowohl Hawker als auch die Mitarbeiter grüßen die Kunden. Er erklärte:

„ Wenn ich aufstehe und hinausgehe, um mit Kunden in der Lobby zu sprechen, so gebe ich damit jedem in der Bank ein Beispiel. Die Botschaft, die sich dahinter verbirgt, besagt: ‚Niemand ist so wichtig, daß er nicht aufstehen könnte, um mit Kunden zu sprechen.' "

Der Standort der Concord Commercial Bank

Wenn Sie sich der Concord Commercial Bank, die sich in der Nähe des Town Square befindet, nähern, dann erkennen Sie sogleich ihre strategische Lage. Sie liegt zwischen einer Filiale der Wells Fargo und einer der Bank of America. CCB liegt buchstäblich in der Mitte der zwei größten Banken der Bay Area und der USA. Der Grund hierfür liegt in der ursprünglichen Servicephilosophie der CCB sowie in der Ursache ihrer Gründung. Es herrschte der Eindruck, daß die großen Banken nicht auf die Bedürfnisse klein und mittelständischer Unternehmen der Kommune eingingen. Die anderen Banken waren eher auf Großkunden und deren Geschäftsvolumen fixiert. Das Segment mittelständischer Betriebe war ausgegrenzt worden. Der beste Platz der CCB war demnach zwischen denen, die als das größte Problem der potentiellen Kunden der CCB galten – nämlich zwischen den anderen Banken.

Der Sitz der CCB ist, sowohl physisch als auch strategisch, als Alternative zu betrachten. Der ursprüngliche CCB-Vorstand bezeichnet den gegenwärtigen Standort als ausgezeichnet. Dieser Sitz war auch der ursprüngliche Standort der Bank of America. Außerdem fühlte sich der Vorstand auch der Revitalisierung der Innenstadt von Concord verpflichtet und wollte daher in ihrer Mitte sein.

Der zentrale Standort innerhalb ihres Marktsegments erwies sich als großer Vorteil für die CCB, als sie sich entschloß, einen Kurierdienst einzurichten, der bargeldlose Depositen abholt und wichtige Dokumente zur Bank bringt beziehungsweise Kunden zustellt. Wenn der Kunde nicht zur Bank kommen kann, dann geht die Bank zum Kunden. Erreichbarkeit ist ein elementarer Faktor der Kundenservice-Vision der Concord.

Die familiäre Atmosphäre bei Concord

Wenn man über das Personal der CCB spricht, dann wird oft – bezogen auf die Abteilungsleiter und deren Mitarbeiter – der Begriff „familiär" benutzt. Inga Blume ist Kurier bei der CCB. Sie erklärte: „Jeder hier hilft dem anderen. Es herrscht eine familiäre Atmosphäre – also eine kooperative Atmosphäre. Wir helfen uns gegenseitig, unseren Kunden zu helfen. Kunden können darüber berichten, wie hilfsbereit wir miteinander umgehen und wie höflich wir sind." Das war ein Thema, das von den Mitarbeitern und Kunden immer wieder angesprochen wurde. Wie kommt es zu diesem Sinn für kooperative Zusammenarbeit beziehungsweise zu diesem Familiensinn? Es liegt an der Geschäftspolitik, die von Hawker und seinem ihn unterstützenden Verwaltungsstab konzipiert wurde.

Die Teamarbeit wird auch in Hawkers Personalpolitik und ihren Verfahrensweisen ersichtlich. Die Einstellung neuer Mitarbeiter erfolgt zwar durch die jeweiligen Abteilungen, doch auch Hawker interviewt üblicherweise alle potentiellen Mitarbeiter. Er diskutiert dann mit ihnen die Wichtigkeit der Teamarbeit und prüft, inwieweit die Person in die Gruppe der Concord-Mitarbeiter und -Kunden paßt. Obwohl die endgültige Einstellungsentscheidung von den jeweiligen Abteilungsleitern gefällt wird, gibt Hawker jedem potentiellen neuen Mitarbeiter das Qualitätsverständnis der CCB mit.

Bei der Einstellung von Personal ist keine bestimmte Ausbildung ausschlaggebend. CCB verlangt nicht vorrangig eine Bankausbildung. Rebecca, die Empfangsdame beispielsweise war von Beruf Kosmetikerin. Auch Inga Blume, der Kurier, kommt ursprünglich nicht aus der Bankbranche und trotzdem fügen sich beide gut in die Geschäftsaktivitäten der Bank ein. Hawker erklärte:

„Wir stellen Leute ein, die gerne mit anderen Menschen umgehen und sich dabei wohl fühlen. Wir arbeiten das Team ein und bringen ihm die notwendigen Mechanismen bei, die es zur Ausübung seines Jobs benötigt; denn mechanische Abläufe sind leichter zu vermitteln, als der Umgang mit Menschen."

Die Löhne der CCB sind genauso wettbewerbsfähig wie diejenigen ähnlich gearteter Beschäftigungen in der Bay Area, das heißt sie sind nicht besser und nicht schlechter. Die Bezahlung ist daher kein Mittel, um hochqualifizierte Arbeitskräfte zu gewinnen. Hawker bietet seinen Mitarbeitern jedoch Aktienoptionen als Möglichkeit, Eigentum zu erwerben. Er ist der festen Überzeugung, daß durch die Schaffung von Eigentum das Gefühl für Verantwortung hinsichtlich der Verbesserung der Servicequalität verstärkt wird. Hawker ist in der Tat fest davon überzeugt, daß es wichtig ist, seinen Mitarbeitern die Möglichkeit zu bieten, Eigentum zu erwerben – Eigentum an ihren Jobs, an ihrer Bank und an ihren Kundenbeziehungen. Er sagt, Eigentum ist eine Kombination unterschiedlicher Dinge, wie zum Beispiel Altersversorgung, soziale Funktionen, Mitarbeiterbesprechungen, Arbeitstage mit legerer Kleidung, Picknicks während der Sommermonate, Champagner nach der Arbeit, wenn wichtige Ziele erreicht wurden und Mitarbeiter mit ihren Partnern zum Essen in ein Restaurant ihrer Wahl einzuladen.

Ein weiteres Programm, um die Servicequalität zu fördern, ist die Auszeichnung ,,Business Partner of the Quarter". Dieser wird von den Mitarbeitern gewählt, um denjenigen Mitarbeiter zu ehren, der sich in den vergangenen drei Monaten ganz besonders um die Belange der Kunden und Kollegen verdient gemacht hat. Er oder sie wird in neuen Mitteilungen sowie anderem Werbematerial rund um Concord herausgestellt.

Hawker und seine Mitarbeiter nennen sich, auf seine Initiative hin, beim Vornamen. Er erklärte, daß diese Maßnahme mit dazubeiträgt, die Teamarbeit zu fördern, und daß er Teamarbeit dringender brauche, als Mr. Hawker genannt zu werden.

Ein weiteres Element der Servicequalität ist das Verfahren der Leistungsbeurteilung, das grundsätzlich alle sechs Monate auf formeller Basis erfolgt. Bei der Bewertung der Leistungsbeurteilung liegt die Betonung auf Servicequalität. Hawker meinte hierzu: ,,Sie müssen Servicequalität messen können, wenn sie jemand leisten soll." In Anbetracht der Tatsache jedoch, daß Servicequalität tagtäglich durch Hawker und die anderen Mitarbeiter kontrolliert wird, würde wahrscheinlich sofort etwas unternommen werden, um eine schlechte Serviceleistung auszugleichen, anstatt eine formelle Leistungsrevision abzuwarten.

Eine weitere personelle Maßnahme bei CCB ging ebenfalls von Hawker aus. Er hatte einen Stempel machen lassen, auf dem stand „Von unseren Kunden". Er ließ alle Gehaltschecks der Abteilungsleiter und Mitarbeiter mit diesem Stempel versehen, um jeden regelmäßig daran zu erinnern, daß der Gehaltscheck nicht von Tom Hawker komme, sondern vielmehr von zufriedenen Kunden. Hawker ist der festen Ansicht, daß die Art und Weise, Kunden zu behalten und damit auch Gehaltschecks, zwangsläufig über eine bessere Servicequalität führen muß.

Eine der bemerkenswertesten Eigenschaften der Concord Commercial Bank – teils wegen der Servicestrategie und teils wegen der Managementphilosophie Tom Hawkers – ist das Fehlen einer formalen Managementstrategie. Concord gründet sich in erster Linie auf einem zwanglosen System, das stark von der Tradition der verbalen Vermittlung des Ideals der Servicequalität abhängt. Wir haben dies immer wieder in den Interviews mit Mitarbeitern und Abteilungsleitern gehört. Kommentare wie beispielsweise „Service ist eine Einstellung bei CCB" bedeutet, daß die Mitarbeiter einen Sinn für Verhaltensnormen entwickelt haben, die Servicequalität beinhalten. Diese Einstellung ist in die Kultur der CCB integriert worden und wird durch beispielhaftes Verhalten zwanglos weitergegeben. Das Beispielhafte spiegelt sich in der Führungsrolle Tom Hawkers wider, das auf diese Weise direkt an den Mitarbeiterstab weitergegeben wird, der seinem Verhalten gegenüber Kunden nachzueifern sucht. Die Bank wird weder von ihrer Politik dominiert, noch werden die Standards der Servicequalität durch sie statuiert, vielmehr wird dies durch einen engagierten Mitarbeiterstab erreicht, der jeden Tag, wenn er bei CCB erscheint, das gewünschte Verhalten zeigt.

Wie sich die Concord-Methode auf die Jahresbilanz auswirkt

Es besteht kein Zweifel daran, daß Tom Hawker und sein Mitarbeiterstab hervorragende Arbeit bei der Bereitstellung eines hochwertigen Kundenservice leisten. Als wir mit Kunden über Servicequalität zu unserem Buch *Winning Banks* sprachen, wurden wir ständig mit Horrorgeschichten über schlechten und nachlässigen Service bombardiert. Das war jedoch nicht der Fall, als wir mit Kunden der CCB sprachen. Sie lobten alle das Serviceniveau, daß Hawker und sein Team für sie bereitstellten.

Was wir von Concord lernen können ist grundsätzlich einfach. Erstens, Hawker ist der Motor in Sachen Kundenservice. Kundenservice ist zu seinem Lebensinhalt geworden, und deshalb ist er auch allen Concord-Mitarbeitern ein Vorbild. Es ist schwer, CCBs Geheimnisse des Serviceerfolgs aufzuzeichnen. Ihre Methode besteht weder aus einem Katalog von Normen, formalisierten Incentive-Programmen, erschöpfenden Schulungsprogrammen noch aus einer Fülle strategischer Pläne. Statt dessen erzählen Ihnen die Mitarbeiter auf die Frage nach ihrem Dienstleistungssystem: ,,Es ist die Art, wie wir hier unsere Arbeit verrichten" oder ,,So würde es Tom (Hawker) machen".

Hawker baut auf ein zwangloses Managementsystem, das seine Strategie und seinen persönlichen Wunsch, einen überlegenen Service zu liefern, wirksam unterstützt. Hawker vertraut darauf, seinen Mitarbeitern ein Vorbild zu sein und erwartet, daß die Mitarbeiter sich gegenseitig ein Vorbild sind. Er ist so fest davon überzeugt, der Bank die notwendigen Verhaltensnormen zur Verfügung zu stellen, daß er sein Büro im Schalterbereich der Bank lassen möchte. Das legt die Schlußfolgerung nahe, daß es zwar im ersten Stock leichter ist, ein Vorstandsvorsitzender zu sein; als Vorbild in Sachen Kundenservice sollte man aber sein Büro im Schalterbereich der Bank haben.

Ein weiterer äußerst wichtiger Bestandteil der Kundenservicestrategie ist, daß die Strategie von Hawker und seinem Team auf ein enggefaßtes Marktsegment ausgerichtet ist. Sie weichen nicht davon ab. Bei dieser Strategie dreht sich alles um den Schlüsselbegriff der Erreichbarkeit. Ob Erreichbarkeit nun bedeutet, die Schalter geöffnet zu haben, WENN es im Interesse des Kunden ist, oder ob Erreichbarkeit bedeutet, dort zu sein, WO der Kunde sie – mittels ihres Kundendienstes – braucht, oder ob Erreichbarkeit einfach bedeutet, WIE der Kunde – aufgrund der kundenorientierten Gestaltung – bedient wird, Concord Commercial Bank bietet Erreichbarkeit.

Im Gegensatz zu anderen Banktypen wird Concord auf zwanglose Weise geführt. Ein Großteil des notwendigen Informationsaustauschs erfolgt mündlich. Hawker führt eine äußerst offene Organisation, in der alle Mitarbeiter sowohl mit Informationen als auch mit Vollmachten versorgt werden, um den hochwertigen Service bieten zu können, für den Concord Commercial Bank bekannt ist. Dies funktioniert aufgrund der starken ,,familiären Kultur". Die Mitarbeiter helfen sich gegenseitig bei dem Ziel, den Kunden einen hervorragenden Service zu bieten.

Eines seiner wichtigsten Anliegen ist es, das Wachstum der Bank unter Kontrolle zu behalten. Concord Commercial Bank wird expandieren müssen, und wenn sie es tut, dann wird die Aufrechterhaltung des Arbeitsplatzumfelds und die Aufrechterhaltung der Kultur von Concord für ihn erste Priorität haben. Er plant dies, indem er die neue Filiale mit altbewährten Mitarbeitern besetzt, die die Tradition von Concord fortführen und gewährleisten, daß Servicequalität das wichtigste Anliegen aller Beteiligten bleibt. Concord ist strategisch gesehen gut gerüstet für den Erfolg in den neunziger Jahren und in der Lage, sowohl mit jetzigen als auch mit zukünftigen Wettbewerbern zu konkurrieren.

Kapitel 8

Kundenservice als Vertriebsstrategie der Seafirst Bank

Stellen Sie sich vor, Sie gehen in eine Bank und fragen nach einem Girokonto, einem Einlagenzertifikat, einer Kreditkarte und einem Big Mac mit Pommes frites. Klingt verrückt? Nicht für Luke Helms, dem Vorstandsvorsitzenden der Seafirst Bank in Seattle, Washington. Helms stellt sich ein Bankensystem auf Franchise-Basis vor, in dem der einzelne Zweigstellenmanager nicht nur sein ,,Geschäft" leitet, sondern seinen Bedarf und die technische Ausrüstung von einer Holding-Gesellschaft kauft. Der einzige Zweck der Holding-Gesellschaft besteht darin, den Standort zu errichten und das Image des Bankensystems zu entwickeln und aufrechtzuerhalten. Die Aufgabe des ,,Geschäftsinhabers" ist es, dem Kunden Produkte und Dienstleistungen zu verkaufen. Stellen Sie sich außerdem, so Helms, das unermüdliche Eintreten für Kundenservice und Profitabilität vor, wenn jeder Geschäftsinhaber sein eigener Chef ist.

Im Vergleich zu dem, was viele Banker als natürlichen Entwicklungsprozeß des Bankgewerbes betrachten, mag Helms Vision atypisch sein. Sie ist jedoch von dem, was Seafirst gegenwärtig zu realisieren versucht, nicht weit entfernt. Doch um die Vorgehensweise der Seafirst Bank verstehen zu können, ist es zunächst einmal wichtig, nachzuvollziehen, wie die Bank dorthin gekommen ist, wo sie heute steht.

Finden Sie Ihre Stärken heraus, und zwar schnell!

Der Wechsel zur gegenwärtig praktizierten Strategie, so Helms, läßt sich auf das Jahr 1982 beziehungsweise 1983 zurückverfolgen. Seafirst verlor eine Menge Geld in der Penn Square Situation, die einen frühzeitigeren Aufkauf notwendig machte, als ursprünglich vorgesehen. Seafirst wurde von der Bank of America aufgekauft, die ihr zwei einfache Direktiven erteilte. Erstens, sie sollte sich lediglich auf den pazifischen Nordwesten konzentrieren und zweitens, sollte sie herausfinden, in welchem Bereich ihre Stärken liegen, und zwar schnell. Helms erläuterte:

„Die Folge von Ereignissen bot uns die einzigartige Gelegenheit, der Bank eine neue Richtung zu geben. Wenn wir 1982 beziehungsweise 1983 noch enorme Gewinne gemacht hätten – denn in den sechziger und siebziger Jahren gehörten wir zu den rentabelsten Banken der Vereinigten Staaten – hätten wir das Geld nicht investiert und hätten keinen Neuanfang gewagt; denn es ist ausgesprochen teuer, Kundenservice zu verkaufen. Er ist wirklich sehr teuer."

Seafirst sah eine Gelegenheit, aus einer Reihe von Bankgeschäften, mit denen sie traditionell zu tun hatte, herauszukommen. Verluste im internationalen Bankgeschäft sowie Verluste bei nationalen Konten außerhalb des Bereichs Nordwest, wo Seafirst etwa 50 Prozent ihrer Geschäfte abwickelte, zwangen die Direktion, ihre gegenwärtige Position im Markt zu überdenken. Die Details stimmten, um dynamisch ins Privatkundengeschäft einzusteigen, doch Helms erläuterte: „Diese Details haben uns früher aufgrund falscher Schlußfolgerungen beeinträchtigt." Mit einem tüchtigen Management-Team vor Ort war die Seafirst Bank bereit, ihren Bankauftrag neu zu definieren und eine Strategie für die Zukunft zu entwickeln.

Das Management-Team der Seafirst sah sich mehrere unterschiedliche Strategien an. Helms behauptete: „Für eine Nischenbank waren wir zu groß. In einigen Gebieten sind wir zwar eine Nischenbank, doch alles in allem gesehen, sind wir zu groß." Eine Kostenführer-Strategie oder – wie Helms es nannte – „eine Kreditgenossenschaft beziehungsweise Sparkassen-Strategie" kam ebenfalls nicht in Frage. Die einzige realisierbare Strategiealternative, die übrigblieb, war, sich als Bank für den Privatkunden zu etablieren. Helms erläuterte:

„ **P**lötzlich stellen Sie fest, daß Sie 150 bis 200 Filialen haben, und daß Sie Produkte verkaufen, daß Sie weder im Bankgewerbe noch im Nischengeschäft sind, daß Sie kein kostengünstiger Produzent sind, sondern daß Sie ein Einzelhändler sind. Da brach uns allen der kalte Schweiß aus, da wir alle ausgebildete Kreditsachbearbeiter waren. "

Marktforschungen lieferten einige Erkenntnisse darüber, wie Seafirst weiter vorgehen mußte. Die Untersuchungen ergaben, daß Banken die Kunden im allgemeinen mit Dingen versorgen, die sie eigentlich gar nicht wollen. Während die Kunden persönlichen Service wünschten, reagierten die Banken mit Geldautomaten und anderen technischen Geräten. Angesichts eines sich schnell wandelnden Finanzdienstleistungsgewerbes wünschten sich die Kunden entsprechende Alternativen, doch statt dessen wurden ihnen die gleichen althergebrachten Dienstleistungen und Produkte angeboten.

Seafirst schickte eine Reihe von Mitarbeitern durchs Land, um mit den besten Einzelhändlern Amerikas zu sprechen; darunter waren auch einige Banken. Doch als sie ihre Nachforschungen abgeschlossen hatten, und das Seafirst-Management ihre Aufzeichnungen prüfte, stellte es fest, daß keiner der zu den Top-Einzelhändlern zählenden Unternehmen eine Bank war. Seafirst ging daraufhin zu den eigentlichen Einzelhändlern und suchte nach Ideen, wie man eine Bank in ein „Einzelhandelsgeschäft" umwandeln könne.

Nordstrom, ein in Familienbesitz befindliches Einzelhandelsunternehmen, das seinen Hauptsitz in Seattle hat und schon immer als hervorragender Kundendienstleister in den Vereinigten Staaten bekannt war, richtete eine der Filialen ein. Sie taten jedoch mehr, als sie nur auszustatten. Nordstrom erklärte, wie sie aussehen solle, warum sie so aussehen müsse, was ein Kundenstrom ist, und wie das Innere gestaltet sein müsse, damit es freundlich wirke. „Unsere erste Strategie war, in den Einzelhandel einzusteigen und in diesem Bereich Marktführer zu werden", sagte Helms.

Der nächste Schritt war ein Besuch bei McDonald's. „Wir verbrachten und verbringen auch jetzt noch viel Zeit bei McDonald's. Ich schicke eine Menge Leute zur „Hamburger Universität". Wir sind dermaßen beeindruckt von ihrer Schulung, daß wir hier das sogenannte Seafirst College gegründet haben, daß nach Art der „Hamburger Universität – Wie man ein Franchise leitet – konzipiert wurde", sagte Helms.

Helms beschreibt die Seafirst Einzelhandelsstrategie als einen dreibeinigen Hocker. Die drei Beine stehen für: Kostensenkung, Vertrieb und Kundenservice. Seafirst führte den folgenden Drei-Phasen-Plan ein:

Phase 1: Kostensenkung

Das erste Bein des Hockers stand für Kostensenkung. Das vorrangige Ziel der Kostensenkung war, die Kosteneinsparungen an den Kunden weiterzugeben. Kostensenkung bedeutete im wesentlichen, cleverer zu arbeiten. Dies wurde weitestgehend durch eine zentralisierte Sachbearbeitung erreicht.

Das Seafirst-Management entfernte die gesamte Sachbearbeitung aus den Zweigstellen, um auf diese Weise dem Personal zu ermöglichen, sich auf den Vertrieb und den Service zu konzentrieren. 1984 zählte Seafirst 8 500 Beschäftigte. Heute arbeiten dort 7 100 Beschäftigte. Die Reduzierung der Mitarbeiterzahl fiel dem Seafirst-Management nicht leicht. Sie nutzten den Vorteil des natürlichen Personalabbaus und der natürlichen Personalfluktuation und beschleunigten die weitere Reduzierung mit Hilfe frühzeitiger Ruhestandsprogramme. Die Reduzierung war kein permanentes Projekt – Personalbedarf wird durch Kundenbedürfnisse bestimmt, ist aber auch kostenabhängig.

Ein Schlüsselelement dieser Kostenreduzierungsmaßnahme war die Entscheidung, die Verwaltungsaufgaben, die jede Zweigstelle in der Vergangenheit eigenständig erledigt hatte, zu zentralisieren.

Dies erforderte jedoch die Investition in eine Großrechneranlage und die Installierung benutzerfreundlicher Terminals im gesamten System. Eine zentral zusammengefaßte Arbeitsgruppe arbeitet mit den Zweigstellen zusammen und ermöglicht somit den Mitarbeitern, sich mehr Zeit für den Vertrieb von Produkten und Dienstleistungen zu nehmen. Nach Marie Gunn, der Senior Vice President und Managerin des Quality Service führte die Maßnahme der Kostensenkung zu einer ,,Abflachung der Organisation und einer drastischen Reduzierung der Mitarbeiterstäbe in den Abteilungen. In der Hauptsache gaben wir die Entscheidungsfindung an die Linienfunktion zurück."

Die Jahresbilanz dieser Kostensenkungsmaßnahme ermöglichte der Seafirst mit etwa 20 Prozent weniger Personal auszukommen, was auf eine Reduzierung von etwa 15 bis 17 Prozent im Vergleich ihrer früheren Kostenstruktur hinauslief. Ein weiterer Aspekt dieser kontinuierlichen Kostenkontrolle und des Interesses an Kundenservice ist die Philosophie des ,,Mach deinen Job von Anfang an richtig." Gunn meinte, ,,Wir haben den Eindruck, daß Kosten und Verkauf hier aufeinandertreffen. Wenn wir unsere Arbeit von Anfang an richtig machen, reduzieren wir die Kosten und liefern einen sehr guten Service."

Phase 2: Eine Verkaufskultur entwickeln

Durch den Aufbau der Verkaufskultur bei Seafirst beginnt man Helms Vision des Bankenwesens wirklich wahrzunehmen. Vor der Liberalisierung des Bankgeschäftes, erklärte Helms, ,,arbeiteten wir nach streng kontrollierten Produkt- und Preisstrukturen. Das Ausschlaggebende bei der Positionierung einer Bank war die bequeme Erreichbarkeit ihrer Zweigstellenniederlassungen." Jetzt bestand die eigentliche Herausforderung darin, so Helms, das Marketing mit Hilfe proaktiver Verkaufsanstrengungen zu verbessern; eine schwierige Aufgabe für eine Branche, die das Bankgewerbe nicht notwendigerweise mit der Kunst des Verkaufens gleichsetzte.

Ein erster Schritt dorthin war, eine Kundenberaterstruktur in den Bankfilialen einzurichten. Seafirst entwickelte drei Stufen der Kundenberatung, die sich durch die Produkte und Dienstleistungen der Bank voneinander unterschieden. Aufgrund der Marktanalyse war Seafirst der Ansicht, daß es notwendig sei, dem Kunden anders als bisher gegenüberzutreten. Mit anderen Worten: Eine harte Verkaufsmethode mußte durch die Fähigkeit, dem Kunden eine konstruktive und solide Finanzberatung anbieten zu können, ausgeglichen werden. Dies verlangte nach einer gänzlich neuen Art der Schulung.

Mit der Implementierung dieses Strategieaspekts begann man vor etwa drei Jahren, als Berater eingeschaltet wurden, die den Mitarbeitern Verkaufstechniken vermitteln sollten. Dieser strengen Verkaufsorientierung lag die Idee zugrunde, daß der *Verkauf die Kunden in das Geschäft holt, aber der Service sie hält*. 1985 waren nach Gunn unter dem Strich 9 700 neue Privatgirokonten weniger eröffnet worden als erwartet. 1986 lag diese Zahl bereits nur noch bei 5 600 Konten. Mit beginnender Verkaufsorientierung kehrte sich diese Zahl jedoch ins Positive um. 1987 belief sich die Zahl neuer Konten auf 9 900 mehr als erwartet; 1988 auf 14 800 und 1989 auf 32 000 Konten. 1990 lag die Anzahl neu eröffneter Konten sogar noch höher.

Ein wesentlicher Aspekt der Verkaufsschulung war die Entwicklung des Seafirst College, das nach dem Modell der ,,Hamburger Universität" konzipiert wurde. Seafirst College war mit Unterstützung der Fakultät der Graduate School of Business der Universität Washington gegründet worden. Die Gruppe der Dozenten des College setzt sich sowohl aus Dozenten der Universitäts-Fakultät als auch aus Seafirsts eigenem Schulungspersonal zusammen. Gegen Ende des Jahres 1989 hatten mehr als 500 Kundenberater von Seafirst die Kurse am Seafirst College absolviert.

Der Kern dieser Schulungsmaßnahme ,,Wie man ein Franchiseunternehmen leitet" ist darauf angelegt, die Zweigstellenleiter dazu zu befähigen, eine Filiale zu führen, die auf die örtlichen Marktbedingungen eingeht. Das ist der entscheidende Aspekt dieser Strategie. *Während das Produkt standardisiert ist, ist es der Service nicht.* Der Service ist auf die spezifischen Nuancen des Marktes, in dem die Filiale agiert, zugeschnitten. Die Gründe hierfür sind einfach. ,,Viele Konsumenten in Washington", so Helms, ,,sind gegenüber Banken, deren Hauptgeschäftsstelle in Städten außerhalb des Staates liegen, negativ eingestellt." In solchen Banken werden Konsumenten- und Geschäftsdarlehen üblicherweise von der regionalen Geschäftsstelle beziehungsweise von der Hauptgeschäftsstelle genehmigt. Das Franchise-Konzept liefert Seafirst in dieser Hinsicht einen wichtigen Wettbewerbsvorteil. Es ermöglicht Seafirst sich nicht als monolithischer Unternehmenskoloß behaupten zu müssen, sondern als ein Familienverbund von 183 Genossenschaftsbanken beziehungsweise Filialen.

In einer Zweigstellenniederlassung der Seafirst beispielsweise, die einen Markt bedient, der vom Fischhandel dominiert wird, akzeptieren die Filialangestellten die Handelslizenz der Fischer als Ausweis statt des Führerscheins. Der Grund hierfür liegt auf der Hand. Seafirst weiß, daß viele der Fischer gar nicht Auto fahren. ,,Wir sind wahrscheinlich die einzige Bank, die das macht. Es ist einer der Gründe, der uns von den anderen Banken unterscheidet", meint ein Angestellter.

Kundenberater werden mit Hilfe eines Videoverfahrens überprüft. ,,Wir nehmen jeden einzelnen Kundenberater auf Video auf und stellen auch nur auf Grundlage eines Videobandes ein und nicht aufgrund der Ausbildung. Wir möchten nur freundliche Leute sehen", sagt Helms.

Diese Verkaufsorientierung wird von einem starken und marktgängigen Produktsortiment unterstützt. Die Produktentwicklung liegt in der Verantwortlichkeit der Hauptgeschäftsleitung der Bank und nicht in der Verantwortlichkeit der Filiale. Ein Beispiel ist das Peak Certificate of Deposit, das dem Kunden über einen kurzen Zeitraum eine hohe Festverzinsung bietet und danach eine variable Zinsstruktur aufweist. Das Produkt war innerhalb einer Woche nach Konzeptionalisierung auf dem Markt, im Gegensatz zu der ansonsten üblichen Drei-Monats-Frist. Das Produkt führte zu mehr als 75 000 neuer Konten mit einem Gesamtbetrag von 900 Millionen US-Dollar. Jedes Produktkonzept wird auf seine Fähigkeit hin untersucht, ob es dem Kunden den notwendigen Service bietet. ,,Alles, was wir verkaufen", so Helms, ,,entspricht Servicestandards. Wenn wir diesen Standards nicht gerecht werden können, dann werden wir das Produkt nicht verkaufen."

Diese auf Ausgleich bedachte dynamische Verkaufsorientierung entspricht dem tiefen und aufrichtigen Wunsch, dem Kunden helfen zu wollen, was wiederum im Einklang mit der Verkaufsmoral steht. ,,Wir sind nicht nur dazu da, ihnen unsere Produkte zu verkaufen, sondern auch, um ihnen zu helfen. Dahinter verbirgt sich die Idee, den Kunden so gut kennenzulernen, daß er als potentieller Kandidat für künftige Verkaufsaktionen betrachtet werden kann", berichtete ein Zweigstellenmanager. ,,Wir sind Führungskräfte, die auf langfristige Geschäftsbeziehungen bedacht sind – das ist es, was uns von anderen unterscheidet. Die meisten Banken gehen nicht in dem Sinne auf den Kunden ein", sagte ein anderer.

Helms wies stolz auf folgendes hin:

,, Ende 1988 konnte Seafirst einen Gewinn von 159,2 Millionen US-Dollar ausweisen, der ein einmaliges, außergewöhnliches Plus von 50,3 Millionen US-Dollar beinhaltete. Es war das Ziel der Bank, mit Ende der Dekade einen Gewinn von 100 Millionen US-Dollar zu erzielen. Die Tatsache jedoch, daß Seafirst ihr Ziel zwei Jahre vor Ablauf des Zeitplans erreichte, beweist, daß die Änderungen hinsichtlich Kostenkontrolle und Verkaufsorientierung funktionieren. "

Leistungsanreize sorgen für die notwendige Motivation der Seafirst-Angestellten. Die Bank entwarf eine flexible Prämienlohnform, die je nach Produkt, Mitarbeiterbeurteilung und Profithöhe wechselt.

Phase 3: ,,Wir erleichtern Ihnen das Tätigen von Bankgeschäften."

Dem Kunden das Tätigen von Bankgeschäften zu erleichtern, ist das Ziel dieser Kundenserviceinitiative. Obwohl er schnell darauf hinweist, daß sie dieses Ziel noch nicht erreicht haben, fügt Helms mit einer gewissen Zufriedenheit und Überzeugung hinzu: ,,Wir werden den Wettbewerb dominieren".

Die Reduzierung der Kosten und die Verkaufsstrategie haben Seafirst einen vorübergehenden Wettbewerbsvorteil verschafft. Um diesen zu festigen, mußte Seafirst – dies ging aus ihrer Marktanalyse hervor – in ihren Märkten die Dienstleistungsbank Nummer Eins werden. Es wird diejenige Bank die erste im Markt und somit Marktführer sein, die ein innovatives Serviceprogramm mit der richtigen Kombination von Serviceelementen anbieten kann.

Der Qualitäts-Service

Der Qualitäts-Service war das Mittel, um Seafirst zur Nummer 1 im Markt zu machen. Er wird durch zwei Ziele bestimmt: zum einen durch die Fixierung auf Service und zum anderen durch die Fixierung auf das Element der Geschwindigkeit. Unter Qualitäts-Service versteht man ein Kundenserviceprogramm, das sich aus folgenden Elementen zusammensetzt: einen 24stündigen Telefonservice, verlängerte Öffnungszeiten, die Garantie einer nur fünfminütigen Wartezeit und die Verpflichtung zu ausgezeichneter Höflichkeit.

Der Telefondienst rund um die Uhr bietet dem Kunden die Möglichkeit, über sieben Tage die Woche, mehr als hundert verschiedene Arten von Transaktionen tätigen zu können.

Jede Zweigstelle ist mit sogenannten ,,courtesy phones" ausgestattet, die für die Laufkundschaft gedacht sind. Die Telefonserviceeinrichtung nimmt jeden Tag über 11 000 Anrufe entgegen.

Verlängerte Öffnungszeiten sind ebenfalls das Ergebnis der Marktanalyse, die das Bedürfnis der Kunden erkennen ließ, die Bank auch nach Feierabend und an Samstagen aufsuchen zu können. Alle Seafirst-Filialen haben fünf Tage die Woche von 9 bis 18 Uhr geöffnet und samstags von 9 bis 13 Uhr. Um mit der Philosophie des Managements unabhängiger Franchiseunternehmen nicht zu brechen, steht es den Zweigstellenmanagern frei, noch längere Öffnungszeiten einzuführen, wenn sie dies für nötig erachten. Der Wunsch, einem hervorragenden Kundenservice gerecht zu werden, ging sogar so weit, daß das Seafirst Management daran dachte, die Bank auch an Sonntagen zu öffnen; doch wie die Untersuchung ergab, war das Interesse der Kunden dafür nicht groß genug.

Die Fünf-Minuten- beziehungsweise 5-Dollar-Garantie verspricht den Kunden 5 US-Dollar, wenn sie länger als fünf Minuten in einer Schlange warten müssen. Diese Regelung hat die Seafirst bislang 61 000 US-Dollar gekostet, weniger als ursprünglich erwartet. Um einen reibungsloseren Ablauf zu gewährleisten, stellte die Seafirst mehr Mitarbeiter ein und realisierte die Idee der sogenannten „express lines". Außerdem wurde das gesamte Zweigstellenpersonal dahingehend geschult, bei Bedarf einspringen zu können und – wenn nötig – Kundenberaterpositionen besetzen zu können, um den Bedürfnissen der Kunden gerecht zu werden. Selbst Zweigstellenmanager wurden mit einer hauseigenen Geldkassette ausgestattet.

Die Hervorhebung höflicher Verhaltensweisen resultierte ebenfalls aus Erkenntnissen der Analyse. Die Befragung ergab, daß Kunden Begleiterscheinungen der Höflichkeit schätzen, wie zum Beispiel Blickkontakt herstellen, Lächeln oder den Kunden beim Namen nennen.

Die Philosophie, die Qualitäts-Service möglich macht

Auch wenn der Qualitäts-Service bei Seafirst erfolgreich verläuft, so beweist er doch die schlichte Manifestation einer beinahe fanatischen und sklavischen Hingabe an eine von Luke Helms aufrechterhaltenen Vision. Wenn man mit Helms über Kundenservice spricht, dann steht außer Frage, daß er sich aufrichtig engagiert, um den bestmöglichen Kundenservice zu bieten. Hier seine Philosophie:

1. Einführung – Was steckt in einem Namen?

Es gab einmal einen griechischen Feldherrn, der mehr als 10 000 Soldaten mit Namen kannte. Man erzählte sich, daß er Wert darauf lege und der Ansicht sei, daß seine Männer ihm diese Mühe mit ihrer absoluten Treue vergelten würden. Er hatte recht. Die Erfolge seiner Schlachten und die Treue seiner Männer wurden zu einer Legende. Bei Seafirst erwartet niemand, daß ein Mitarbeiter 10 000 Kunden mit Namen kennt, doch wir möchten das gleiche Gefühl der Treue bei ihnen hervorrufen.

Jeder freut sich, wenn er mit Namen angesprochen wird. Es gibt uns ein Gefühl der Wichtigkeit, man erkennt uns wieder und bestätigt uns in unserer Persönlichkeit. Aus diesem Grund ist die Anrede der Kunden mit Namen für uns ein wichtiger Bestandteil unseres Engagements, ihnen gegenüber exzellentes Benehmen zu zeigen.

Jedes Jahr startet Seafirst eine Befragung, um die Zufriedenheit der Kunden einschätzen zu können. Die 1988 durchgeführte Befragung lehrte uns zwei Dinge:

- Unsere Kunden schätzen es, mit Namen angeredet zu werden, und
- wir müssen uns in diesem Punkt bessern.

Aus diesem Grund präsentieren wir Ihnen diesen kurzen Schulungsteil. Er versorgt uns mit den notwendigen Strategien und der Kritik, um in uns das Gefühl zu stärken, unsere Kunden nicht nur als Transaktionen zu behandeln, sondern wie Individuen. Im Mittelpunkt steht dabei die Anrede des Kunden mit Namen. Die nachfolgende Übung wird Ihnen einige nützliche Techniken vermitteln, die Ihnen helfen werden, Ihr Gedächtnis zu trainieren.

2. Erwartungen, die an Schalterpersonal und Kundenberater gestellt werden

Es ist dringend erforderlich, daß wir in unseren Zweigstellen ein angenehmes und ein auf den Kunden ausgerichtetes Umfeld schaffen. Deshalb ist es wichtig, daß wir den Kunden, wenn er die Bank betritt, wiedererkennen und ihn mit Namen ansprechen.

Die Erwartungen, die an das Schalterpersonal gestellt werden, umfassen:

Lächeln: Wenn wir aufblicken und bereit sind, einen Kunden zu bedienen, dann sollten wir ihn immer anlächeln.

Blickkontakt herstellen: Eine Möglichkeit einem Kunden Offenheit und Aufmerksamkeit zu demonstrieren, ist, stets Blickkontakt herzustellen.

Name: Das ist unsere Gelegenheit, dem Kunden unser persönliches Engagement zu beweisen. Wenn wir den Namen des Kunden bereits kennen, dann benutzen wir ihn bei der Begrüßung und immer bei Abschluß der Transaktion. Kennen wir den Kunden nicht, dann suchen wir im Verlauf der Transaktion nach dem Namen und benutzen ihn bevor der Kunde die Bank verläßt.

Dank: Es gibt immer eine Möglichkeit, dem Kunden zu danken. Dem Kunden mit Überzeugung zu danken, ist so wichtig wie die Abrechnung am Ende des Tages oder wie jede einzelne unserer täglichen Pflichten. Seien Sie ehrlich. Wo wären wir ohne unsere Kunden?

Lächeln: Das Dankeschön geht auf natürliche Weise mit einem freundlichen Lächeln einher. Das schließt den Kreis – wir beginnen und beenden jeden Kundenkontakt mit einem Lächeln.

Beispiel: Ein Kunde kommt zu unserem Schalter. Wir lächeln, stellen den Blickkontakt her und sagen: ,,Guten Morgen, kann ich Ihnen helfen?" Wir suchen auf der

Transaktion nach dem Namen und sagen: ,,Wie geht es Ihnen, Herr Bradshaw?" Nachdem wir die Transaktion bearbeitet haben, danken wir dem Kunden, indem wir ihn anreden: ,,Vielen Dank, Herr Bradshaw, daß Sie Ihre Transaktion bei Seafirst getätigt haben." Und wir lächeln, wenn wir uns von ihm verabschieden.

Obwohl die Kundenberater die gleichen höflichen Verhaltensweisen wie die übrigen Mitarbeiter zeigen müssen, sollten sie noch einen Schritt weitergehen, wenn sie Qualitäts-Service bieten wollen. Die zusätzlichen Erwartungen beinhalten:

Aufstehen und lächeln: Wenn ein Kunde zu unserem Platz kommt, dann stehen wir immer auf und begrüßen ihn mit einem Lächeln. Begrüßen wir den Kunden, ohne uns von unserem Platz zu erheben, dann signalisieren wir ihm, daß wir zu beschäftigt sind beziehungsweise nicht bereit sind, ihm unsere ungeteilte Aufmerksamkeit zu widmen.

Blickkontakt herstellen: Wir weisen noch einmal auf die Notwendigkeit des Blickkontaktes hin. Wir möchten dem Kunden das Gefühl vermitteln, daß wir offen sind und seine Angelegenheit ernst nehmen. Blickkontakt ist die beste Möglichkeit, dem Kunden zu sagen, daß wir ihm unsere Aufmerksamkeit schenken. Wir ignorieren niemals einen Kunden. Nehmen wir einen Kunden in unserem Bereich wahr, dann hat er erste Priorität. Wir legen die Arbeit, mit der wir gerade beschäftigt sind zur Seite und widmen uns ganz den Bedürfnissen des Kunden. Auch wenn wir bereits einen Kunden betreuen, sind wir dennoch in der Lage, Blickkontakt zu einem zweiten aufzunehmen und ihm zu verstehen zu geben, daß wir ihn wahrgenommen haben. Auf diese Weise fühlt sich der zweite Kunde beachtet.

Die Hand reichen: Es gehört zu unserem Verantwortungsbereich, dafür zu sorgen, daß sich unser Kunde wohlfühlt.

Mit einem festen Händedruck zeigen wir ihm, daß wir für ihn da sind.

Mit Namen ansprechen: Während wir ihm die Hand reichen, leiten wir das Kundengespräch ein. ,,Guten Morgen, mein Name ist Sally Seller. Ich bin eine ... bei Seafirst. Ich möchte meine Kunden persönlich kennenlernen. Darf ich fragen, wie Sie heißen? Ich freue mich, Sie kennenzulernen, Herr ..." Wir benutzen nur dann den Vornamen, wenn der Kunde dies wünscht.

Dem Kunden einen Platz anbieten: Wenn wir die vorausgegangenen Schritte befolgt haben, bitten wir den Kunden, sich zu setzen. Wir nehmen nicht an, daß er sich von selbst setzen wird. Wir möchten, daß er sich in unserer Filiale so wohlfühlt, wie er sich bei uns zu Hause wohlfühlen würde.

Man muß wissen, daß ein ,,Dankeschön" und ein Lächeln für die Arbeit des Kundenberaters so wichtig ist wie für die Arbeit des Schalterpersonals. Nachdem wir die Transaktion zum Abschluß gebracht haben, möchten wir dem Kunden unsere Wertschätzung zeigen, indem wir uns bei ihm bedanken. Das Lächeln erscheint automatisch, wenn das ,,Dankeschön" aufrichtig gemeint ist.

Wir erinnern uns alle an Dinge, die uns wichtig sind. Warum bemühen wir uns nicht, uns an unsere Kunden zu erinnern, von denen unser Lebensunterhalt abhängt?

Es gibt zwei wichtige Dinge, an deren Anwendung wir uns erinnern müssen:
- Prägen Sie sich die Verhaltensweisen für Schalterpersonal und Kundenberater sowie ihre Bedeutung ein.
- Ihre Umsetzung in die Praxis beginnt unmittelbar dann, wenn ein Kunde die Bank betritt. Es ist auch empfehlenswert, sie im Umgang mit Kollegen umzusetzen. Kennen Sie beispielsweise jeden mit Namen, mit dem Sie in der Bank in Berührung kommen? Wenn das nicht

der Fall ist, dann fragen Sie nach seinem Namen und benutzen Sie ihn im normalen Gespräch. Anstatt zu fragen ,,Ist Ihnen die gegenwärtige Rendite des Produkts XY bekannt?", versuchen Sie einmal folgende Fragestellung ,,Becky, ist Ihnen die ...?" Jeder hört seinen eigenen Namen gern, und Übung wird uns dabei helfen, diese Höflichkeit zur Gewohnheit werden zu lassen.

Um uns den Namen eines Kunden einzuprägen, ist es das Beste, wenn wir ihn ständig wiederholen. Es wäre gut, ihn ein paarmal wie selbstverständlich in einem Gespräch zu benutzen. Ein paar typische Beispiele sind die folgenden:
- ,,Guten Tag, Frau Peterson."
- ,,Frau Peterson, Ihr Kontostand beträgt ..."
- ,,Frau Peterson, ich stelle fest, daß Sie über ein beträchtliches Guthaben verfügen. Wissen Sie, daß es Anlagemöglichkeiten gibt, die Ihnen eine größere Rendite bringen?"
- ,,Frau Peterson, vielen Dank, daß Sie vorbeigekommen sind. Kann ich sonst noch etwas für Sie tun?"

Oft ist es schon hilfreich, wenn Sie den Namen des Kunden Ihrer Aussage voranstellen, wie in dem letzten Beispiel. Diese taktische Maßnahme garantiert uns, daß wir den Namen des Kunden deutlich aussprechen und ihn nicht murmeln oder gar verschlucken, wie es der Fall sein kann, wenn er am Ende des Satzes genannt wird. Andere wiederum benutzen die folgende Technik: Nennen Sie den Namen des Kunden, machen Sie dann eine kurze Pause und beenden Sie den Satz. Zum Beispiel: ,,Frau Fernandez, – (kurze Pause) – noch einen schönen Tag!"

3. Mustersituationen für den Gebrauch des Kundennamens
Das folgende Beispiel zeigt, in welch unterschiedlichen Situationen wir den Namen des Kunden benutzen können.

„Was ist, wenn ...?"
... der Kunde jünger ist als ich? Ich komme mir albern vor, wenn ich mit meinen 45 Jahren einem 20jährigen sagen muß: ,,Vielen Dank, Herr Jones ..."

Das Engagement der Seafirst Bank in Sachen Qualitäts-Service sieht vor, daß jeder Kunde, unabhängig davon, wie alt er ist, mit dem gleichen Respekt behandelt werden muß, es sei denn, er bittet darum, bei seinem Vornamen angeredet zu werden.

Die Denkweise Luke Helms basiert auf der These ,,Das Team einer Bank, vom einfachen Angestellten bis zur Führungskraft aufwärts, muß sich in erster Linie auf den Kundenservice konzentrieren und erst in zweiter Linie auf das Bankwesen". Nach dem Mission Statement der Seafirst kommt dem Kundenservice erste Priorität zu. Abbildung 7 ist ein Beispiel für dieses Statement.

Obwohl innovative und marktgängige Produkte für Seafirst und ihre Gesamtstrategie wichtig sind, weist Helms daraufhin, daß eine zu große Abhängigkeit von einer produktzentrierten Bankstrategie unklug sei. ,,Wir verkaufen keine Produkte. Sie sehen nirgendwo, daß wir für Produkte werben. Produktideen können nachgeahmt werden. Unser Schlüssel zum Erfolg ist jedoch der Service, und der kann nicht nachgeahmt werden.

Helms erklärt weiter, daß das Bankwesen die Servicestandards anderer Industrien auf sich übertragen muß, ob das individuelle Bankmanagement dies nun wahrhaben will oder nicht:

Wenn ein Bankdirektor meint, er habe das Serviceniveau, das seine Kunden verlangen unter Kontrolle, dann wird er verlieren. Hier im Nordwesten gibt es einige gute Dienstleistungsunternehmen. Ein Kunde, der seine Bankgeschäfte bei Seafirst erledigt, hat möglicherweise bereits Geschäfte mit Nordstroms gemacht, im QFC (Quality Food Center) oder bei Larry's eingekauft, oder er hat zufällig jemanden kennengelernt, der gerade mit Alaska Airlines eingetroffen ist. Heiliger Strohsack! Und ganz plötzlich gehen Sie in eine Bank und irgendein Tölpel fragt, ,,Kann ich Ihnen helfen?", oder Sie müssen in einer 20 Kilometer langen Schlange warten. Dann fragt sich der Kunde doch, warum kann ich bei meiner Bank nicht die gleiche Servicequalität bekommen wie anderswo auch? Oder gehen Sie zu McDonald's. Warum ist McDonald's so verdammt gut? Sie verkaufen nur einen dämlichen Hamburger. Welches Restaurant in den USA verkauft keine Hamburger beziehungsweise könnte keine Hamburger verkaufen? Wie schaffen sie es, jeden Tag 10 Prozent der amerikanischen Bevölkerung zu versorgen? Es ist unglaublich. Wenn Sie zu McDonald's gehen – wir alle machen es, wenn wir unsere Filialen besuchen –, dann teilen wir uns an einigen unserer Standorte sogar die Parkplätze mit ihnen; die Schnelligkeit und das Maß an Service, den man dort erhält, ist extrem hoch. Wenn die Erwartungen unserer Kunden durch Unternehmen geweckt werden, die wissen, worauf es ankommt, dann verlieren wir, wenn wir nicht wenigsten das Minimum dessen bieten.

Helms ist der Überzeugung, daß Standort und Image im Verantwortungsbereich der Führungskräfte des Konzerns liegen, während Vertrieb und Service zum Verantwortungsbereich der Bankniederlassungen gehören. Eines der größten Probleme, dem er sich gegenübersieht, ist daher das Management der Filialgeschäftsstellen von Konzernebene aus. Da Helms diesmal vom Vorbild eines Automobilkonzerns ausgeht, argumentiert er:

,, Der Konzeption nach arbeite ich für Ford Motor in Detroit. Mir gehören aber nicht die Vertriebstellen. Ich entwerfe die Autos, bin für die Repräsentationswerbung verantwortlich und wähle die Franchiseunternehmen aus. Ihre Aufgabe als Lizenznehmer dagegen ist es, auf professionelle Weise so viel wie möglich zu einem bestimmten Preis zu verkaufen. Das Schwierige an der Sache ist jedoch, die Leute, die auf Konzernebene arbeiten, dazu zu bringen, zu erkennen, daß die Franchiseunternehmen niemandem auf dieser Ebene unterstellt sind. *Es sind unabhängige Unternehmer. Stören Sie sie nicht. Lassen Sie sie in Ruhe und Sie bekommen den besten Kundenservice der Welt.* Wenn jemand eine Beschwerde vorbringt, dann handhaben Sie sie wie ein echter Geschäftsmann. Wir setzen auf die Zukunft. Wir verfügen über die geeigneten Standorte und über geeignete Kostenstrukturen und jetzt haben wir auch noch die notwendige Servicemoral. Niemand kann uns mehr schlagen. "

Helms weiß offensichtlich, wovon er spricht. Seafirst gewinnt pro Monat etwa 10000 bis 12000 Neukunden hinzu.

Diese „Hände-weg-Unterstützung" seitens der Konzernebene funktioniert jedoch nicht immer reibungslos. Marie Gunn berichtete, was passieren kann, wenn es zu einer Störung zwischen den Geschäftsstellen und der Verwaltungsebene des Konzerns kommt. Dieses Beispiel zeigt aber auch, wie einer solchen Störung effektiv begegnet werden kann:

„ Die Verwaltungsaufgaben sind groß. Unser Verkaufspersonal arbeitete dermaßen gut, daß unsere Verwaltung mit der Bearbeitung nicht mehr nach kam. Das Problem war, daß niemand auf Konzernebene wußte, wie gut unser Verkaufspersonal war. Wir hatten gerade eine Baukredit-Kampagne mit einer Reihe wirklich aggressiver Ziele gestartet und die Verwaltung war der Meinung, daß wir diese Ziele unterstützen könnten. Den Bankniederlassungen wurde die Tür eingerannt und die Verwaltung wurde unter Anträgen förmlich begraben. Die Kunden waren ärgerlich, weil die Darlehen nicht schnell genug bearbeitet wurden. Es war eine Katastrophe. Die Niederlassungen waren wütend auf den Konzern und auf jeden von uns. Die Folge war, daß wir Leute einstellen mußten, um ein separates Baukredit-Center mit dem Namen ‚Quick Silver' aufzubauen, das eine garantierte Bearbeitungsdauer hat. Niemand hat je daran gedacht, daß dies passieren würde. Es gab noch eine ähnliche Situation, die ebenfalls in einer Kata-

Das Mission Statement der Seafirst Bank

Die Management Kommission der Seafirst Bank verbrachte kürzlich drei Tage damit, erneut zu überprüfen, wie sich die Bank im vergangenen Jahr entwickelt habe, und wo sie in den kommenden zwölf Monaten stehen will. Diese Konferenzen bestätigen immer wieder die Richtigkeit und Bedeutung unseres Mission Statement. Zu Ihrem Nutzen haben wir sie unten abgedruckt.

Seafirsts Auftrag ist es, die beste Bank des Nordwestens zu werden, die den höchsten Kundenservice bietet, eine hohe Profitabilität erzielt und maßgebliche Marktanteile im pazifischen Nordwesten auf dem Privat-, Geschäfts- und Immobilienmarkt gewinnt.

Das Erreichen der Servicequalität wird durch regelmäßig erfolgende Kundenbefragungen ermittelt. Die Profitabilität ergibt sich aus dem Vergleich mit gleichrangigen Banken. Die Marktanteile werden ebenfalls durch periodische Untersuchungen ermittelt. Über die Ergebnisse dieser Messungen wird dem Vorstand und den Mitarbeitern regelmäßig berichtet.

Der Mitarbeiterstab von Seafirst stellt die einzige und wichtigste Ressource dar, die damit beauftragt ist, diesen Auftrag zu erfüllen. Da jeder von uns zu unserem Erfolg beiträgt, wird Seafirst weiterhin für ein Umfeld sorgen, das jeden von uns ermuntert, erfolgreich zu sein und uns befähigt unser gesamtes Leistungspotential zur Entfaltung zu bringen.

Abbildung 7: Das Mission Statement der Seafirst Bank

strophe endete. Wir boten ein Einlagenzertifikat zu einem nur an Samstagen erhältlichen hohen Kurs an. Wir nannten sie ,,Saturday Specials". Die Niederlassungen riefen ihre Portfolio-Kunden an. An jenem Samstag boten wir ein Einlagenzertifikat zu einem nicht gerade hohen Kurs an und fügten ihm deshalb vier Tickets für einen Ausflug bei, der bis nach Victoria gehen sollte. Es war eine Tagestour. Diese Tickets waren von einem neuen Ausflugsunternehmen zur Verfügung gestellt worden, die dieses Geschäft mit uns machen wollten. Die Mitarbeiter prognostizierten, daß wir 5000 bis 6000 Einlagenzertifikate verkaufen würden; tatsächlich verkauften wir jedoch 11000. Das Ausflugsunternehmen konnte nicht alle Kunden buchen. Sie waren sehr enttäuscht von uns. Ich bekam eine Menge Beschwerden. Ich schickte jedem eine Schachtel Pralinen mit einem persönlichen Schreiben. Den Kunden gefiel das. Das Problem war, daß die Systeme nicht verfügbar waren, um die Zweigstellen zu unterstützen. Die Zweigstellen haben es zu spüren bekommen, weil sie mit den Kunden sprechen mußten. Nicht sie haben die Kunden enttäuscht, sondern wir haben sie enttäuscht. Wir sind nun dabei, ein System einzurichten, um ihnen die Unterstützung zu bieten, die sie brauchen. "

Kundenerhalt

Doch Kundenakquisition allein reicht nicht aus. Der entscheidende Faktor in der Unternehmensführung Seafirsts ist der Kundenerhalt. Helms verdeutlicht dies, wenn er sagt:

„ Ich sage Earl (Earl Shulman ist Stellvertretender Vorsitzender und verantwortlich für die Zweigstellen) jedes Mal: Du erhältst keine Anerkennung, wenn die Filialen kommen und sagen, wir haben im vergangenen Monat 12 000 neue Girokonten eröffnet. Erzähl mir lieber, wie viele aufgelöst wurden. Nur über diese Zahlen läßt sich die Qualität des Kundenservice einschätzen. Es werden einfach noch zu viele Konten wieder aufgelöst. Betrachte es mal von dieser Seite. Jedes Mal, wenn Earl eine dreiprozentige Senkung der Kontoauflösungen bei dieser Bank verzeichnen kann, so kann man dieses Ergebnis mit einer voll ausgereiften Niederlassung vergleichen, die seit fünf, sechs oder sieben Jahren im Geschäft ist. Das ist hart! Es ist wirklich hart, doch die Zahlen sprechen für sich. Wenn wir jeden Monat 12 000 Kunden hinzugewinnen, und er die Verluste auf 6 000 im Monat reduzieren kann, dann gewinnen wir jeden Monat unter dem Strich 6 000 neue Kunden, und das ist wichtig. "

Marie Gunn sprach die Probleme an, den Kundenerhalt zu managen:

„Es ist für den Zweigstellenmanager sehr schwer, den Faktor Kundenerhalt zu managen. Die Zweigstellen fühlen sich sehr unbehaglich mit unseren Zielvorgaben hinsichtlich Kundenerhalt. Sie wissen zwar, wann sie etwas verkauft haben, doch sie wissen nicht, ob sie ein Konto gerettet haben, nur weil sie einer Beschwerde entsprechend nachgegangen sind. Es ist also schwierig, ihnen das klarzumachen. Wir sprechen viel mit ihnen über den Umgang mit Beschwerden und darüber, wie wichtig er ist. In meinem Büro kommen mittlerweile eine Menge Beschwerden an, die die Konzernebene betreffen, und das ist gut, denn sie sollten nicht mit derartigen Problemen belästigt werden."

Helms weist ebenfalls daraufhin:

„Etwa 75 Prozent unserer Kunden kommen zu Seafirst, weil sie mit der Bedienungsweise anderer Banken nicht zufrieden sind. Unsere Kunden laufen raus, um zu Security Pacific zu wechseln und deren Kunden laufen blindlings unseren Kunden in die Arme, die zu ihrer Bank wollen. Sie alle suchen den Top-Service."

Wie stellt sich Helms seine Rolle in der sich wandelnden Bankkultur vor? Er erklärte, daß es im wesentlichen in der Verantwortung des Vorstandsvorsitzenden liege, über den Verlauf des Prozesses zu entscheiden, und dann den Mitarbeitern die entsprechenden Mittel an die Hand zu geben, um diesen Wandel zu realisieren. ,,Inwieweit können Sie bei der Umwandlung in eine Servicebank Fehler machen? Sie können vielleicht Fehler bei der Implementierung machen, doch wohl kaum bei der Bereitstellung eines guten Kundenservice." Er sieht seinen Job im wesentlichen darin, die Mittel zur Verfügung zu stellen.

Shulman vertritt den folgenden Standpunkt:

„Im Grunde genommen müssen Sie die Servicephilosophie regelrecht absorbieren und ihn somit zu einem Teil Ihres täglichen Lebens werden lassen. Sie müssen ihn den Mitarbeitern praktisch vorleben. Das ist die Aufgabe der Führungskraft. Sie müssen ihnen unzählige Male erklären, was wir machen wollen und warum. Ich habe in der Bank noch mit keiner Gruppe gesprochen, die noch nichts über Kosten, Verkauf und Service gehört hätte. Die andere Sache ist, daß sowohl die Mitarbeiter als auch wir sowie alle, die diese Bank leiten, auf den Kunden zugehen müssen. Wir alle nehmen Beschwerden und Anrufe entgegen. Es ist der einzige Weg, um herauszufinden, was los ist. "

Verkauf und Service auf Geschäftsfeldebene

Wie läßt sich die Philosophie Luke Helms sowie die strategische Planung der Seafirst in den Kundenservice auf Geschäftsfeldebene umsetzen? Um diese Frage zu beantworten, müssen Sie mit den Zweigstellenmanagern und den Angestellten sprechen. Dann werden Sie feststellen, daß verschiedene Schlüsselfaktoren den Qualitäts-Service funktionsfähig machen. Einige dieser Faktoren beinhalten das sogenannte Service-Heroes-Program, das Mitarbeiter dazu befähigt, Kontoberichtigungen vorzunehmen und Servicequalität zu bieten.

Service-Heroes

Hinter Service-Heroes verbirgt sich ein Programm, das die Spitzenleistung eines jeden Mitarbeiters im Servicebereich würdigt. Die Bankangestellten können jedes Mitglied des Serviceteams für die Auszeichnung nominieren. Jeden Monat wählt ein Teamleiter zehn Mitarbeiter aus, die eine Prämie von 50 US-Dollar, ein Zeugnis und eine entsprechende Eintragung in ihre Personalakte erhalten. Abbildung 8 gibt die Beschreibung des Service-Heroes-Program wieder.

Im folgenden sollen zwei ,,Servicehelden" der Seafirst beispielhaft genannt werden. Rey ist ein Schalterangestellter, der wegen seines exzellenten Service angesehen ist. Er ist auch ein Service-Hero. Er wurde für sein Verhalten gegenüber einem Kunden belohnt, der eine Reifenpanne hatte. Obwohl Seafirst hinsichtlich

Kundenservice recht optimistisch ist, zeigte Rey ein Serviceverhalten, das in keiner Arbeitsplatzbeschreibung für Schalterangestellte zu finden ist.

Rey saß an seinem Schalter, als er einen Kunden bemerkte, der eine Reifenpanne hatte. Er wechselte den Reifen für ihn. Eine Woche später war er einer Dame behilflich, die Probleme mit ihrem Vergaser hatte. Rey wird etwas verlegen, als er erzählt, wie er einem Kunden, der seine Schlüssel im Auto liegen gelassen hatte, helfen konnte. Der Kunde hatte bereits seit einer halben Stunde verzweifelt versucht, die Tür seines Wagens zu öffnen, als Rey ihn bemerkte. Rey öffnete sie in fünf Minuten.

Der Kunde schaute Rey mit ungläubigen Augen an, als er sah, mit welcher Geschicklichkeit Rey die verschlossene Wagentür öffnete. Rey beeilte sich daraufhin dem Kunden zu versichern, daß er dieser Art von Arbeit nicht berufsmäßig nachgehe.

Holly ist ein weiteres Beispiel dafür, wie bei Seafirst Kundenservice am Arbeitsplatz verstanden wird. Es muß nicht erwähnt werden, daß auch sie eine Serviceheldin ist. Hollys Zweigstellenmanager erinnerte sich an eine Zeit, als sie an einer Mitteilung für ein junges Paar schrieb:

„ **W**ir hatten Probleme, die Unterlagen für das Darlehen zusammenzubekommen. Schließlich hatte ich sie zusammen; doch seine Frau bekam an diesem Tag ein Kind. Sie konnten daher nicht vorbeikommen, um die Papiere zu unterzeichnen. Ich legte sie daher zu einem Zeitpunkt zur Unterschrift bereit, an dem ich selbst nicht in der Bank war. Ich steckte die Unterlagen in einen großen Umschlag und deponierte ihn in unserem Empfangsbereich. Als der Ehemann kam, um sie zu holen, konnte sie niemand finden. Kurze Zeit später fand Holly die Papiere, und es tat ihr leid, daß der junge Mann vergeblich gekommen war. Er hatte seine Frau alleingelassen, nur um festzustellen, daß niemand wußte, wo die Papiere waren. Holly nahm sie aus dem Umschlag heraus, um nach der Adresse zu sehen und stellte fest, daß er nicht weit von ihrer Wohnung entfernt wohnte. Sie nahm also die Papiere mit. Sie klopfte an die Tür und er öffnete mit dem neugeborenen Baby auf dem Arm. Holly lieferte die Papiere persönlich ab. Er war hocherfreut. Ich war natürlich dankbar, weil wir andernfalls die Papiere hätten redokumentieren lassen müssen. "

Programm zur Anerkennung eines hervorragenden Kundenservices

Programmziel: Mitarbeiter des Servicepersonals an der Basis sollen für ihren verdienstvollen Service an unseren Kunden und für die herausragende professionelle Leistung gewürdigt und belohnt werden.

Teilnahmeberechtigung: Alle Mitarbeiter, CSR-Stellen und Kundenservice-Manager.

Wie funktioniert es? Wenn ein Zweigstellenleiter (Manager sollten ihre Kundenservice-Manager ebenfalls bitten, aufmerksam zu sein) in einem der in Frage kommenden Bereiche von einem außergewöhnlichen Kundenerlebnis erfährt, dann:

- Füllen Sie einen *Service-Hero-Kupon* aus und leiten Sie die erste Seite des Kupons direkt an den entsprechenden Mitarbeiter weiter. Das sollte in zeitlicher Übereinstimmung mit dem herausragenden Kundenereignis erfolgen.

- Lassen Sie den Mitarbeiter wissen, daß der Zweigstellenleiter, in Anerkennung dieses herausragenden Dienstes am Kunden, dem Teamleiter der Filiale den Namen des Mitarbeiters nennen sowie eine Schilderung des Kundenereignisses unterbreiten wird – zwecks Nominierung für eine Belohnung und einer Verbreitung dieses Ereignisses innerhalb des Konzerns.

- Schildern Sie nun kurz auf der zweiten Seite des *Service-Hero-Kupons* das Ereignis, und senden Sie es an den Teamleiter der Zweigstelle.

- Am Ende eines jeden Monats wählt jeder Teamleiter die zehn herausragendsten Kundenserviceereignisse der nominierten Mitarbeiter aus. Der vom Teamleiter gewählte Mitarbeiter erhält vom Consumer Banking Group Manager Earl Shulman ein Dankschreiben sowie einen Scheck über 50 US-Dollar. Außerdem erscheint der Name des Mitarbeiters als einer der ,,Servicehelden" des Monats in Seafirst News.

Abbildung 8: Servicehelden

Beispiele eines Servicehelden: Dies sind nur Beispiele; es kommt darauf an, daß Zweigstellenmanager herausragenden Kundenservice wirklich erkennen. Die folgenden Punkte mögen dabei helfen:

- Jemand, der einen möglichen Fehler in der Rechnung eines Kunden erkennt und diesen korrigiert bevor er offensichtlich wird.

- Jemand, der es fertigbringt, aus einem wütenden Kunden, der augenblicklich die Bank wechseln will, einen zufriedenen zu machen, der nicht nur bestehende Konten aufrechterhalten, sondern zusätzliches Vermögen von einer anderen Bank transferieren lassen will.

- Jemand, der einem Kunden etwas zustellt, wenn dieser nicht in die Bank kommen kann (der bereit ist, nach Feierabend dafür einen Umweg in Kauf zu nehmen).

- Wenn ein Kunde sich die Zeit nimmt, Sie darüber zu informieren, daß einer Ihrer Mitarbeiter ihm einen zusätzlichen Dienst erwiesen hat.

- Wenn ein Kunde eine seiner Meinung nach komplizierte und schwierige Transaktion tätigen muß, und Ihr Mitarbeiter ihm nicht nur eine Gefälligkeit erweisen, sondern dem Kunden auch eine viel einfachere Methode für zukünftige Transaktionen zeigen kann.

Abbildung 8: Servicehelden (Fortsetzung)

Warum machen das die Mitarbeiter für Seafirst? Ein Angestellter erklärte es folgendermaßen:

„ Es ist wichtig, daß der Zweigstellenleiter und der Abteilungsleiter merken, daß Sie Initiative zeigen. Es ist einfacher, gegenüber einer anderen Person freundlich zu sein, wenn der Zweigstellenleiter Ihnen die notwendigen Streicheleinheiten gibt, die Sie dann an den Kunden weitergeben können. Natürlich müssen Sie auch die richtige Einstellung mitbringen. Wenn Sie über Mitarbeiter verfügen, die hinter Ihnen stehen und sich auf guten Kundenservice verstehen, dann läuft alles wie von selbst. Wenn die zwischenmenschliche Beziehung innerhalb der Bank stimmt, dann bekommt dies auch der Kunde automatisch zu spüren. "

Ein Zweigstellenmanager drückte es folgendermaßen aus:

„Wir versuchen Mitarbeiter zu gewinnen, die einen hervorragenden Kundenservice bieten können. Wenn ich jemanden finde, der sich engagiert zeigt, dann bemühe ich mich ganz besonders, dieses Verhalten auch anzuerkennen."

All dies führt auf seiten des Mangements und der Mitarbeiter zu einem starken gemeinschaftlichen Engagement für Kundenservice. Wenn man mit den Mitarbeitern der Filialen spricht, so scheint hinter dem, was Helms als „Servicemoral" bezeichnet, ein starkes und offenkundiges Gefühl zu stecken. Es herrscht ein tiefgreifender Teamgeist, der sowohl Manager als auch Mitarbeiter verbindet. Ein Angestellter umschrieb es so: „Es herrscht ein gutes Betriebsklima und den Kunden gefällt das."

Die Tatsache, daß die Mitarbeiter von Seafirst die Servicemoral bekräftigen, ist ein Beweis dafür, daß sie nicht nur den „externen Kunden" einen Dienst erweisen, sondern auch den „internen". Mitarbeiter, die einen ausgezeichneten Service von Kollegen erhalten haben, zeigen sich für diesen Dienst dadurch erkenntlich, indem sie ihnen ein „Thank-you-for-making-it-easier"-Memo schicken. Abbildung 9 zeigt ein solches Memo. Dies zeigt den anderen Seafirst-Mitarbeitern die Dankbarkeit jener Mitarbeiter, denen dieser Dienst zugute kam. Der Wert der so gewürdigten Dienstleistung wird dadurch erhöht und der Teamgeist gestärkt.

Mitarbeiter bevollmächtigen, damit sie Service bieten können

Ein anderer Aspekt des Kundendienstleistungssystems verdient Aufmerksamkeit. Dieser hängt mit der Tatsache zusammen, daß das Unternehmen sehr viel Gewicht auf den Kundenerhalt legt. Jeder Angestellte bei Seafirst hat die Vollmacht, Kontoberichtigungen bis zu 50 US-Dollar vornehmen zu können. Sie dürfen Gebühren stornieren, Gebühren beziehungsweise Schecks rückvergüten, Überziehungsgebühren berechnen sowie Zinsberichtigungen vornehmen – es werden keine Fragen gestellt. Helms erklärte, daß, wenn solche Probleme an ihn herangetragen wer-

> **Thank You For Making It Easier.**
>
> To ____   Branch/Dept. ____
> How You Made It Easier ____
>
> ____
>
> ____
>
> ____ ____ ____
>
> From   Branch/Dept.   Date
> Original – Send to Recipient
> *Seafirst Bank*
> We Make It Easy For You
> Copy – Send to Quality of Service, FAB – 28

Abbildung 9: ,,Thank-you-for-making-it-easier"-Memo

den, er die Änderung in die Hand nimmt. Warum also sollte man diese Änderung nicht an der Serviceschnittstelle machen, und zwar schnell? Nach Äußerungen der Angestellten und Zweigstellenleiter reagieren die Kunden mit Verwunderung. Die Angestellten sagten, daß die Kunden verblüfft darüber seien, daß sie sich so schnell um ihre Angelegenheiten kümmern könnten und sich überrascht zeigten, daß sie nun keinen endlosen Verfahren mehr ausgesetzt seien, bis sie die Zustimmung der Vorgesetzten bekämen. Kundenservice ist ein solch wichtiger Faktor in der Geschäftsphilosophie der Seafirst, daß sie eher eine beträchtliche Geldsumme riskieren, bevor sie auch nur eine Kundenbeziehung aufs Spiel setzen würden.

Wie man der Servicequalität auf der Spur bleibt

Einer der Schlüsselfaktoren, der gewährleistet, daß den Standards der Servicequalität Rechnung getragen wird, ist das von Seafirst eingesetzte, wohldurchdachte ,,Fährtensystem". Kunden werden, wenn sie ein Konto eröffnen und eine Seafirst-Bankkarte beantragen, befragt. Dieses Feedback erlaubt dem Zweigstellenmanager

Rückschlüsse darüber, wie gut die Mitarbeiter den grundlegenden Servicestandards entsprechen. Abbildung 10 zeigt ein solches Befragungsformular.

Den Kern des Kontrollsystems bildet die jährliche, von Marie Gunn durchgeführte Befragung. Die Befragung der 67 000 Kunden wird jedes Jahr durchgeführt, um das Serviceniveau, das Seafirst seinen Kunden bietet, beurteilen zu können.

Es ist interessant, festzustellen, wie die Veränderungen auf dem Serviceniveau der Seafirst Bank von den Kunden wahrgenommen werden. 75 Prozent der Befragten hatten den Eindruck, daß sich das Serviceniveau seit dem Vorjahr verbessert habe. 40 Prozent meinten, es stagniere, während nur 3 Prozent das Gefühl hatten, es habe sogar abgenommen. Das sind eindrucksvolle Zahlen.

Außerdem hat Seafirst ein ,,Shopper-Programm" eingerichtet, das von einem konzernfremden Unternehmen durchgeführt wird. Viermal im Jahr werden in jeder Zweigstelle Testkäufe durch einen Testkäufer getätigt und viermal im Jahr per Telefon. ,,Ziel dieses Programms ist es", so Gunn, ,,den Zweigstellenmanagern eine Möglichkeit zu bieten, das Serviceniveau ihrer Franchiseunternehmen beurteilen und kontrollieren zu lassen.

Inwieweit macht sich das Shopper-Programm in der Jahresbilanz bemerkbar? Helms weist stolz darauf hin:

,, Seafirst hat das Gefühl, daß sie sich mit ihrer Kostenkontrolle, ihren Verkaufs- und Servicestrategien auf dem richtigen Weg befindet. Das Ergebnis von 1989 setzt die Rekordentwicklung fort, die Marktanteile nehmen zu, die Mitarbeitermoral ist hoch und die Konsumentenbegeisterung offenkundig. Die Verbraucherumfrage beweist vor allem, daß sich der Ruf der Seafirst Bank hinsichtlich Kundenpflege, Hilfsbereitschaft und individueller Betreuung entscheidend verbessert hat und sich stetig bessert. Diese Antworten lassen darauf schließen, daß die Seafirst Bank in ihrer Ausrichtung als Retailbank sich einen dauerhaften Wettbewerbsvorteil verschafft hat. "

Umfrage zum Kundenservice

1. Denken Sie über Ihre Bankbeziehung mit Seafirst nach und darüber, wie wichtig Ihnen jeder einzelne der folgenden Faktoren ist, um diese Beziehung weiter aufrechtzuerhalten. (Kreisen Sie für jeden Faktor eine Zahl ein.)

	überhaupt nicht wichtig				Sehr wichtig
Preise/Zinsen	1	2	3	4	5
Kundenservice	1	2	3	4	5
Bequemlichkeit (Ort und Öffnungszeiten)	1	2	3	4	5
Die breite Produkt- und Servicepalette	1	2	3	4	5

2. Welche Seafirst Niederlassung besuchen Sie am häufigsten? (Wenn Sie den Namen nicht wissen, dann nennen Sie die Stadt und die Straße der Filiale.)

   _____

3. Liegt diese Niederlassung näher an Ihrem
   ☐ Wohnort   ☐ Arbeitsplatz   ☐ Schule?

4. Wie würden Sie den Service dieser Seafirst Niederlassung bewerten?

	Schlecht				Ausgezeichnet
Gesamtzufriedenheit mit dem Service	1	2	3	4	5

5. Inwieweit entspricht der Service, den Sie dort erhalten, Ihren Erwartungen?
   ☐ Übersteigt ständig meine Erwartungen
   ☐ Entspricht meinen Erwartungen
   ☐ Entspricht nie meinen Erwartungen

6. Beurteilen Sie nun die Mitarbeiter dieser Seafirst Niederlassung. Bewerten Sie ihre Leistung in den folgenden Bereichen: (Markieren Sie die entsprechende Bewertung.)

	Schlecht				Ausgezeichnet
Grüßen und erkennen Sie sofort	1	2	3	4	5
Sprechen Sie mit Namen an	1	2	3	4	5
Bieten Ihnen einen freundlichen und fürsorglichen Service	1	2	3	4	5
Bedienen Sie schnell und effektiv	1	2	3	4	5
Führen Ihre Transaktionen mit Sorgfalt aus	1	2	3	4	5

Sind in der Lage Serviceleistungen zu erklären	1	2	3	4	5
Sind flexibel	1	2	3	4	5
Lösen Probleme	1	2	3	4	5
Danken Ihnen für dieses Bankgeschäft	1	2	3	4	5

7. Was würden Sie an dieser Bank verändern oder verbessern?
   _____
   _____
   _____

8. Würden Sie sagen, daß sich die Servicequalität bei Seafirst insgesamt verbessert hat, gleich geblieben ist oder im vergangenen Jahr abgenommen hat?
   • hat sich verbessert   • ist gleich geblieben   • hat sich verschlechtert

9. Betrachten Sie Seafirst als Ihr wichtigstes Finanzinstitut (das heißt, wo Sie den Großteil Ihrer Bankgeschäfte erledigen)?
   •Ja   • Nein

10. Seit wann sind Sie Kunde bei Seafirst?
    • Weniger als sechs Monate   • Drei bis fünf Jahre
    • Sechs Monate bis ein Jahr   • Fünf bis zehn Jahre
    • Ein bis drei Jahre   • Zehn Jahre und mehr

11. Wie alt sind Sie?
    • unter 18   • 25–34   • 45–54   • 65–74
    • 18–24   • 35–44   • 55–64   • 75 oder älter

12. Welche der folgenden Kategorien beschribt am besten Ihr jährliches Einkommen?
    • unter 20 000 US-Dollar   • 50 000 – 74 999
    • 20 000 – 34 999   • 75 000 – 99 999
    • 35 000 – 49 999   • 100 000

Vielen Dank für Ihre Auskunft!

Abbildung 10: Befragungsformular der Seafirst Bank

Begleitschreiben

Lieber Seafirst Kunde,

im Namen der Seafirst Bank möcht ich mich persönlich bei Ihnen bedanken, daß Sie Ihr neues FirstChoice Interest Checking Account bei der Vashon Island Bank eröffnet haben. Wir freuen uns, daß wir die Möglichkeit haben, Ihnen unsere Dienste anbieten zu können.

Mit Ihrer Entscheidung für Seafirst geben Sie uns die Gelegenheit, Ihnen zu zeigen, was wir unter einem ausgezeichneten Service verstehen. Unser Ziel ist es, Ihren höchsten Erwartungen zu entsprechen und Ihnen eine bequemere und angenehmere Art der Erledigung Ihrer Bankgeschäfte zu ermöglichen.

Wir sind stets darum bemüht, unseren Kundenservice zu verbessern. Aus diesem Grund erhalten Sie in der Anlage einen kurzen Fragebogen. Wenn Sie ihn ausfüllen und in dem beigefügten frankierten Briefumschlag an uns zurücksenden, wird er uns in unserem Bemühen unterstützen, Ihnen einen noch besseren Service bieten zu können.

Wir danken Ihnen nochmals, daß Sie sich für Seafirst entschieden haben. Wenn wir Ihnen in irgendeiner Weise behilflich sein können, dann lassen Sie es uns bitte wissen. Sie erreichen den Seafirst Kundenservice Tag und Nacht unter der Nummer 1-800-442-6680 (Seattle 461-0800), oder besuchen Sie eine unserer Filialen, die von montags bis freitags in der Zeit von 9 bis 18 Uhr und samstags von 9 bis 13 Uhr geöffnet hat.

Mit freundlichen Grüßen
Quality of Service Manager

Abbildung 11: Begleitschreiben – Beispiel 1

Kundenservice-Umfrage Teil 2

Wir möchten von Ihnen wissen ...

Wie beurteilen Sie den Service, den Sie bislang von Seafirst erhalten haben?

    Schlecht   Ausgezeichnet
    1   2   3   4   5

Inwieweit entspricht unser Service Ihren Erwartungen?

☐ übertrifft meine Erwartungen ☐ entspricht meinen Erwartungen

☐ entspricht meinen Erwartungen nicht

Inwiefern hätten wir Sie besser bedienen können?
_____

	Ja	Nein
Erhalten Sie Ihre Schecks innerhalb von zehn Tagen nach Eröffnung des Kontos?	☐	☐
Waren die Schecks so gedruckt, wie Sie es wünschten?	☐	☐
War die Scheckausfertigung so, wie Sie sie ausgewählt hatten?	☐	☐
Stimmte Ihr erster Kontoauszug?	☐	☐
Fanden Sie sich auf dem Kontoauszug zurecht?	☐	☐
Haben Sie Ihre Scheckkarte mit Ihrer persönlichen Kennnummer innerhalb von sieben Tagen bekommen?	☐	☐

Wie gut wurden Ihnen bei Kontoeröffnung das Konto und seine Besonderheiten erklärt?

    Nicht gut   Sehr gut
    1   2   3   4   5

Abbildung 12: Kundenservice-Umfrage Teil 2

Wurden Ihnen bei der Eröffnung des neuen Kontos zusätzliche Seafirst Dienstleistungen angeboten?

Ja ☐   Nein ☐

Wenn nicht, wären wir Ihnen für konkrete Hinweise dankbar:

_____
_____
_____
_____
_____

Wenn Sie mit einem Persönlichen Kundenberater sprechen wollen, dann kreuzen Sie bitte einen der beiden unten aufgeführten Gründe an (oder beide), und tragen Sie Ihren Namen, Ihre Adresse sowie Ihre Telefonnummer in die dafür vorgesehenen Feldern ein:

☐ Ich möchte über Änderungen beziehungsweise Korrekturen meines Kontos sprechen.

☐ Ich möchte Informationen über Serviceleistungen der Seafirst Bank.

Name   Telefon

Adresse

Stadt   Staat   Postleitzahl

Abbildung 12: Kundenservice-Umfrage Teil 2 (Fortsetzung)

Begleitschreiben

Lieber Seafirst Kunde,

im Namen der Seafirst Bank bedanke ich mich, daß Sie uns als Ihren Kreditkarten-Partner gewählt haben. Da Sie nun Ihre Visa beziehungsweise MasterCard erhalten haben, möchten wir gerne wissen, wie Sie mit unserem Service zufrieden sind.

Das Kunden-Feedback ist sehr wichtig für uns. Unser Ziel ist es, Ihre höchsten Erwartungen noch zu übertreffen und deshalb haben wir diesem Schreiben einen kurzen Fragebogen beigefügt. Wir wären Ihnen sehr dankbar, wenn Sie sich an dieser Aktion beteiligen würden, da die Beantwortung der Fragen nur wenige Minuten beansprucht. Wenn Sie den Fragebogen ausgefüllt haben, schicken Sie ihn bitte in dem beiliegenden Briefumschlag an uns zurück.

Wenn wir irgend etwas für Sie tun können, dann rufen Sie bitte unsere Kundendienstberater unter der Nummer 1-800-552-7302 an.

Wir danken Ihnen nochmals, daß Sie Seafirst als Ihren Partner gewählt haben und freuen uns, Ihnen unsere Dienste anbieten zu dürfen.

Mit freundlichen Grüßen
Quality of Service Manager

Abbildung 13: Begleitschreiben – Beispiel 2

Kundenservice-Umfrage Teil 3

Wir möchten von Ihnen wissen ...

1. Wie würden Sie den Service, den Sie bislang von Seafirst Bankcard Services erhalten haben, beurteilen? (Markieren Sie eine Zahl.)

   Schlecht   Ausgezeichnet
   1   2   3   4   5

2. Warum wählen Sie Seafirst, wenn Sie eine Kreditkarte beantragen möchten? (Bitte geben Sie eine Begründung.)
   Inwieweit stimmen Sie beziehungsweise stimmen Sie den folgenden Äußerungen nicht zu? (Geben Sie für jede eine Zahl an.)

                   Stimme nicht zu   Stimme zu

   Das Antragsformular war
   leicht auszufüllen   1   2   3   4   5
   Ich bekam die Genehmigung
   für meine Kreditkarte pünktlich   1   2   3   4   5
   Der Kreditrahmen ist für meine
   Bedürfnisse ausreichend   1   2   3   4   5
   Ich bekam meine Kreditkarte zur
   vereinbarten Zeit   1   2   3   4   5

4. Erhielten Sie Ihre persönliche Kennnummer innerhalb von vier Tagen nach Erhalt Ihrer Karte? (Geben Sie Ja oder Nein an.)

   ☐ Ja   ☐ Nein

5. War der erste Kreditkartenauszug, den Sie erhielten, vollständig? (Geben Sie Ja oder Nein an.)

   ☐ Ja   ☐ Nein

6. Würden Sie Ihren Kontoauszug als leicht lesbar und verständlich bezeichnen? (Geben Sie eine Zahl an.)

   Sehr schwer   Sehr leicht
   1   2   3   4   5

7. Haben Sie, für den Fall, daß Sie mit Ihrem Kontoauszug nicht zufrieden sein sollten, irgendwelche Vorschläge, wie man ihn vereinfachen könnte? (Bitte nennen Sie Ihren Vorschlag.)

   (Freiwillig) Name: _____
   Kontonummer: _____

   Der folgende Code sagt lediglich etwas über die Art Ihres Kontos aus. Er identifiziert Sie nicht.

Abbildung 14: Service-Umfrage Teil 3

In Form von Rundschreiben können die ausgewerteten Ergebnisse an die Kunden weitergeleitet werden. Wie das im Original aussieht, zeigt Abbildung 15.

Lektionen der Seafirst Bank

Seafirst hat verschiedene Schlüsselfaktoren, die einen hervorragenden Kundenservice ausmachen, dargelegt. Die erste Lektion betrifft das von ihr geforderte Engagement seitens des Top-Managements. Im Gespräch mit Helms beziehungsweise Shulman wurde deutlich, daß Kundenservice nicht nur wichtig, sondern sogar absolut notwendig ist. Auch wenn das Engagement des Top-Managements in den meisten Büchern über Kundenservice als notwendige Voraussetzung kundenorientierter Organisationen immer wieder herausgestellt wird, so wird seine herausragende Rolle dennoch nicht bezweifelt.

Es ist jedoch nicht ungewöhnlich, daß dieses Engagement häufig fehlt. Der Vorstandschef einer Bank, die sich in dieser Richtung verändern wollte, bat uns um einen kurzen Abriß, wie wir seine Bank in eine kundenorientierte Bank umwandeln würden. Nachdem wir unsere Methode umrissen hatten, meinte der Vorstandsvorsitzende, daß er nicht auf seine Top-Manager verzichten könne, um sie an einer Schulung teilnehmen zu lassen. Diese Einstellung erstickt jegliche Mühe im Keim. Wie wichtig ist diesem Vorstandschef der Dienst am Kunden, wenn er und seine Topkräfte nicht bereit sind, an Schulungen teilzunehmen? Dieser Satz trifft unleugbar auf serviceorientierte Organisationen zu: Das Top-Management ist nicht nur im Kundenservice involviert, es ist sogar dazu verpflichtet.

Luke Helms Engagement ist unverkennbar. Wenn er über Kundenservice und dessen Rolle im Bankwesen spricht, hebt sich seine Stimme um einige Dezibel und seine Ausdrucksweise wird lebendiger. Er ist von der Logik der Top-Servicequalität absolut überzeugt.

'OUTSTANDING'
ACCORDING TO OUR CUSTOMERS, 1989 WAS A GREAT YEAR FOR SERVICE

Every year Seafirst asks our clients to tell us how we did. And for 1989, our customers told us we did a great job providing them high quality service.

A revamped and revised one-page survey mailed to 67,000 clients used a new scale of one (poor) to five (excellent) and replaced the '88 four-page survey which used a rating scale of zero to eight to measure customer satisfaction.

"The bank's overall satisfaction score is 4.45," says Marie Gunn, Quality of Service manager. "Nine out of 10 clients gave us a rating of four or five and over half our clients feel our service has improved over last year.

"Our clients gave high ratings for our accuracy, and feel our service has improved," says Earl Shulman, Consumer Banking Group manager. "Although Excel Service played a big role for our clients, the outstanding ratings certainly reflect

IMPORTANT RELATIONSHIP FACTORS

Customer Service	4.65
Convenience (location or hours)	4.55
Prices/rates	4.36
Wide variety of products or services	3.75

> *Our clients gave high ratings for our accuracy, and we scored well in acknowledging clients promptly,...and the quickness and efficiency of service we provided.*

we scored well in acknowledging clients promptly, thanking them for their business, and the quickness and efficiency of service we provided," she says.

"It is impressive that more than half of the respondents everybody's hard work at providing good service."

Additional surveys were distributed in branches, asking them to grade us for 1989. "Surveys were mailed to a sampling of our depositors," explains Gunn. "We received 16,109 surveys back and it was from these that the results of the survey were compiled. Unfortunately, because of the timing, we were unable to include the American Savings branches."

Other results show that nine out of 10 clients surveyed consider Seafirst to be their primary bank with 24 percent joining us within the past three years. Fifty-seven percent indicated they've been with the bank 10 years or more.

Eastern Region scores exceeded those for Western Region on every factor measured, "probably because so many Eastern Region branches are located in smaller, closer-knit communities," says Gunn.

Western Region clients were more motivated by convenience than their East-
(Continued on page 2)

Abbildung 15: Kundeninformationen Teil 1

TOP SERVICE

(Continued from page 1)

ern Region counterparts, but Eastern Region clients attached a greater importance to prices and rates and the wide variety of products or services available.

CHANGE IN SERVICE FROM LAST YEAR	
Improved	57%
Stayed the same	40%
Decreased	5%

Also, within the Eastern Region, ratings given by Central Team clients exceeded those by Eastern Team clients on all factors.

"What the survey told us is that to our clients the most important factor is good customer service," says Gunn. "And one of the areas that needs improvement is addressing our clients by name."

As a result, Quality of Service is formulating a plan to address this issue. "All the branches will be working on action plans which will help them address areas of concern," explains Shulman.

"Surveys measure the percent of satisfaction and dissatisfaction with an organization's products and services," says Shulman. "I'm very pleased with this year's survey results. The personal efforts of all of our branch staff contributed significantly to these gratifying results."

OVERALL SERVICE RATING	
Overall satisfaction with branch visited most often	4.45
Branch Service Consistently exceeds expectations	32%
Meets Expectation	66%
Consistently does not meet expectations	2%

To give you a better idea how our clients rated us, here are the bankwide ratings on some key service qualities and issues. The ratings are graded on a scale of one (poor) to five (excellent).

STAFF SERVICE RATINGS	
Handling your transaction accurately	4.46
Thanking you for your business	4.40
Greeting and acknowledging you promptly	4.40
Serving you quickly and efficiently	4.38
Providing friendly, caring service	4.35
Providing clear explanations of services	4.29
Solving problems/troubleshooting	4.24
Being flexible	4.17
Addressing by name	3.76

Abbildung 15: Kundeninformationen Teil 2

Eine weitere Lektion, die wir von Seafirst lernen können, betrifft die Idee, daß Sie, *,,bevor Sie einen wunderbaren Traum Wirklichkeit werden lassen, Sie zunächst einmal einen wunderbaren Traum haben müssen."* Viele Management-Gurus bezeichnen dies als ,,Vision". Helms Vision wird kristallklar, wenn er das Bankgewerbe mit Retailing vergleicht und noch spezieller mit McDonald's. Sein Konzept des Bankgewerbes auf Franchisebasis mit starker Orientierung auf den Bereich Verkauf ist für die Implementierung seiner Strategie notwendig. Die Vision ist so eindeutig, daß jeder Mitarbeiter, mit dem wir sprachen, das gleiche Modell benutzte, um seine Pflichten innerhalb der Organisation zu erörtern. Seafirst College ist der Inbegriff von Helms Vision des Bankgewerbes. Seafirst College wurde nach dem Vorbild der ,,Hamburger Universität" konzipiert, deren eindeutiger Akzent auf der Führung eines Franchiseunternehmens liegt. Dies ist ebenfalls ein unmißverständliches Kennzeichen seines Engagements für das Konzept des Bankgewerbes auf Franchisebasis und der Bedeutung des Kundenservice, damit dieses Konzept erfolgreich umgesetzt werden kann.

Es ist für Organisationen nicht ungewöhnlich, daß sie keine klare Vorstellung davon haben, wie ihr Profil in den nächsten fünf Jahren aussehen soll. Es ist jedoch gerade dann wichtig, über derartige Informationen zu verfügen, wenn es sich um ein Umfeld handelt, das sich in erster Linie durch Unbeständigkeit auszeichnet. Ohne klar definierte Vision läuft eine solche Organisation Gefahr, zu schwanken und sich ziellos von einer Richtung in die andere zu bewegen.

Einer der Schlüsselfaktoren des gegenwärtigen Erfolgs der Seafirst Bank liegt in der Fähigkeit der Verwaltungsangestellten und des Zweigstellenpersonals, die Art von Service zu bieten, die sie von anderen Organisationen unterscheidet. Die Idee, Mitarbeiter dazu zu befähigen, einen Topservice zu bieten, setzt sich in der amerikanischen Geschäftswelt mehr und mehr durch. Dies erfordert jedoch ein Management, das den Fähigkeiten seiner Mitarbeiter vertraut und sie respektiert. Es erfordert desweiteren ein

Management, das begreift, daß ihre Aufgabe darin besteht, ihre Mitarbeiter in der Bereitstellung eines hochwertigen Kundenservice zu unterstützen. Das Management trägt zwar mit dazu bei, den Kundenservice zu schaffen, doch es sind die Mitarbeiter an der Basis, die ihn leisten.

Die Lektion „Was Sie nicht messen können, können Sie auch nicht managen" basiert ebenfalls auf Erfahrungen der Seafirst Bank. Seafirst hat beträchtliche Summen ausgegeben, um seine Leistungen kontrollieren zu können. An ihrer jährlichen Umfrage beteiligten sich 67 000 Kunden. Die Ergebnisse der Befragung werden jeder einzelnen Bank in der Absicht mitgeteilt, ihnen die Stärken und Schwächen ihres Leistungspotentials vor Augen zu führen. Stärken werden belohnt, Schwächen analysiert. Ohne Kontrollverfahren ist es unmöglich festzustellen, ob den Servicestandards von seiten des Personals Rechnung getragen wird, und ob diese ausreichen.

Kapitel 9

Wie man mit Servicequalität die Kunden des oberen Marktsegments gewinnt: Die Methode der Northern Trust

Wir wurden auf Northern durch einen Artikel in *Forbes* aufmerksam gemacht, der über ihre besondere Art des Kundendienstes berichtete. Doch was wir zunächst lasen, erschien uns nicht ungewöhnlich. Northern ist eine Bank, die behauptet, sie biete einen guten Service. Zeigen Sie uns eine Bank, die das nicht macht! Als wir tiefer in die Geschichte der Northern eindrangen, fanden wir etwas, das wirklich unsere Aufmerksamkeit erregte. *Northern Trust Bank ist eine von vier amerikanischen Banken, deren Erträge aus Gebühren stammen, die die aus zinsbezogenen Quellen stammenden übersteigen.* 1989 lagen die Erträge aus Gebühren mit 55 Prozent über den aus Zinsen resultierenden Erträgen, die lediglich 45 Prozent betrugen. Dem Wertverhältnis nach zu urteilen, mußte es sich hierbei um eine Bank handeln, die einen wirklich guten Einblick in das, was Kundenservice ausmacht und wie man ihn leistet, haben mußte. Wir hatten recht!

Servicequalität ist für Northern nichts Neues

Northerns Kundenservicerezept ist so einfach wie komplex; einfach in dem Sinne, daß es tief in ihrer Kultur verwurzelt ist und komplex in dem Sinne, wie diese Kultur gepflegt und kultiviert wird. Um nachvollziehen zu können, wie Northern eine solch kundenfreundliche Kultur entwickeln konnte, müssen Sie die Geschichte der Northern Trust Bank kennen.

Northern wurde 1889 mit einem Grundkapital von 1 Million US-Dollar gegründet. Seitdem hat sie sich mit einer Bilanzsumme von 10 Milliarden US-Dollar zu Chicagos viertgrößter Bank entwickelt. Sie beschäftigt mehr als 4 300 Angestellte. Northerns Vergangenheit wird durch ihre Bereitschaft zu Innovationen charakterisiert sowie durch die Bereitschaft, sich Gelegenheiten zunutze zu machen. Sie war die erste Chicagoer Bank, die in Zeitungen für sich warb und bahnbrechend wirkte bei der Nutzung von Direct Mail im Finanzdienstleistungsgewerbe.

Die Bankphilosophie der Northern wird am besten als konservativ beschrieben. Dieser Konservatismus hat der Bank dabei geholfen, stetig zu expandieren, selbst während der Jahre der Rezession als sich ihr Treuhandvermögen von 56 Millionen auf 256 Millionen US-Dollar vergrößerte. Seit Jahrzehnten hält Northern, national wie international, an seinem konservativen Wachstumsansatz fest. 1971 kaufte Northern die Security Trust Company in Miami auf und leitete somit die Expansion in einer Reihe klar definierter Zielmärkte ein.

Forderungsausfälle im Energiesektor und bei Dritte-Welt-Darlehen versetzten Northerns Wachstumschart während der achtziger Jahre einen Schlag. Die Bank reagierte darauf, indem sie Weston R. Christopherson holte, der vorher Vorstandsvorsitzender der Jewel Company, einer Großhandels- und Drugstore-Kette aus dem Mittelwesten, war. Christopherson lenkte Northerns Aufmerksamkeit wieder auf seine traditionellen Stärken: auf das Kredit- und Privatkundengeschäft. Im April 1990 schied Christopherson aus und die Teilhaber wählten David W. Fox, den gegenwärtigen Vorsitzenden, zum Vorstandsvorsitzenden.

Northern Trust Corporation, die Holding-Gesellschaft der Bank, besitzt Tochtergesellschaften in Illinois, Arizona, Kalifornien, Florida, New York und Texas, die auf qualitativ hochwertige Treuhand-, Bank-, Investitions- und Finanzberatungs-Dienstleistungen für individuelle Kunden spezialisiert sind sowie auf Kredit-, Betriebs-, Treuhand- und Beratungs-Dienstleistungen für Unternehmen, nationale und internationale Institutionen, gemeinnützige Organisationen und öffentliche Körperschaften. *Ihre Ten-*

denz, die bestmögliche Servicequalität zu liefern, ist ein Wettbewerbsvorteil, der dieses System vorantreibt und sie von anderen Wettbewerbern unterscheidet.

Northerns Strategie verbindet Kundenwissen, Service und Gewinn

Das Vertrauen auf Kundenservice ist für Northern keine neue strategische Option. Nach Aussage von Frederick H. Waddell, dem Senior Vice President für Strategische Planung und Marketing, repräsentiert es vielmehr eine Rückbesinnung auf eine spezifische Stärke der Bank. Das Management der Northern war immer schon der Ansicht gewesen, daß Servicequalität eine Standardgröße sei. 1987 stellte Christopherson die kritische Frage, die zur Rückbesinnung auf Qualität führte: ,,Bieten wir wirklich den Service, den wir glauben, zu bieten?"

Einer der Gründe für Northerns Erfolg ist seine ausschließliche Fixierung auf Zielmärkte, die ein hohes Dienstleistungsniveau erwarten. Zwei dieser Bereiche, der Treuhandservice und das Privatkundengeschäft, sind ,,hochsensible" Segmente mit spezifischen Bedürfnissen. Diese Fokussierung versorgt Northern mit dem Luxus und der Fähigkeit, nachvollziehen zu können, was ihre Kunden wirklich wünschen. Während viele Banken beispielsweise kostensenkende Technologien einsetzten, um die Bearbeitungszeit von Transaktionen zu beschleunigen und die Kosten der Transaktionen zu senken, führte Northern eine Technologie mit einer völlig anderen Philosophie ein. Northern integrierte die Technologie in erster Linie mit dem Ziel, *die Beziehung zum Kunden zu intensivieren.*

Einsparungen waren dabei von sekundärer Bedeutung. Der Schwerpunkt liegt auf dem Kunden und der Beziehung zu ihm und weniger auf den Kosten, die Kundenservice verursachen. Der Kunde steht im Mittelpunkt des strategischen auf den Markt hin orientierten Ansatzes.

Die Verknüpfung zwischen Top-Kundenservice, der auf den Zielmarkt hin ausgerichteten Bemühung und Profitabilität wird im ersten Satz ihres Mission Statement deutlich:

Auftrag der Northern Trust Corporation ist es, den Unternehmenswert zu steigern, indem Kunden in ausgewählten Märkten auf eine Art und Weise bedient werden, die ihren Erwartungen entsprechen beziehungsweise diese noch übersteigen.

Um Northern die Erfüllung ihres Auftrags zu ermöglichen, wurden eine Reihe von strategischen Unternehmenszielen festgelegt. Diese strategischen Ziele beinhalten folgendes:

1. Northern Trust als Finanzdienstleistungsinstitut zu profilieren, daß darauf ausgerichtet ist, ausgewählte Märkte mit einer Mischung aus Qualitätsprodukten und -dienstleistungen zu bedienen, wobei das Risiko-/Prämien-Verhältnis zu unseren Gunsten ausfällt.

Um dieses langfristige Ziel zu erreichen, wurden eine Reihe mittelfristiger Ziele festgelegt:

⇨ Stets darum bemüht sein, Kundenbedürfnisse zu ermitteln und dann unser Sortiment an Fähigkeiten und Dienstleistungen diesen Bedürfnissen anpassen, um starke, für beide Seiten vorteilhafte Beziehungen in ausgewählten Marktsegmenten aufzubauen; und

⇨ da es die Intention des Unternehmens ist, sich auf erfolgreiche Profit-Center zu gründen, die auf individueller Verantwortlichkeit basieren, wird von jeder Person, die bei Northern arbeitet, erwartet, daß sie auf eine Art und Weise agiert, die erkennen läßt, daß die Ziele und das Wohlergehen des Instituts als ganzes über jenen individueller Bereiche stehen. Das individuelle Bemühen ist zwar entscheidend, doch die Teamarbeit über alle Geschäftsfelder hinweg ist eine absolute Voraussetzung.

Das zweite langfristige Ziel bezieht sich ausdrücklich auf das Thema Kundenservice:

2. Die Mitarbeiter von Northern dazu zu veranlassen, unsere Kunden in ausgezeichneter Weise zu bedienen; eine Reihe kurzfristiger Ziele unterstützt dieses langfristige Ziel:

- ⇨ Enttäuschen Sie niemals einen Kunden, dessen Erwartungen in den Kompetenzbereich der Northern Trust fallen; seien Sie statt dessen bemüht, diese Erwartungen vorauszusehen und sie, wenn möglich, noch zu übertreffen;

- ⇨ die Kunden, denen wir zu Diensten sind beziehungsweise versuchen zu Diensten zu sein, stets für die Northern Trust als wichtiger anzusehen als Northern Trust es für sie ist: unsere Kunden als unsere eigentlichen Arbeitgeber betrachten;

- ⇨ uns selbst stets so zu verhalten, daß wir Integrität, Vertraulichkeit, Würde, Respekt, Verständnis und Professionalität ausstrahlen; niemals gesetzliche oder regulative Standards verletzen;

- ⇨ unbedingt Probleme lösen wollen und ein Feedback der Kunden hinsichtlich unserer Leistung begrüßen und erkennen, daß offene Gespräche das Barometer einer erfolgreichen Geschäftsbeziehung sind;

- ⇨ immer in dem Wissen handeln, daß jedes Individuum bei Northern gegenüber dem Kunden das Institut widerspiegelt.

Das letzte langfristige Ziel schließlich umfaßt die folgenden mittelfristigen Ziele:

3. gewährleisten, daß das Arbeiten bei Northern sowohl lohnend als auch spannend ist;

- ⇨ ein Arbeitsumfeld zu fördern, in dem die Mitarbeiter von Northern mit Aufrichtigkeit, Würde und Fairneß behandelt werden, ungeachtet ihrer Rasse, ihres Glaubens, ihres Alters, ihrer Herkunft, ihres Geschlechts oder einer körperlichen Behinderung;

⇨ einen Managementstil zu fördern, der die Mitarbeiter motiviert, unternehmerisch zu denken, entgegenkommend und stolz auf ihre Leistungen zu sein, und der sie dazu veranlaßt, ihr Bestes zu geben. Dieser Stil spiegelt zwei Prinzipien wider: 1. Es liegt in der individuellen und kollektiven Verantwortlichkeit der Mitarbeiter von Northern Trust, den Kunden zu ihrer vollsten Zufriedenheit zu dienen; 2. der durch die Mitarbeiter von Northern Trust erwirtschaftete Gesamtgewinn bestimmt über die Fähigkeit des Unternehmens, den materiellen Lohn mit seinen Mitarbeitern und Aktionären zu teilen, sowie über die weitere Expansion;

⇨ die Einrichtung des Unternehmens in einem ausgezeichneten Zustand zu erhalten, so daß das Arbeitsumfeld eine wirklich angenehme Atmosphäre verbreitet;

⇨ eine Gratifikation bereit zu halten, die mit vergleichbaren Banken konkurrieren kann und die Mitarbeiter auf der Basis von Leistung und Nutzen für das Unternehmen belohnt;

⇨ Maßnahmen zur Gesundheitsvorsorge bereitzuhalten, die konkurrenzfähig sind und zum Wohlbefinden des Individuums beitragen, die aber auch die individuelle Verpflichtung zur Aufrechterhaltung einer gesunden Lebensweise beinhalten sowie die individuelle Verpflichtung, die Kosten der medizinischen Versorgung auf einem vernünftigen Niveau zu halten;

⇨ die Thrift Incentives und Employee Stock Ownership Plans auf einem Niveau zu halten, die sich aufgrund ihrer Großzügigkeit von vergleichbaren Maßnahmen des Bankwesens unterscheiden und deren Höhe von der von dem Unternehmen erzielten kontinuierlichen Verbesserung der Nettoverdienste abhängt.

Wir haben diese Ziele aufgezählt, um den wohldurchdachten Ansatz der Marktdominanz aufzuzeigen, der Northern zu einer der leistungsstärksten Banken der Vereinigten Staaten gemacht hat. Das Mission Statement verbindet die Philosophie der zielgerichteten Vermarktung ausdrücklich mit Kundenservice und Profitabilität. Das erste langfristige Ziel orientiert sich am Zielgruppenkonzept. Die mittelfristigen Ziele gehen einen Schritt weiter, indem sie beschreiben, wie das langfristige Ziel erreicht werden sollte. Der Schlüssel zur Erreichung dieses Ziels liegt in der Idee des *partnerschaftlichen Banking* und der *Teamarbeit*.

Das zweite Ziel vermittelt die Erkenntnis der Northern Trust, daß der qualitativ hochwertige Kundenservice für ihren Erfolg entscheidend ist. Es ist also keine nachträgliche Idee beziehungsweise eine Zeile in einem Paragraphen, die beschreibt, wie die Organisation ihre Geschäfte führen wird.

Das Schlußziel sowie die mittelfristigen Ziele berücksichtigen *die Wichtigkeit, seine Mitarbeiter so zu behandeln, wie Sie Ihre Kunden behandelt wissen möchten.*

Diese drei Ziele lassen eine Managementphilosophie der Northern manifest werden, die sie einzigartig im Bankgewerbe und somit auch repräsentativ für einige der aufgeschlossensten Unternehmen der Vereinigten Staaten sein läßt. Man hat tatsächlich den Eindruck, daß Northern nicht wie eine Bank geführt, sondern eher *wie ein Geschäft geleitet wird*, ein Unterschied, auf den später im Detail eingegangen wird. Eine Möglichkeit, die Idee des Kundenservice umsetzen zu können, ist der sogenannte Signature Service.

Signature Service:
Drücken Sie Ihrer Arbeit einen Stempel auf

Im Mittelpunkt der Servicephilosophie der Northern steht der Signature Service, der das Ideal zur Realität werden läßt. Debra Danziger, stellvertretende Direktorin für Marketing und Unternehmensentwicklung, ist die Leiterin des Signature Service sowie die Leiterin der Qualitätskontrolle. Signature Service wurde 1988 als Vehikel ins Leben gerufen, um Top-Service zu definieren. Nach Danziger ,,stellt Signature Service die Antwort auf die vom Vorsitzenden gestellte Frage dar: ‚Sind wir so gut, wie wir annehmen? Werden wir unserem Ruf gerecht?'" Waddell, Senior Vice President für strategische Planung und Marketing wiederholt diesen Eindruck, indem er Signature Service als ,,Banner des Unternehmens" bezeichnet, das die Rückbesinnung auf Service und Kundenorientierung und ,,den Versuch, die Hebelwirkung einer existierenden Stärke voll auszunutzen" darstelle. Sowohl Danziger als auch Waddell räumen jedoch ein, daß Signature Service ein Konzept ist, das sich noch in der Entwicklung befindet. Im wesentlichen repräsentiert es den Versuch, einen wichtigen und hoch angesetzten unternehmerischen Wert bei Northern spürbar werden zu lassen.

Waddell betont, daß es sich bei Signature Service nicht um eine Aktion des Managements handle, um mittels Service zu konkurrieren. ,,Was wir damit zum Ausdruck bringen wollen ist, daß wir eine starke Dienstleistungsorganisation mit einer tief verwurzelten Kultur sind und diesen Vorteil für uns nutzen."

Danziger fügte hinzu:

,, Gemäß unseres Auftrags ist es unser wichtigstes Ziel, Northern als herausragendes Finanzinstitut innerhalb unserer gewählten Marktsegmente hervorzuheben. Das Problem ist nur die Bedeutung von ‚herausragend'. Signature Service stellt den Versuch dar, genauer zu definieren, was unsere Servicewerte beinhalten. Außerdem gibt es unseren Geschäftseinheiten die Möglichkeit, bestehende Gemeinplätze innerhalb des Signature Service für die Mitarbeiter an der Basis, für die Abteilungsleiter etc., kurz für jeden in der Organisation mit Bedeutung zu füllen. "

Wie wandelt man Platitüden in Realität um? Danziger erklärte:

„Auf vielerlei Weise. Ein wesentlicher Bestandteil ist der definitorische Prozeß. Eine der Platitüden besagt, ‚Wir erleichtern Ihnen das Tätigen Ihrer Bankgeschäfte'. Was bedeutet das? Es bedeutet, daß wir Telefonanrufe innerhalb der Organisation nicht mehr weiterleiten. Es bedeutet, Dinge von Anfang an richtig zu machen. Der Satz selbst kann für verschiedene Leute die verschiedensten Dinge beinhalten. Ein Teil bezieht sich auf Leistungserwartungen; ein Teil bedeutet, diese Werte zu vermitteln und sie ständig durch Botschaften zu unterstreichen, die direkt von dem Vorsitzenden, der Abteilungsleitersitzung, den Jahresberichten oder durch Rundschreiben kommen."

Ein wichtiges Sprachrohr des Signature Service ist das Rundschreiben mit dem gleichnamigen Titel, das bei Northern publiziert wird. Abbildung 16 zeigt ein solches Rundschreiben. Die Rundschreiben beinhalten Informationen über eine Reihe breitgefächerter Themen. Einige betreffen das Cross-selling, wie man sich Probleme zunutze macht, wie man mit Beschwerden am Telefon umgeht, die Bedeutung der internen Kunden, Nullfehlerprogramme, Quality Teams und eine Menge anderer servicebezogener Themen. Inmitten dieser Themen gibt es eine Sparte, die sich „Aus meiner Sicht" nennt und Mitarbeitern der Organisation die Gelegenheit bietet, ihre Sichtweisen hinsichtlich Kundenservice darzustellen.

Der Leiter des Customer Information Center äußerte sich beispielsweise zu dem Problem, wie man auf die Beschwerden unzufriedener Kunden reagieren solle. Er gab folgenden Rat:

„Hören Sie zu und lassen Sie den Kunden reden. Wenn der Banker die Position des Verteidigers einnimmt, so erreicht er damit gar nichts. Wir neigen dazu, die Anrede ‚Sie' seitens des Kunden nicht auf die Bank, sondern auf uns persönlich zu beziehen. Wenn wir dem Kunden die Möglichkeit geben, seinem Problem Luft zu machen, können wir anschließend intervenieren und uns über die Situation Klarheit verschaffen. Jedes Kundenproblem beziehungsweise jede Beschwerde ist eine Gelegenheit, etwas Positives zu bewirken."

Signature Service
Put your mark on your work!

June, 1990

Food For Thought

This issue of Signature Service is filled with various articles based on books, studies and other materials published in the customer service newsletter, **Front-line Service**.

As we continue in our efforts to provide excellent service to our clients and to one another, you may find it helpful to take a moment for some tips and advice.

The information may be new or it may be a reminder of some basic techniques which, when thoroughly carried out could mean the difference between winning over or losing a valued client.

Advice About Good Listening

Logically, about half of the total time you spend communicating is devoted to listening. Unfortunately, that's often the side of the process many people take for granted. They concentrate hard on what they're saying, but slack off when listening, which can waste time, anger others, affect productivity, and hurt an individual's reputation or that of a company.

To improve listening skills, work on these good listening habits:

1. **Develop powers of concentration.** Learn to ignore distractions.
2. **Find something of interest in the information.** You can find areas of interest in most any message.
3. **Overlook speakers' mannerisms.** Don't prejudge the value of a message due to a speaker's delivery or appearance.
4. **Focus on central ideas.** Identify the major points of a message.
5. **Hold your fire.** Separate the tasks of interpreting and evaluating messages.
6. **Work at listening.** Realize that listening entails work, not relaxation.
7. **Pay attention to body language.** Visual cues can help accurately interpret the meaning of a person's works.
8. **Capitalize on thought speed.** Use thought speed to mentally summarize information, anticipate the next point, and listen between the lines to the tone of voice.
9. **Paraphrase remarks.** Summarize a point back to the speaker to check understanding and seek feedback.

Flights Of Anger Can Be Piloted

Angry customers take emotional flights in venting their frustrations that always have a beginning, a peak, and an end -- and can be managed if understood, according to Ralph W. and Victoria J. Dacy, Dacy Training and Communications, El Toro, California, writing in their booklet, How to Avoid Conflict with an Angry Customer.

A normal flight, the authors say, will usually run its course within seconds or minutes if a customer is "left alone" in an emotional outburst. "When you listen reflectively and ask questions about the real problem, there is a dampening effect. Ask a question and your customer feels compelled to answer. When your question is problem related, your customer will realize you are interested in helping solve the problem. This will cut the flight low and short and the customer will quickly become rational."

Abbildung 16: Signature Service Newsletter (Teil 1)

A Sense Of Humor Is Required

Everyone knows how valuable a sense of humor is in dealing with customers. But sometimes we need to be reminded because the ability to see the light side of life is often the first thing to disappear when we get caught up in **doing what has to be done!** Jeanne Robertson, a keynote speaker at the International Customer Service Association conference in Nashville, told attendees, "If you use humor -- not comedy -- on a daily basis, it can be one of the most valuable tools in customer service. Unfortunately, we've been so tuned into stand-up comedy that people think having a sense of humor means being funny."

But having a sense of humor, Robertson says, has nothing to do with being funny. "It has a lot to do with being able to laugh at yourself and to accept things you can't change. If we are going to use humor as part of our strategies for success, we have to see humor in stressful situations and make the most of them. In tense situations some people get sky high. Some people fall apart. Then there are those people who see the humor, make the most of it, and figure out what it means later."

Attitude Is Critical

How important to your company is your attitude with customers? Important enough that you could drive away almost three out of every four people if you make the wrong impression, according to Original Research Corp, II, a Chicago firm that does follow-up calls to six million customers a year for car dealers and other service companies.

Almost 70 percent of the people surveyed by Original Research say they have decided not to go back to a place of business because it seemed the employees didn't care about them or their own work.

"The overriding message we tell our frontline people is that customers don't care how much you know until they know how much you care," says Howard Tullman, president of Original Research. The company coaches people in three areas for good customer service: **Courtesy** (friendly and respectful), **Style** (efficient, responsive, and knowledgeable), and **Attitude** (concerned, helpful, and interested). "The front line is where the battle is won or lost," says Tullman.

A recent Gallup poll supports that sentiment: consumers rated courteous, polite treatment as the top factor in determining the quality of service they receive.

Star Quality

What does it take to provide "star quality" customer service? A checklist created by Development Dimensions International (Pittsburgh, PA) to be used by managers in selecting service-oriented employees is a good set of guidelines for knowing what customers -- and employers -- expect of you on the front line:

- Customer Sensitivity
- Energy
- Impact
- Initiative
- Motivation to Serve Customers
- Oral Communication
- Persuasiveness/Sales Ability
- Resilience
- Situation Analysis/Judgment
- Technical Knowledge
- Work Standards

"Signature Service, Put Your Mark on Your Work," June 1990.

Abbildung 16: Signature Service Newsletter (Teil 2)

Der Manager der Research Services Group sprach Sinn und Zweck der Marktforschung an, um das Serviceengagement zu untermauern. Er sagte:

„Oft sagen wir, wenn wir darüber nachdenken, wie guter Kundenservice eigentlich aussehen muß: ‚Ich weiß es, wenn ich ihn sehe.' Unsere Aufgabe ist es, Qualität zu definieren, indem wir ermitteln, wie unsere Kunden die Dienstleistungen, die wir ihnen bieten, wahrnehmen. In dieser Hinsicht können wir von Northerns gutem Ruf hinsichtlich der Qualität des Kundenservice profitieren."

Der stellvertretende Direktor einer der Verwaltungsbereiche fügte folgenden Standpunkt hinzu:

„Das Engagement unseres Verwaltungspersonals hinsichtlich Servicequalität ist für die Ziele Northerns nicht weniger wichtig. Ob Sie nun einen neuen Mitarbeiter einstellen, Computer Terminals verrücken, Pakete transportieren, einen Scheck bearbeiten oder ein neues Geschäftsdokument tippen, die Bank ist darauf angewiesen, daß das Verwaltungspersonal sie bei der Ausübung ihrer Aufgaben unterstützt. Dies ermöglicht Northern letztendlich, seinen Kunden einen Top-Service bieten zu können. Die Mitarbeiter von Northern verdienen den gleichen Service wie unsere externen Kunden, und wir sind sogar dazu verpflichtet."

Die unterschiedlichen Themen, die in den Rundschreiben angesprochen wurden, lassen den Tatbestand, den Danziger über den sich entwickelnden Service und dem fortwährenden Definitionsversuch anmerkte, sogar noch überzeugender erscheinen. Signature Service bietet allen Mitarbeitern die Möglichkeit, einen so einfachen und wesentlichen Wert wie Service zu nehmen und ihn in der Weise, wie er sich auf ihren Job in den verschiedenen Geschäftseinheiten der Bank auswirkt, zu definieren. Erst auf diese Weise werden eine Reihe von Platitüden in die Realität übertragen.

Der Signature Service Council treibt den Signature Service voran

Die treibende Kraft hinter dem Signature Service ist der Signature Service Council, der sich aus einer Gruppe von Führungskräften aus allen wichtigen Geschäftseinheiten und Verwaltungsbereichen der Bank zusammensetzt. Der Council trifft sich mindestens einmal im Monat, um die Idee zu bekräftigen, daß Service bei Northern ein Prozeß und kein Programm ist. Dem Council sitzen Waddell und Danziger vor. Waddell erklärt den Zweck des Council:

„ **W**ir sind eine aus vielen Bereichen zusammengesetzte Arbeitsgruppe mit einem breiten Erfahrungsschatz. Der Signature Service Council führt Leute aus allen wichtigen Kunden- und Verwaltungsbereichen zusammen, um sich mit Problemen auseinanderzusetzen. Wir kommen zusammen, um Erfahrungen auszutauschen und um voneinander zu lernen, das heißt, um über Dinge nachzudenken, die gut sind und eventuell in anderen Bereichen eingeführt werden könnten. Desgleichen versuchen wir, wenn ein Bereich mit Problemen zu kämpfen hat, diese an die Oberfläche zu holen. Wir kaufen sozusagen Dienstleistungen voneinander. Es ist daher auch wichtig zu erfahren, inwieweit wir uns gegenseitig beeinflussen. "

Danziger erklärte hinsichtlich des Auftrags des Council weiter:

„ **D**er Zweck des Council besteht darin, das Konzept des Signature Service gegenüber der Organisation zu stärken. In dieser Hinsicht sind wir sehr erfolgreich gewesen. Sie können mit jedem hier sprechen und Sie werden feststellen, daß jeder den Begriff ‚Signature Service' kennt. Ferner wollen wir die Idee, daß Servicequalität kein Programm, sondern ein Prozeß ist, fördern. So gesehen, übernahmen wir einen dreifachen Auftrag. Der erste ist seiner Natur nach visionär; man nimmt das Konzept von Signature Service und überträgt es in den jeweiligen Geschäftseinheiten in etwas Bedeutungsvolles, Nachvollziehbares und Faßbares. "

Der zweite Auftrag betrifft den Informationsfluß; fortwährend nach Möglichkeiten suchen, intern die Botschaft zu stärken und auch nach Möglichkeiten suchen, dem Kunden die Botschaft zu vermitteln.

Der dritte Auftrag des Council besteht darin, sich auf Qualität zu konzentrieren. Das Konzept „Qualität" war schwer definierbar. Das hat sich nunmehr zur eigentlichen Aufgabe des Council herauskristallisiert; nach Möglichkeiten der Definition zu suchen, ein Qualitätsniveau zu ermitteln und anzusetzen, daß für diese Organisation angemessen erscheint. Zu diesem Zweck hat Northern ein Qualitätsraster entwickelt und ist gegenwärtig dabei, das Qualitätsniveau für die gesamte Organisation festzusetzen.

Teamarbeit und Relationship Banking

Die Bedeutung der Teamarbeit ist ein entscheidender Faktor des Erfolgs der Northern Trust. Das folgende Beispiel zeigt, inwieweit die Teamarbeit ein typisches territoriales Problem, auf das man in vielen Banken stößt, überwunden hat. Seit 1984 wird bei Northern ein Diskontmakler-Service angeboten. 1989 beschloß das Management, seinen Service in diesem Bereich zu erweitern, indem es seinen Kunden den Vollmakler-Service anbot. Dieses Angebot ergab sich aufgrund von Erkenntnissen aus Untersuchungen, die deutlich machten, daß eine bedeutende Anzahl von Personen mit hohem Nettovermögen eine umfassende Brokerbeziehung unterhielten und aktive Manager ihrer eigenen Portfolios waren.

Für 1990 setzte sich Northern das Ziel von 1 500 neuer Konten. Bis heute hat sie ihr Ziel mit 6 000 neu eröffneter Konten weit überschritten, die zusammen einen Wert von 230 Millionen US-Dollar an Barvermögen und Wertpapieren ausmachen.

Das Interessante an diesem neuen Service ist die Herkunft dieser Konten. Nach Aussage von James Anderson, dem Direktor der

Northern Trust Brokerage, stellen fast 60 Prozent dieser Konten Höhereingruppierungen von Kunden der Diskontdienstleistungen dar, die aus einer Direct-Mail-Kampagne an gegenwärtige Diskontprovisionskunden hervorgegangen sind. *In den ersten sechs Monaten waren jedoch etwa 55 Prozent des Neugeschäftes aufgrund von Empfehlungen seitens des Bankpersonals zustandegekommen, wobei viele institutionelle Kunden aus dem Treuhandbereich weiterempfohlen wurden.*

Die Empfehlungen lassen auf die Art der Teamarbeit bei Northern schließen, die es ermöglicht, den Kunden den Service zu bieten, der sie loyal und zufrieden macht. Brokerage willigte von Anfang an ein, zweimal im Jahr für das Trust Department seine Bücher zu öffnen, um Kandidaten für Dienstleistungen aus diesem Bereich zu ermitteln. Es spricht auch für die Internalisierung der Unternehmensziele hinsichtlich Teamarbeit. Eines der Ziele Northerns hebt ausdrücklich die Idee der Teamarbeit hervor: ,,Die individuelle Bemühung ist entscheidend; doch Teamarbeit über die Geschäftsfelder hinweg ist eine absolute Voraussetzung."

Der Erfolg bei der Einführung des Vollmakler-Service läßt ebenfalls die Bedeutung des Cross-selling bei Northern erkennen sowie ein weiteres Konzept, daß im Mittelpunkt des Kundenengagements steht – das Relationship-Banking. Bei Northern betrachtet man den Kunden als Auftraggeber: Northern ist eine Bank, die auf Geschäftsbeziehungen gründet und nicht auf Transaktionen. Das Personal der Northern sieht hinter dem Kunden in erster Linie den Auftraggeber, weil diese Bezeichnung die Vorstellung von Beziehung in sich birgt, während Kunde eher die transaktionale Orientierung suggeriert.

Northern kümmert sich um seine Mitarbeiter

Northern ist überzeugt von der Idee, daß man seine Mitarbeiter immer so behandeln muß, wie man seine Kunden von ihnen behandelt wissen möchte. Das wahrscheinlich wichtigste Kapital der Northern ist die Loyalität ihrer Mitarbeiter. Es ist diese Loyalität, die mit dazubeiträgt, daß die Northern einen derart hervorragenden Service bieten kann. Abbildung 17 zeigt den Brief eines Kunden, den dieser an David Fox, dem Vorsitzenden und Direktor der Northern sandte.

Das ist nur ein Beispiel des Kundenservice, den ein Kunde bei Northern erwarten kann. Das Serviceniveau, das dieser Sicherheitsangestellte der Northern unter Beweis stellte, ist in einem intensiv im Wettbewerb stehenden Finanzdienstleistungsmarkt einzigartig.

Northern benutzt eine Reihe von Belohnungssystemen, die den Mitarbeitern die Bedeutung ihres Beitrags am Gesamterfolg der Organisation erkennen lassen. Ein Incentive-Programm beispielsweise bindet die Prämie des Mitarbeiters an drei Leistungsstufen. Der größte Teil, etwa 50 Prozent, ist an die Effizienz der Northern Trust Company gebunden. Der zweite größere Teil steht in direktem Zusammenhang mit der Effizienz der Geschäftseinheit des Mitarbeiters, während sich der kleinere Teil direkt auf die Effizienz des Individuums selbst gründet. Diese Art des Belohnungssystems unterstreicht die Bemühungen, um die Teamarbeit in den unterschiedlichsten Geschäftseinheiten zu fördern.

1989 wurde ein Employee Stock Ownership Plan (ESOP) ins Leben gerufen. Im Verlauf der nächsten zehn Jahre sollen 1,5 Millionen Anteile der Northern Trust Aktien an die Mitarbeiter verteilt werden. Die Mitarbeiter von Northern partizipieren außerdem an einem großzügigen ,,Konzept der Vermögensbildung", der den Mitarbeiterbeitrag mit 125 Prozent ergänzt und an die Realisierung der jeweiligen Renditeerwartung gekoppelt ist. Ein bedeutender Teil des Kapitals dieses Plans existiert in Form von Aktien, die, zusammen mit den Aktien aus dem ESOP, nach Aussage von Waddell, ,,den Mitarbeitern von Northern ein Eigentumsrecht von 20 Prozent an Northern verschafft."

Darüber hinaus gibt es noch eine Reihe anderer Mitarbeiterprogramme, die darauf angelegt sind, zu außergewöhnlichen Servicedienstleistungen anzuspornen. Das Staff Recognition Award Program zahlt für die herausragende Leistung eines Mitarbeiters zwischen 250 und 10 000 US-Dollar. Die Notwendigkeit, die täglichen Erfolge eines Mitarbeiters anzuerkennen, gaben Anlaß zur Einführung des Service-Spirit-Program, einem nichtmonetären Anerkennungsprogramm, das die Leistungen der Mitarbeiter öffentlich würdigt.

Northern steht in dem Ruf, für seine Mitarbeiter zu sorgen. Die Bank bietet seinen Mitarbeitern eine Cafeteria, die subventioniert wird, Gymnastik, eine Tiefgarage und verschiedenes mehr. Nach Aussage von Fox: ,,Es ist viel teurer, sich nicht um seine Angestellten zu kümmern."

Wie sich die Methode der Northern in der Jahresbilanz bemerkbar macht

Es besteht kein Zweifel daran, daß Northern es richtig macht. 1989 lag die Betriebsrendite der Northern Trust bei 1,08 Prozent mit einer ausgewiesenen Eigenkapitalrentabilität von 24 Prozent. Diese Zahlen reihen Northern Trust in die Top 11 der 100 größten Banken der Vereinigten Staaten ein, obgleich sie, gemessen an der Größe ihres Vermögens, nur an 52. Stelle steht.

Die Schlüsselkomponente ihres Erfolgs liegt in ihrer Begeisterung für Top-Servicequalität und ihrer festen Überzeugung, daß es gerade dieses hohe Serviceniveau ist, das sie im Markt von anderen unterscheidet. Es gibt verschiedene wertvolle Lektionen, die wir von Northern lernen können.

13. April 1990

Mr. David W. Fox
Vorsitzender und Direktor
Northern Trust Bank

Sehr geehrter Mr. Fox,

ich habe seit 1979 ein Giro- und Geschäftskonto bei der Northern Trust Bank. Normalerweise komme ich um die Mittagszeit zu Northern Trust, um meine Bankgeschäfte zu erledigen. Am 2. April kam ich jedoch erst um 17.15 Uhr, um einen Scheck einzulösen. Ich hatte überhaupt kein Geld mehr. Als ich in die Bank kam, stellte ich zu meiner Überraschung fest, daß keine Schalterangestellten mehr da waren, die meinen Scheck hätten einlösen können.

Ich traf einen Sicherheitsangestellten, der mir erklärte, daß die Schalter bereits um 16 Uhr schließen würden. Ich sagte ihm, daß ich überhaupt kein Geld mehr hätte und auch keine Scheckkarte hätte. Ich erklärte ihm weiter, daß ich nicht einmal mehr das Geld hätte, um mir eine Zugfahrkarte nach Hause zu kaufen. Er fragte mich, wie teuer eine Zugfahrkarte sei und ich antwortete 3 US-Dollar. Daraufhin gab er mir 5 US-Dollar. Er fragte nicht einmal nach meinem Namen, als er mir das Geld gab.

Sie können sich glücklich schätzen, einen solchen Mitarbeiter zu haben. Ihre Kunden werden Northern Trust niemals verlassen bei solchen Mitarbeitern.

Mit freundlichen Grüßen

Ein sehr zufriedener Kunde

Abbildung 17: Brief eines Kunden

Zum einen besitzt Northern Trust eine tiefverwurzelte Kultur, die sich auf Top-Servicequalität gründet. Sie ist daher keine neue strategische Option. Es ist vielmehr der Versuch, die Hebelkraft einer bestehenden Stärke auszunutzen. Es ist auf Dauer jedoch nicht befriedigend, auf Kosten des guten Rufes zu leben. Statt dessen wird Kundenservice als entscheidender kultureller Wert gepflegt und weiterentwickelt. Im Verlauf unserer Interviews mit verschiedenen Mitarbeitern der Northern Trust hörten wir immer wieder folgenden Satz: ,,Der Kunde ist der wichtigste Bestandteil meines Jobs." Auf die Frage, was Northern von anderen Finanzinstituten unterscheide, antworteten sie: ,,Der Unterschied liegt in dem von uns gebotenen Serviceniveau."

Das Interessante dabei ist, daß Northern nicht in so hohem Maße in Serviceschulungen investiert. Ein Großteil ihrer Schulungen erfolgt am Arbeitsplatz. Neue Mitarbeiter erhalten, bevor sie zur Arbeit kommen, einen Brief vom Vorsitzenden der Northern, der sie über die Bedeutung des Signature Service informiert. Während der ersten sechs Wochen ihrer Beschäftigung nehmen sie an einem ,,Willkommens-Meeting" teil, das vom Vorsitzenden selbst geleitet wird. Auf diesem Meeting spricht er nochmals über Kundenservice und dessen Bedeutung für Northern. Doch die eigentlich wichtige und schwerpunktmäßige Schulung erfolgt durch die Kollegen. Erfahrene Mitarbeiter werden zu Vorbildern für neue Mitarbeiter und geben somit die Servicemoral weiter.

Der wahrscheinlich wichtigste Mentor ist der Vorstandsvorsitzende selbst. Waddell berichtete über eine Begebenheit, die der Vorstandsvorsitzende David Fox auf einem Management-Meeting erzählte:

,, Dave erhielt einen Brief von einem seiner Mitarbeiter; in dem dieser noch einmal folgendes Ereignis schilderte: David ging durch die Lobby und sah plötzlich einen alten Einzahlungsbeleg auf dem Boden. Er bückte sich, hob ihn auf und warf ihn in den Papierkorb. Der Mitarbeiter schrieb weiter: ‚Ich habe es gesehen und ich kann nur sagen, wenn dieses Verhalten zu unserem Engagement für Servicequalität gehört, dann hoffe ich, daß ich dem gleichen Engagement gerecht werden kann.'"

Wie Waddell erzählte, war Fox nicht nur gerührt, sondern sogar überrascht über die Reaktion, die diese unbedeutende Tat ausgelöst hatte. Das Werteverständnis zieht sich durch die gesamte Organisation hindurch bis hinunter zum Servicepersonal. Die Feedback-Briefe der Kunden bestätigen das hohe Serviceniveau und den nachweislichen Stellenwert, den die Kundenpflege bei Northern besitzt.

Anna Quinlan leitet die Demand Account Services Organization bei Northern Trust. Sie ist für die Herausgabe von 200 000 Kontoauszügen im Monat verantwortlich. Qualität spielt eine große Rolle in ihrem Job; etwa 28 Prozent ihrer Leistungsziele sind mit Qualität verknüpft. Quinlan ist für eine Reihe von Qualitätsstandards verantwortlich, die darauf abzielen, ihre Organisation bei der Erreichung eines Nullfehlerniveaus zu unterstützen. Der schlechteste Monat zählte 400 Fehler und der beste 32. ,,Bei etwa 200 000 bearbeiteten Kontoauszügen im Monat ist das nicht so schlecht. Es ist aber auch nicht sonderlich gut", fügte sie hinzu.

Ein weiterer wichtiger Aspekt der Serviceorientierung der Northern Trust ist das Interesse des Managements an seinen Mitarbeitern. Northern Trust sieht sich selbst an der vordersten Front bei Mitarbeitervergünstigungen. Das hat der Organisation offensichtlich Dividenden eingebracht. Northern verbindet die Mitarbeiterbelohnung nicht nur mit individueller Leistung, sondern auch mit der unternehmerischen Leistung und der Leistung der Geschäftseinheit. Das hat zur Folge, daß der Mitarbeiter auf diese Weise das ,,Gesamtbild" sowie die eigene Rolle bei der Bereitstellung von Servicequalität besser versteht. Selbst wenn sie internen statt externen Mitarbeitern zu Diensten sind, so birgt auch dieses Kompensationsbild die Vorstellung in sich, daß jeder seine Rolle im Kundenservice spielt.

Northern Trust ist eine pflichtbewußte Organisation. Sie ist der Überzeugung, daß sie, um das Serviceniveau zu erreichen, das notwendig ist, um ihre Position im Markt behaupten zu können, sicherstellen muß, daß ihre Mitarbeiter gut versorgt sind. Dies führt zu Loyalität seitens der Mitarbeiter und setzt den ,,Zyklus des guten Service", der in Kapitel 1 bereits beschrieben wurde, in Gang.

Die Northern Trust wird wie ein Geschäftsunternehmen geführt. Wenn Sie mit dem Management sprechen, haben Sie den Eindruck, Sie unterhalten sich mit den Mitarbeitern von IBM, Ford Motors oder mit irgendeinem anderen Unternehmen, aber nicht mit einer Bank. Der Unterschied ist schwer zu beschreiben, manifestiert sich aber in einem soliden Planungsansatz mit wohlformulierten Zielsetzungen, mit Standards, die die Resultate regeln und Kontrollsystemen, die ermitteln, ob den Zielsetzungen Rechnung getragen wird. Es ist die Annäherung an ein Bankgewerbe, das geschäftsmäßig und äußerst professionell ausgerichtet ist. Es setzt stärker auf ein strukturiertes Managementsystem im Gegensatz zum individuellen Charisma eines Individuums beziehungsweise eines informellen Managementsystems.

Kapitel 10

Die Service-Lektionen von vier marktführenden Banken

Sie haben nunmehr die Ausführungen über vier verschiedene Banken gelesen, die in vier verschiedenen Teilen des Landes angesiedelt sind und den Top-Kundenservice dazu benutzen, um vier verschiedene Strategien zu verfolgen. So unterschiedlich die strategischen Positionen und Managementstile auch sein mögen, so gibt es doch eine Reihe von Charakteristika, die in allen vier Programmen der Spitzenleistung enthalten sind. Im letzten Kapitel wollen wir daher einige Elemente der jeweiligen Strategien untersuchen, von denen wir glauben, daß sie in allen Banken vertreten sind. Die folgenden zehn Lektionen sind die Essenz dessen, was diese vier Banken im Markt hervortreten läßt.

Lektion 1:
„Bevor Sie einen großen Traum Wirklichkeit werden lassen, müssen Sie einen großen Traum haben."

Dies ist eine besonders wichtige Lektion für jene Manager, die sich mit dem Gedanken tragen, zum Kundenservice als strategische Option zu wechseln. Wie Sie aus der Erörterung der Seafirst Bank erfahren haben, hat Luke Helms solide Vorstellungen davon, wie Seafirst im Markt konkurrieren muß. Sein eigentliches Vorbild ist McDonald's, mit Komponenten von Nordstroms und anderen erfolgreichen Einzelhändlern. Seine Vision des Bankwesens dreht sich um die Idee unabhängig geführter Franchiseunternehmen, deren Hauptgeschäftsstellen den Verwaltungsservice leisten. Um diesen Traum Wirklichkeit werden zu lassen, durfte Helms seine Organisation nicht aus der traditionellen Perspektive des Bankwesens betrachten, sondern aus der radikaleren, aber zeitgemäßeren Perspektive des Einzelhandel. Helms sagte: ,,Plötzlich stellten wir fest, daß wir 180 Einzelhandelsgeschäfte besaßen, und wir im Einzelhandel waren."

Die Verwirklichung der Vision begann mit einer mühsamen und gründlichen Analyse der gegenwärtigen Wettbewerbsposition und wie diese sie in Zukunft aussehen sollte. Wenn das Retailbankgeschäft die Richtung war, die Seafirst von nun an einschlagen sollte, dann wollte Helms sich nach einem der erfolgreichsten Einzelhändler des Landes orientieren. Dieses Festhalten an einer Vision hat das Fällen von Entscheidungen bei Seafirst mitbestimmt und geht sogar über die gegenwärtige Situation hinaus. Helms macht es Freude über die Vorstellung zu sprechen, Filialen als Franchiseunternehmen zu verkaufen und das einzelne Unternehmen sich selbst zu überlassen, ganz so, wie es McDonald's gegenwärtig macht. Helms steht voll und ganz hinter seiner Vision des Seafirst Bankenwesens. Die Entwicklung des Seafirst College, das dem Modell der ,,Hamburger Universität" bei McDonald's nachempfunden wurde, ist so konzipiert, daß das Management mit dem Instrumentarium und den Fertigkeiten versorgt wird, die notwendig sind, um eine Organisation entsprechend seiner Vision zu führen.

Griffin Norquist von der Bank von Yazoo City erklärt ebenfalls den Ursprung des strategischen Wandels vom Standpunkt der Vision aus, wie seine Bank aussehen muß, um wettbewerbsfähig zu sein. Seine ,,Supermarkttheorie des Bankenwesens" beinhaltet das konkrete Modell, wie eine kleine Genossenschaftsbank gegen eine weitaus größere und gutgeführte Bank konkurrieren muß. Sein Wunsch und seine Initiative, die Bank von Yazoo City zum Vorbild des Kundenservice im Markt zu machen, bringt ihm hohe Dividenden.

Die Vision der Northern Trust ist in ihrem umfassenden Strategieplan erkennbar. Hinsichtlich des Organisationstypus, den Northern Trust für sich gewählt hat, bestehen keine Zweifel. Es ist eine gut durchdachte und eine ausgesprochen gut implementierte Strategie. Darüber hinaus wird Northerns Vision des Kundenservice, wie sie Frederick Waddell und Debra Danziger zum Ausdruck brachten, innerhalb der gesamten Organisation gut vermittelt. Dies wird in Gesprächen mit dem Personal der Northern Trust offenkundig.

Es ist schwierig, über eine Vision zu sprechen, ohne eine der wichtigsten Funktionen eines Vorstandsvorsitzenden zur Sprache zu bringen. Nach unserer Erfahrung im Bankgewerbe wissen wir, daß es viele Top-Führungskräfte gibt, die eher *reaktiv* als visionär ausgerichtet sind. Sie verfügen über keine klare Vorstellung darüber, wie ihre Bank in Zukunft aussehen soll und – was ebenso wichtig ist – wie der Wandel vonstatten gehen soll. Der Sachzwang der tagtäglichen Routinen und Verpflichtungen schränkt die Vision des Top-Managements ein und zwingt zu einer eher kurzfristigen Orientierung. Die meisten der Vorstandsvorsitzenden und der Top-Führungskräfte mit denen wir sprachen, berichteten uns, wie schwierig es gewesen sei, diese langfristige Orientierung zu entwickeln. Jeder von ihnen betonte jedoch, wie wichtig die Vision sei.

Welche Schlüsselfaktoren sind notwendig, um eine Vision Realität werden zu lassen? Zunächst einmal muß sich der Vorstandsvorsitzende an die Vision gebunden fühlen. Er muß an den zukünftigen Status seiner Organisation glauben und alle notwendigen Mittel anordnen, die zur Realisierung notwendig sind. Bei der Bereitstellung dieser Mittel, die zur Verwirklichung der Vision notwendig sind, darf es keine Vorbehalte und kein Zögern geben.

Ebenso wichtig ist die Bereitschaft des Vorstandsvorsitzenden, den Kurs beizubehalten. Es wird eine Reihe von konkurrierenden Kräften geben, die für eine andere Verteilung der Arbeit und der Mittel eintreten. Die Verlockung liegt darin, diese Anstrengungen und Mittel auf Programme oder Vorgehensweisen zu lenken, die wichtiger zu sein scheinen. Es gibt keine Patentlösung, eine strategische Vision in eine unternehmerische Realität umzuwandeln.

Es ist absolut wichtig, diese Anstrengung zu unterstützen. Die Leute, die mit Luke Helms, Griffin Norquist und David Fox zusammenarbeiten, fühlen sich alle der Idee des Top-Kundenservice verpflichtet und werden alles Notwendige tun, um zu gewährleisten, daß ihre Bank diesem Anspruch auch gerecht wird. Wenn Sie diese Leute fragen, was das Wichtigste an ihrem Job ist, dann werden sie antworten, sicherzustellen, daß sich die Mitarbeiter um die Kunden auf eine Weise kümmern, die die Bank von anderen unterscheidet.

Einige Top-Führungskräfte berichteten uns, daß sie sich von Zeit zu Zeit fragen, ob sie die Bank wirklich auf den richtigen Kurs geschickt haben. Eine Veränderung dieser Größenordnung birgt stets ein Potential des Zweifels. Alle ließen jedoch erkennen, daß sie sich dem Ziel verbunden fühlten, ihre Bank zur Top-Bank im Markt zu machen. Schließlich – wie Luke Helms meinte: ,,Kann es falsch sein, seinen Kunden einen Top-Service zu bieten?"

Lektion 2:
,,Wenn der Vorstandsvorsitzende den Kundenservice vorlebt, dann werden ihm die Mitarbeiter folgen."

Richard Starman, der frühere Direktor für Unternehmenskommunikation bei McDonald's erinnert sich an die Zeit, als Ray Kroc noch von Geschäft zu Geschäft reiste, seinen Wagen auf dem Parkplatz parkte und dann begann, das dort herumliegende Papier und den Abfall aufzusammeln. Die Mitarbeiter, die dies vom Fenster aus beobachteten, fragten sich verwundert, wer dieser Bursche wohl sei. Sie können sich die Überraschung vorstellen, als sie erfuhren, daß der Mann mit dem fanatischen Sinn für Sauberkeit kein geringerer als Ray Kroc war.

Und genau das meinten die Top-Führungskräfte, als sie uns erzählten, daß Kundenservice immer an der Spitze der Hierarchie beginnen muß. Viele Kundenserviceinitiativen haben versagt, weil der Vorstandsvorsitzende ganz plötzlich vom Kundenservice begeistert war, ihn aber kurze Zeit später wegen ,,wichtigerer Aufgaben" wieder fallen ließ. Das ist der sichere Weg zum Mißerfolg.

Tom Hawker, Griffin Norquist, Luke Helms und David Fox haben Kundenservice förmlich zu ihrem Lebensinhalt gemacht. Ihr Engagement für einen Top-Kundenservice wird in den täglichen Aktivitäten dieser Top-Führungskräfte offenkundig. Norquist besuchte all die Schulungsseminare, die seine Angestellten auch besuchten. David Fox läßt keine Gelegenheit verstreichen, um seinen Mitarbeitern die Bedeutung des Kundenservice immer wieder vor Augen zu führen oder zu demonstrieren, daß er sich nicht für eine so wichtige Persönlichkeit hält, die sich nicht bücken und ein Stück Papier in der Lobby aufheben könnte. Tom Hawker kann geradezu als Leitfigur in Sachen Kundenservice betrachtet werden. Sein Tun liefert die Standards für beispielhaftes Verhalten, an denen sich seine Mitarbeiter orientieren können.

Es gibt eine Vielzahl von Möglichkeiten, dieses Engagement unter Beweis zu stellen. Wie wir an früherer Stelle bereits erwähnten, verbrachte Griffin Norquist zusammen mit seinen Angestellten viele Stunden in Kundenserviceschulungen. Das machte großen Eindruck auf seine Leute. Sie hatten keinen Zweifel daran, daß Kundenservice ein wichtiger Bestandteil der Geschäftsaktivitäten der Bank von Yazoo City war. Tom Hawker befindet sich immer in der Nähe seiner Kunden, nämlich im Servicebereich. Während er einem Teil seiner Führungsaufgaben nur wenig Aufmerksamkeit widmen kann, verbietet er sich dies gegenüber seinen Kunden. Während der Expansion der Concord Commercial sollte Tom Hawker sein Büro in den Verwaltungsbereich außerhalb des Schalterraums verlegen. Er ist nicht umgezogen, weil dies zum einen den Kontakt zu den Kunden beeinträchtigt hätte und ihm dadurch zum anderen die Möglichkeit genommen worden wäre, seinen Mitarbeitern die Wichtigkeit des Kundenservice zu demonstrieren.

Luke Helms dagegen kann nicht in den Schalterräumen seiner 180 Niederlassungen präsent sein. Sein Engagement zeigt sich statt dessen in der Schaffung der Voraussetzungen, um die Bereitstellung eines Top-Kundenservice zu gewährleisten. Er hat Millionen von Dollar ausgegeben, um Seafirst zu dem Top-Kundendienstleister im Markt umzuwandeln. Außerdem bekräftigen seine täglichen Reisen zu den einzelnen Zweigstellen und seine ständigen Predigten über Kundenservice dessen Bedeutung.

Führung ist ein wichtiges Thema. Die Art von Kundenservice, die notwendig ist, um eine Organisation wie Northern Trust oder eine der anderen Banken zu einem herausragenden Vorbild für Kundenservice werden zu lassen, kann nicht einfach nur gemanaged werden. Es ist nicht möglich, das Verhalten aller Mitarbeiter in dem Maße zu managen. Wie Sie aus den Beispielen herausragenden Kundendienstes ersehen können, handelt es sich hierbei in erster Linie um Personen, die praktisch die Idee, wie ein Top-Kundenservice in die Bank implementiert werden muß, eingekauft haben. Ein wichtiger Bestandteil der Implementierungsbemühungen sind die Führungsqualitäten der Top-Manager.

Diesen Aspekt des Umwandlungsprozesses zu delegieren, würde bei den Angestellten einen negativen Eindruck hervorrufen. Ein Mitarbeiter erklärte: ,,Wenn der Direktor aktiv involviert ist, können wir davon ausgehen, daß etwas Wichtiges in der Bank vor sich geht. Wenn er es nicht ist, verhalten Sie sich am besten ruhig und warten ab bis die Aktion vorüber ist." Eine Mitarbeiterin, in deren Bank die Kundenservicestrategie nie in die Tat umgesetzt wurde, berichtete etwas sehr Aufschlußreiches über diese Bank. Sie sagte, wenn der Vorstandsvorsitzende eine neue Strategie ankündigte, dann hieß es immer: ,,... wieder eine seiner fixen Ideen." Diese Haltung spiegelt einen Mangel an Engagement auf seiten des Managements wider und läßt auf eine Organisation ohne zielstrebige Unternehmensführung schließen. *Kundenservice ist zu wichtig, um nur eine fixe Idee zu sein. Es ist Aufgabe der Führungskraft zu gewährleisten, daß Kundenservice zur Passion wird und somit zur treibenden Kraft der Bank.*

Lektion 3:
„Das Schlimmste für mich war, Kontrolle abgeben zu müssen."

Dies war zwar das Geständnis von Griffin Norquist, gab aber auch ein Gefühl wider, das von vielen Top-Führungskräften geteilt wurde. *Um eine Kundenservicestrategie wirklich funktionsfähig zu machen, ist es notwendig, Entscheidungen dort fällen zu lassen, wo der Kundenservice tatsächlich geleistet wird. All diese Organisationen haben ihre Mitarbeiter mit den notwendigen Vollmachten ausgestattet, um einen Top-Service bieten zu können. Das Management sollte sich nicht in die Dienstleistung einmischen.*

Luke Helms hat die Notwendigkeit erkannt, die Mitarbeiter mit Fertigkeiten auszustatten und ihnen Verantwortung zu übertragen. Er hat zusammen mit der Universität von Washington das Seafirst College gegründet, in dem seine Manager mit Hinblick auf die Führung eines Franchiseunternehmens umfassend geschult werden. Bis heute haben mehr als 500 Mitarbeiter dieses Schulungsprogramm absolviert. Außerdem tut er alles Erdenkliche, um die Mitarbeiter der Hauptgeschäftsstellen aus dem Tagesgeschehen der Filialen herauszuhalten. Er ist der festen Überzeugung, daß Kundenservice dort stattfinden muß, wo er hingehört – auf Kundenebene.

Alle Führungskräfte der von uns untersuchten Banken sind soweit gegangen, ihre Mitarbeiter an der Basis zu bevollmächtigen, Korrekturen in Höhe bestimmter Geldbeträge vornehmen zu können. Verärgerte Kunden, deren Konten aus für sie unerklärlichen Gründen belastet wurden, können sich nun direkt an den Schalterangestellten wenden, um sich Klarheit darüber zu verschaffen. Der Grund dieser Maßnahme? Helms wies darauf hin, daß er sich ohnehin, sobald er die Beschwerde vorliegen habe, davon überzeugen würde, ob man sich um die Angelegenheit dieses Kunden kümmert. Warum den Kunde also so lange warten lassen?

Die gleiche Denkweise hat Griffin Norquist dazu veranlaßt, das Organigramm auf den Kopf und den Kunden somit an die Spitze zu stellen. Norquist ist dabei in der Bank von Yazoo City eine Kultur zur Entfaltung zu bringen, in der der Kunde die maßgebende Rolle spielt. Doch um dies bewerkstelligen zu können, mußte er das alte in vielen Banken noch vorherrschende autoritäre Managementsystem aufgeben. Kundendienst findet an der Basis statt. Seine Aufgabe ist es, sich davon zu überzeugen, daß die Mitarbeiter an der Basis mit dem notwendigen Rüstzeug ausgestattet werden, diesen Kundenservice zu leisten. Er sorgt dafür, daß alle Hindernisse, die diesen Kundenservice mindern könnten, beseitigt werden.

All diese Banken werden von der festen Überzeugung geleitet, daß man den Mitarbeitern nur die entsprechenden Fertigkeiten und das entsprechende Wissen vermitteln muß, damit sie ihren Job besser als andere ausführen können. Dies ist ein wichtiger Aspekt ihres Erfolgs. Die Mitarbeiter dieser Banken erfahren fortwährend, wie sie die Servicequalität leisten können, die ihre Banken von den anderen im Markt unterscheidet. Dies ist auch notwendig, da es hinsichtlich des Serviceniveaus, den die Bank ihrer Klientel bietet, nach oben keine Grenze gibt. Um dieser dynamischen und unstillbaren Forderung nach Service gerecht werden zu können, müssen die auf Top-Service ausgerichteten Banken ihre Mitarbeiter stets mit den Mitteln versorgen, die dazu unabdingbar sind.

Wie erkennen Sie, wann Sie Ihren Mitarbeitern den mit neuen Vollmachten bedachten Status anvertrauen können? Alle Top-Führungskräfte berichteten, daß dies nur über das Verfahren von Versuch und Irrtum feststellbar sei. Einige hatten Angst, daß die Mitarbeiter die Bank ,,verschenken" könnten. Doch anstatt die Bank zu ,,verschenken", mußten Mitarbeiter aktiv dazu aufgefordert werden, Probleme bei Rückvergütungen zu korrigieren. Jene Führungskräfte also, die Angst hatten, ihre Mitarbeiter Kundenbeschwerden hinsichtlich Rückzahlungen beziehungsweise Rückerstattungen selbständig regeln zu lassen – können sich beruhigt zurücklehnen. Die Wahrscheinlichkeit ist groß, daß Ihre Mitarbeiter so knauserig sein werden, wie Sie es sein würden, vielleicht sogar noch mehr.

Lektion 4: ,,Sie können nicht führen, was Sie nicht messen können."

Alle Banken, die wir untersuchten, wendeten eine Menge Zeit, Geld und Mühe auf, ihr Serviceniveau zu überprüfen. Doch gerade das macht den Erfolg ihrer Programme aus.

Die Bank von Yazoo City leitete die Implementierung ihrer Kundenservicestrategie mit einer Vergleichsstudie ihres gegenwärtigen Serviceniveaus ein. Northern Trust und Seafirst überwachten systematisch die Veränderungen auf der Serviceebene. Die Überwachung dient der Identifizierung der Stärken und Schwächen ihres Dienstleistungssystems und wird nicht zur Ahndung von Verstößen benutzt.

In *Winning Banks* präsentierten wir bereits einen Fragebogen, der viele Elemente enthielt, die von den in diesem Buch dargestellten Banken benutzt werden. Unsere Methode der Messung von Servicequalität geht über den einfach bewertenden Zweck hinaus und beinhaltet Möglichkeiten, um jene Servicedimensionen identifizieren zu können, die zur Erklärung des Servicegesamteindrucks seitens des Kunden und seiner Bereitschaft, die Bank einem Freund zu empfehlen, geeignet sind. Dieser Aspekt des Fragebogens ist sehr wichtig, weil er auf der Glaubwürdigkeit der Mund-zu-Mund-Propaganda aufbaut, wie bereits in Kapitel 1 gezeigt wurde.

Die Banken, die wir in unserer Studie untersuchten, orientieren sich an den periodischen Beurteilungen ihrer Kunden. Dies gibt ihnen die Möglichkeit, sich auf jene Aspekte des Dienstleistungssystems zu konzentrieren, in denen sie ihrer Meinung nach Defizite aufweisen. Einige dieser Banken benutzen darüber hinaus verschiedene Beurteilungstechniken. Während die meisten die Methoden der Umfrage nutzen, engagieren andere Banken unabhängige Testkunden als Teil ihrer eigenen Kontrollmaßnahmen. Eine weitere Technik, die häufig erwähnt wird, ist die Zielgruppenbefragung. Diese Gruppen können gerade für kleinere Banken die Beurteilung von Servicewahrnehmung erschwinglich machen. Obwohl es sicherlich qualitative Unterschiede zwischen der statistischen Art der Umfrage und der exploratorischen Art der Zielgruppe geben mag, so kann die letztere durchaus erkenntnisreiche Informationen liefern.

Häufige Beurteilungen sind auch aus einem anderen Grund wichtig. Die auf Wahrscheinlichkeit beruhende Art der Umfragemethodik weist, im Gegensatz zur ,,Momentaufnahme" der Serviceperzeption, auf etwas sehr Wichtiges hin, nämlich auf den Wahrnehmungstrend. Die statistische Theorie bietet Raum für mögliche abweichende Beurteilungen. Das heißt, eine einmalige Beurteilung gibt unter Umständen nicht das ,,wirkliche" Niveau des wahrgenommenen Service wider. Mehrfache über einen bestimmten Zeitraum erfaßte Beurteilungen mindern die potentielle Abweichung und geben den Führungskräften ein realistischeres Bild der tatsächlichen Kundenperzeption. Eine zu nur einem bestimmten Zeitpunkt ermittelte Informationsquelle reicht nicht aus, um die Komplexität der Servicebeziehung zwischen Bank und Kunden zu erfassen.

Mehrere Beurteilungsverfahren wären für einige unserer Banken hilfreich gewesen, die das Wesentliche des Beurteilungsverfahrens nicht verstanden haben. Einige unserer Kunden sind mit einer einzigen Beurteilung ihres Serviceniveaus zufrieden. Die Führungskräfte schauen sich die Zahlen an und sagen: ,,Alles in Ordnung. Wir brauchen keine weiteren Umfragen durchzuführen." Diese Antwort impliziert, daß es sich bei Kundenservice um eine statische und nicht um eine dynamische Dimension der Bankleistung handelt. Darüber hinaus benutzt das Bankmanagement diese Informationen selten, um dieses entscheidende Element strategischen Outputs für sich nutzbar zu machen. Fallen die Informationen positiv aus, so neigt das Management dazu, sie als Bestätigung dessen zu werten, was es schon immer gewußt hat. Andere haben schlechte Nachrichten gar nicht berücksichtigt. Anstatt Umfragen als Mittel zu nutzen, um potentielle Probleme in Angriff zu nehmen, machen sie die Umfrage für „offensichtlich falsche Informationen" verantwortlich. Dieser Mißbrauch des Beurteilungsverfahrens zeigt sich normalerweise bei jenen Banken, die Lektion 1 und 2 ignorieren.

Ein letzter Punkt hinsichtlich des Beurteilungsverfahrens sollte noch erwähnt werden. Viele Banken vergleichen sich mit anderen, um auf diese Weise die Qualität ihres Service bestimmen zu können. Das ist ein zweifelhaftes Vergleichsverfahren. Effektiver wäre es, wenn sich diese Banken mit den besten *Unternehmen* des Dienstleistungssektors vergleichen würden. Banken setzen keine Servicestandards; bestenfalls versuchen sie diesen zu entsprechen. Wie wir in Kapitel 1 darlegten, werden Kundenerwartungen durch nicht dem Bankengewerbe zugehörige Dienstleistungsunternehmen definiert. Mit der Servicequalität dieser Organisationen sollte sich eine Bank vergleichen.

Lektion 5:
„Wir müssen uns auf das konzentrieren,
was wir für den Kunden tun können, und nicht auf
das, was wir nicht tun können."

Eine Mitarbeiterin der Seafirst Bank brachte uns diese Lektion zu Bewußtsein. Als wir sie fragten, was das Wichtigste an ihrem Job sei, meinte sie: „Wir müssen uns auf das konzentrieren, was wir für den Kunden tun können, und nicht auf das, was wir nicht tun können." Es ist genau diese Einstellung, die erklärt, weshalb Rey von der Seafirst Bank für einen Kunden den Reifen wechselt beziehungsweise einem Kunden hilft, die verschlossene Tür seines Wagens zu öffnen. Es ist diese Haltung, die Holly dazu veranlaßt, einem Kunden Dokumente vorbeizubringen, auch wenn diese Tätigkeit nicht zu ihrer Arbeitsplatzbeschreibung gehört. Es ist diese Vorstellung von Kundenservice, die einen Sicherheitsangestellten bei Northern dazubringt, einem Kunden das Geld für eine Zugfahrkarte zu geben beziehungsweise einen stellvertretenden Direktor der Bank von Yazoo City dazu veranlaßt, Farmern nachts beim Transportieren der Baumwolle zu helfen.

Diese Haltung läßt auf eine Unternehmenskultur schließen, in deren Mittelpunkt der Kunde steht. Es ist ein Ausdruck dafür, wie wichtig dieser Bank Kundenservice ist. Es ist das Verdienst von Top-Führungskräften, die einen großen Traum gehabt haben und sich dafür einsetzen, diesen Traum Wirklichkeit werden zu lassen.

Unserer Erfahrung nach fehlt es gerade jenen Banken, die bei der Entwicklung einer realisierbaren Kundenservicestrategie wenig Erfolg haben, an dieser Einstellung. Anstatt sich darauf zu konzentrieren, was sie für den Kunden tun können, scheint in diesen Banken die operative Devise treffender in dem Gedanken zum Ausdruck zu kommen: ,,Was können wir für uns tun." Aufgrund dieser Einstellung werden Banken zwischen 13 Uhr und 14.30 Uhr geschlossen, angeblich um ,,Bilanz zu machen". Diese Einstellung trägt ferner mit dazu bei, daß die Banken erst um 9 Uhr öffnen und samstags geschlossen bleiben. Banken, die von derartigen Entscheidungen gelenkt werden, liefern eine Menge ,,Argumente" dafür, weshalb sie sich Veränderungen nicht anpassen können. Der einzig wahre Grund ist jedoch, daß diese Banken einfach keine Lust dazu haben, sich zu verändern.

Das ist jedoch nicht die Einstellung des Managements und der Mitarbeiter jener Banken, die wir in diesem Buch vorgestellt haben. Tom Hawker unterstützt zielstrebig eine auf den Kunden ausgerichtete Strategie. Dies erklärt auch das Schild an der Eingangstür seiner Bank, auf dem steht: ,,Öffnungszeiten von 9 Uhr bis 16 Uhr; andere Zeiten nach Vereinbarung." Es erklärt aber auch, weshalb Mitarbeiter ihren Kunden nach Geschäftsschluß die Möglichkeit bieten, Transaktionen zu tätigen. Jeder Vorschlag zur Verbesserung des Kundenservice wird dahingehend überprüft, inwieweit er für den Kunden und nicht für den Mitarbeiter von Vorteil ist. Es ist genau diese Denkweise, die den so erfolgreichen Kurierdienst ins Leben gerufen hat, den wir in dem Kapitel über die Concord Bank beschrieben haben. Es ist genau diese Haltung, die die Nutzung der Technologie bei Northern Trust mitbestimmt. Die Technologie wird wegen ihrer Auswirkungen auf den Kundenservice geschätzt, zusammen mit ihren Auswirkungen auf die Kosten.

Ein wichtiger Aspekt dieser Fokussierung ist das Schulungsprogramm, das die Banken ihren Mitarbeitern zur Verfügung stellen sowie das Maß an Vollmachten, das man ihnen gewährt. Die Schulung versorgt sie mit dem notwendigen Know-how und die Vollmachten ermöglichen ihnen, dieses Know-how zu nutzen. Diese Kombination versetzt die Bankangestellten in die Lage, das Bankwesen nicht mehr aus der Sicht der Bank, sondern aus der Sicht des Kunden zu betrachten. Dieses Einfühlungsvermögen trägt mit dazu bei, zusätzliche, innovative Möglichkeiten der Kundendienstleistung entstehen zu lassen. Unterstützt wird diese „innerbetriebliche" Fokussierung von einem Management, das diese Art des Verhaltens befürwortet. Diese Führungskräfte werden Ihnen nicht sagen: „Das ist zwar schön, aber es gehört nicht unbedingt zu Ihren Aufgaben, sich um diese Dinge zu kümmern." In diesen Banken ist es nicht ausschließlich dem Management vorbehalten, an den Kunden zu denken, dort gehört es zum Aufgabenbereich eines jeden Mitarbeiters.

Lektion 6:
„Es ist keine Bank, es ist wie ein Zuhause für unseren Kunden."

Diese Lektion ist wahrscheinlich nirgendwo so offenkundig, wie bei der Concord Commercial Bank. Bei unserer Ankunft wurden wir eingeladen, an einem wöchentlichen Meeting der Bank teilzunehmen, auf dem Tom Hawker alles – von bevorstehenden Parties bis hin zur Finanzlage der Bank – zur Sprache brachte. Die Bank strahlte eine familiäre Atmosphäre aus, ein Gefühl der Kooperationsbereitschaft, die einzig und allein darauf ausgelegt ist, dem Kunden den besten in ihren Kräften stehenden Service zu bieten. Dieser Teamgeist geht direkt auf den Kunden über. Den Kunden der Concord Commercial Bank wird der Eindruck vermittelt, sie seien ein wichtiger und bedeutender Bestandteil der Bank. In der Tat wählten wir Concord Commercial Bank als eine der hervorstechendsten Banken im Markt gerade wegen der ungeheuer positiven Reaktionen aus, die wir anläßlich unserer Untersuchungen zu unserem ersten Buch *Winning Banks* von Kunden erhielten. Während der Zielgruppensitzungen mit den Kunden der Concord Commercial Bank wurde es uns nicht leicht gemacht, irgend etwas zu finden, was ihnen an der Bank, ihren Mitarbeitern und an der Art und Weise, wie sie ihre Kunden behandeln, nicht gefiel. Concord gibt ihren Kunden das Gefühl, Mitglieder dieser „Familie" zu sein.

Dies ist ein wichtiger Punkt. Während einige Banken stolz auf ihren freundlichen und höflichen Service sind, hat Concord eine starke Kultur geschaffen, die über ein Lächeln und Dankeschön hinausgeht. Concord vermittelt seinen Kunden das Gefühl, daß die Bank dazu da ist, ihnen zu helfen und nicht dazu da ist, aus der Beziehung zu ihren Kunden Geld zu schlagen. Es wird offensichtlich durch die Bereitschaft des Bankpersonals, länger zu bleiben, um den Kunden zu helfen, ihnen die Tür nach Geschäftsschluß zu öffnen, den Arbeitsbereich zu verlassen, um dem Kunden zu helfen und natürlich durch das aufrichtige Interesse, daß Tom Hawker für die Kunden ausdrücklich wünscht.

Viele Banken versagen bei der Einführung dieser Art von Kultur, weil das Top-Management den Lektionen eins und zwei keine Beachtung schenkt. Statt dessen bringt es ein Memo in Umlauf, in dem jeder Mitarbeiter dazu aufgefordert wird, freundlich zu sein und einen guten Service zu leisten. Nur auf diese Weise funktioniert es leider nicht.

Viele mögen nun argumentieren, daß es sich hierbei um das Phänomen einer kleinen Bank handelt und daß diese Art von Kultur in einem größeren Institut schwerer zu steuern sei. Das mag sein, trotzdem ist es machbar. Seafirst Bank in Seattle beispielsweise macht es und macht es gut. Die 180 Niederlassungen von Seafirst signalisieren dem Kunden Bereitschaft und Freundlichkeit. Sie werden sich der Berichte über Rey und Holly erinnern und ihrer aufrichtigen Freude darüber, ihren Kunden helfen zu können. Diese Einstellung durchdringt das gesamte Seafirst System.

Northern Trust ist ebenfalls sehr erfolgreich darin gewesen, seinen Mitarbeitern so etwas wie familiäre Atmosphäre zu bieten. Ein Beispiel hierfür ist die Bereitschaft des Sicherheitsangestellten, einem Kunden das Fahrgeld zu geben.

Die Bank von Yazoo City ist ebenfalls auf diesen Faktor angewiesen, um gegen weitaus größere Institute konkurrieren zu können. Die Tatsache, daß ein stellvertretender Direktor nachts für einen Farmer Baumwolle transportiert, ist ein Beweis für sein Engagement, Kunden wie ein Teil dieser ,,Familie" zu behandeln.

All diese Banken sind über das übliche Maß des Kundenservice hinausgegangen, indem sie eine Unternehmenskultur und -atmosphäre geschaffen haben, die ihren Ruf als Top-Kundendienstleister untermauert. Die Mitarbeiter dieser Banken sind mehr als nur freundlich und höflich. Sie kümmern sich wirklich um ihre Kunden und diese wissen das. Eine solche Kultur kann nicht über Nacht geschaffen werden. Es ist keine Atmosphäre, die automatisch spürbar wird, indem man einen die Mitarbeiter motivierenden Redner kommen läßt, der eine Stunde lang fast vor Begeisterung sprüht. Es ist das Ergebnis harter Arbeit und eines Engagements für die Idee, daß ihre Bank der beste Kundendienstleister im Markt werden will.

Lektion 7:
„Behandeln Sie Ihre Mitarbeiter so,
wie Sie Ihre Kunden behandelt wissen möchten."

Diese Lektion wurde uns von einer Dame der Seafirst Bank nahegebracht. Sie reduzierte die komplizierte Beziehung zwischen Mitarbeiter und Kundenservice auf den schlichten Gedanken, daß Mitarbeiter ihre Kunden so behandeln werden, wie sie selbst behandelt werden. Was wir bei allen Banken, die wir als herausragende Servicebanken identifiziert hatten, beobachtet haben, war deren Erkenntnis, daß die Mitarbeiter mehr sind als bloße Produktionsfaktoren. Schalterangestellte sind mehr als angestellte Roboter, die Geld zählen und Transaktionen abwickeln. In den herausragenden Banken, die wir untersuchten, sind die Mitarbeiter hochgeschätzte Arbeitskräfte, die zum Gesamterfolg des Unternehmens beitragen. Ihr eigentlicher Nutzen wird höher eingeschätzt als die bloße Fähigkeit, eine in einer Arbeitsplatzbeschreibung aufgeführte Aufgabe auszuführen. Man schätzt ihre Kreativität, ihren Intellekt sowie ihre Fähigkeiten zur Problemlösung.

Erinnern Sie sich an die Lösungsvorschläge der Mitarbeiter der Bank von Yazoo City? Norquist intensivierte den Kundenservice und reduzierte die Kosten, indem er auf das hörte, was seine Mitarbeiter zu einem Problem zu sagen hatten. Diese Tat impliziert eine Erkenntnis seitens des Vorstandsvorsitzenden, daß seine Mitarbeiter mehr zu einem erfolgreichen Unternehmen beitragen können als die bloße Ausführung von Aufgaben, die in ihren Arbeitsplatzbeschreibungen umrissen waren.

Viele Personalleiter werden nun behaupten, daß ihre Banken ihre Mitarbeiter auf gleiche Weise behandeln. Doch um einen differenzierteren und vielleicht genaueren Überblick über den relativen Wert von Mitarbeitern zu erhalten, brauchen Sie nur auf das zu hören, was andere Bankdirektoren dazu zu sagen haben: „Sie ist nur eine Angestellte. Sie müssen ihr alles buchstabieren." „Wir könnten unsere Leute nie dazu bringen, das zu tun." Dies sind leider typische Kommentare, die wir in einer Reihe von Banken zu hören bekamen, die auf Servicebasis im Markt konkurrieren wollen. Es ist höchst unwahrscheinlich, mit Einstellungen wie diesen Erfolg zu haben.

Das Management sollte derartige Äußerungen nicht nur machen, sondern sich auch einmal anhören, was die Mitarbeiter über ihre „Führungskräfte" denken. Es ist nicht ungewöhnlich, auf beiden Seiten einen Mangel an Respekt vorzufinden. Bei einer derart destruktiven Atmosphäre ist es jedoch kein Wunder, wenn die Kunden die Bank wechseln. Einstellungen wie diese konnten wir in den Banken, die wir untersucht haben, nicht entdecken. Ganz im Gegenteil, das Management hatte durchaus erkannt, daß die Stärke der Bank eng an zufriedene Mitarbeiter gebunden ist.

Die Bank von Yazoo City ist in dieser Hinsicht erwähnenswert, weil sie durch notwendig gewordene strukturelle und strategische Veränderungen die Atmosphäre des Vertrauens wiederherstellen und den zerstörten Teamgeist wieder aufbauen mußte. Griffin Norquist hat viel Aufmerksamkeit und Mühe darauf verwandt innerhalb der Bank, eine Atmosphäre des Vertrauens und der Kommunikation zu schaffen. Ohne Teamgeist haben Bankangestellte geringe Chancen, ihre Kunden so zu behandeln, wie es einer Bank, die zu den Marktführern gehören will, entspricht. Funktioniert das? Fragen Sie doch einfach die Mitarbeiter. Obwohl noch Probleme existieren, lobten praktisch alle Mitarbeiter die Bank von Yazoo City als einen Ort, in dem es sich wunderbar arbeiten läßt und lobten die von Griffin Norquist geschaffene Atmosphäre und Kultur, die es ihnen nunmehr ermöglicht, den Kunden den bestmöglichen Service zu bieten.

Die Situation bei Northern Trust sieht etwas anders aus. Es gehört zur Tradition dieser Bank, seine Mitarbeiter gut zu behandeln. Sie ist für viele Personal-Innovationen im Bankgewerbe bekannt. Die Bank hat eine Atmosphäre des Vertrauens, des Respekts und des Teamgeistes geschaffen. Die Gespräche mit Mitarbeitern der Northern Trust haben die Richtigkeit der zyklischen Beziehung zwischen Mitarbeiterbehandlung und Kundenzufriedenheit deutlich gemacht. Alle Mitarbeiter lobten die Arbeitsbedingungen sowie die Behandlungsweise seitens der Bank. Einige deuteten sogar an, daß viele ihrer Freunde gerne bei der Bank arbeiten würden.

Auch bei Seafirst und Concord sind die Mitarbeiter gleichermaßen zufrieden. Bei Seafirst berichteten viele Filialangestellte über die Qualität ihrer Arbeitsbedingungen sowie darüber, inwieweit diese Bedingungen es ihnen ermöglichen, sich intensiver um die Belange des Kunden kümmern zu können. Tom Hawkers offener Managementstil vermittelt allen Mitarbeitern von Concord ein Gefühl der Fürsorge und des Respekts. Diese Werte werden immer wieder angesprochen, wenn Mitarbeiter über ihren Job sprechen.

Lektion 8:
„Sie können nur ernten, was Sie gesät haben."

Zu oft predigen die Führungskräfte von Banken das eine und belohnen dann etwas völlig anderes. Am Jahresende wundern sich die gleichen Führungskräfte dann darüber, was schief gelaufen ist. Die Mitarbeiter handeln nach ihren individuellen Interessen. Wenn diese Interessen mit den Interessen der Organisation konform gehen, dann läuft alles bestens. Tun sie es nicht, dann läuft nichts. Mit anderen Worten: Wenn Kundenservice als wertvolle strategische Leistung der Organisation gewertet werden soll, dann muß man gewährleisten, daß der Kundenservice auch belohnt wird.

Dieser Punkt wurde uns von einem unserer Bankkunden nahegebracht. Kundenservice sollte die neue strategische Stoßrichtung sein. Das Management predigte bei jeder Gelegenheit den Kundenservice. Eine am Ende des Jahres durchgeführte Umfrage ergab jedoch, daß die Kunden nicht nur *keine* Verbesserung auf Serviceebene festgestellt hatten, sondern daß ein Großteil der befragten Kunden sogar den Eindruck hatte, daß der Service abgenommen habe. Auf unsere Frage, wie denn die Mitarbeiter für ihre Servicebemühungen belohnt worden seien, meinte der Vorstandsvorsitzende, daß kein Belohnungssystem notwendig sei. Es wurde von den Mitarbeitern erwartet, daß sie das taten, was man von ihnen verlangte. Ferner verlangte man von ihnen, die Kosten zu senken sowie das Cross-selling zu intensivieren. Darüber hinaus wurde auch keine Beurteilung der einzelnen Serviceleistungen durchgeführt. Kein Wunder also, daß die Kunden nur leichte Veränderungen beziehungsweise negative Veränderungen in der Serviceleistung feststellen konnten.

Alle Banken, die wir in diesem Buch vorgestellt haben, sind offenkundig daran interessiert, hervorragende Beispiele des Kundenservice zu belohnen. Spezielle Incentive-Pläne, Abendessen, Auszeichnungen, Abzeichen, Schulterklopfen, Anerkennung, Gratifikationen etc. werden in allen diesen Banken benutzt. Einige dieser Programme sind erfolgreicher als andere. Der Schlüssel zu ihrer erfolgreichen Implementierung liegt in dem Verständnis dessen, was für die Mitarbeiter wichtig ist.

Das bemerkenswerte an diesen formellen beziehungsweise informellen Incentive-Systemen ist, daß sich die Mitarbeiter nicht nach Pawlowscher Manier verhalten. In den vorbildhaften Banken ist der Kundenservice ein derart fundamentaler Bestandteil der Unternehmenskultur, daß die Mitarbeiter gerne einen Umweg in Kauf nehmen, um ihren Kunden einen Dienst zu erweisen. Die Leistungsanreize lenken die Aufmerksamkeit des Mitarbeiters auf die Wichtigkeit des Kundenservice und werden somit zu einem motivierenden Instrument, um die notwendigen Einstellungen und das daraus resultierende Verhalten zu entwickeln, die zur Unterstützung der Strategie notwendig sind.

Das Augenfällige an diesen Banken ist, daß es niemanden gibt, der dem Angestellten über die Schulter blickt, um ihn auf diese Weise zu hoher Serviceleistung anzuhalten. Mit anderen Worten: Die Bankangestellten erbringen diese hohe Servicequalität mit einem Minimum an Kontrollaufwand. Funktionieren tut dies nur deshalb, weil die Führungskräfte dieser Banken ihren Mitarbeitern die Idee des Kundenservice erfolgreich vermitteln konnten. Wie bekommen Sie jemanden wie Rey dazu, für einen Kunden den Reifen zu wechseln? Wie gelingt es Ihnen, daß jemand wie Holly von sich aus einem Kunden Dokumente vorbeibringt? Wie bringen Sie den stellvertretenden Direktor einer Bank dazu, nachts einem Kunden beim Transportieren der Baumwolle zu helfen. Wie kommt es, daß ein Sicherheitsangestellter einem Kunden das Fahrgeld für den Zug leiht? Die Antwort auf diese Fragen ist: diese Verhaltensweisen bedürfen nur wenig Führung und Kontrolle. Diese Personen haben die Idee verinnerlicht, daß das Erbringen eines Top-Kundenservice ein entscheidender Faktor ihres Jobs ist. Sie empfinden ihn als eine Art Unternehmensstil.

Bei diesem Vermittlungsprozeß spielt die Führungsrolle des Top-Managements eine wichtige Rolle. Tom Hawker ist ein beeindruckendes Beispiel. Fragen Sie seine Mitarbeiter, warum sie dieses oder jenes machen, und sie werden Ihnen sagen, weil sie gesehen haben, daß Hawker es auch machte. Das gleiche gilt für Griffin Norquist und David Fox. Führung ist ein integraler Bestandteil dieses Prozesses. Wenn man die entsprechenden Verhaltensweisen vormacht, so unterstützt dies den Prozeß.

Der Prozeß bei Northern Trust beinhaltet Leistungserwartungen hinsichtlich Kundenservice. Die Mitarbeiter treffen sich mit den Abteilungsleitern und umreißen deren Erwartungen hinsichtlich verschiedener Aspekte der Leistung, inklusive Kundenservice. Am Ende der Beurteilungsperiode werden die Mitarbeiter angesichts der erbrachten Leistung zur Rechenschaft gezogen. Wichtig hierbei ist, daß die Mitarbeiter ihre Erwartungen selbst festlegen und diese nicht nur durch potentielle Belohnungen, sondern auch durch die Kultur mitbestimmt werden, die man mit Stolz durch dieses Verhalten verkörpert.

Lektion 9:
„Kundenservice ist unser Geschäft, unser einziges Geschäft."

Diese Lektion erinnert an den alten Gerber Slogan: „Babys sind unser Geschäft, unser einziges Geschäft." Das heißt, daß Organisationen, die der Ansicht sind, Kundenservice sei ihr einziges Geschäft, eine klare Vorstellung davon haben, wer sie sind und warum sie im Geschäft sind. Viele Banken haben sich selbst in eine Massenanbieterposition hineinmanövriert. Sie und ihre Produkte beziehungsweise Dienstleistungen werden als von anderen kaum unterscheidbar angesehen. Ihre Dienstleistungen sind substituierbar und deshalb ist es ihnen nur über die Preisbasis möglich, wettbewerbsfähig zu bleiben.

Die Banken, die wir in diesem Buch dargestellt haben, arbeiten nicht auf diese Weise. Sie haben erkannt, daß es die außergewöhnlich hohen Servicestandards und das ebenso hohe Niveau ihres Kundenservice sind, die die Kunden anziehen. Luke Helms von Seafirst Bank versteht dies wahrscheinlich besser als die meisten Bankdirektoren. Sein Auftrag, Sie erinnern sich, lautete: „Finden Sie Ihre Stärken heraus, und zwar schnell." Er erkannte, daß das Privatkundengeschäft für seine Bank der einzig richtige Weg war und, nachdem er sich einmal für diese Marktposition entschieden hatte, war die spezifische Strategie klar. Wenn Sie ein Retailer werden wollen, dann müssen Sie Ihren Kunden den bestmöglichen Service bieten. Dadurch, daß Sie sich auf die hohe Servicequalität konzentrieren, wird die Bankseite des Geschäftes sozusagen von selbst erledigt. Die Kunden werden nicht wegen der Produkte, die sie auch bei anderen Banken bekommen können, zu Ihnen kommen, sondern wegen der Aufmerksamkeit und des Service, den nur Ihre Bank ihnen bietet.

Die Leute entscheiden sich für die Concord Commercial, weil sie nur dort den Service erhalten, den ihnen keine andere Bank in der Gegend bieten kann. Das war in der Tat der grundlegende Gedanke, der in erster Linie zur Gründung der Concord Commercial führte. Die Bank von Yazoo City kann mit der riesenhaften Nachbarbank weder hinsichtlich Produktentwicklung noch hinsichtlich Preisgestaltung konkurrieren. Sie kann jedoch in Bezug auf Kundenservice mit ihr in Wettbewerb treten. Als die Top-Kundendienstleisterin im Markt, kann sie sogar die Wettbewerbsbedingungen definieren. Und da sie ihren Kunden, im Gegensatz zu anderen Instituten, den bestmöglichen Service bietet, läuft die Bankseite des Unternehmens von selbst. Das Cross-selling gestaltet sich effektiver, weil die Kunden kaufen wollen. Die Werbung schlägt stärker zu Buche, weil die potentiellen Kunden nun glauben, was sie sehen. Auch der Preis wird zu einem geringfügigeren Problem, weil die Kunden wissen, daß sie dafür ein höherwertiges Produkt beziehungsweise eine höherwertige Dienstleistung erhalten. Diese zielgerichtete Fokussierung auf Servicequalität ist ein Thema, das immer wieder in diesen Banken angesprochen wurde und sie so erfolgreich sein läßt.

Lektion 10:
„Konzentrieren Sie sich auf die Kundenbeziehung und nicht auf die Transaktion."

Diese Lektion bezieht sich auf das Verhältnis zwischen dem Bankgewerbe, das auf Kundenbeziehungen gründet und dem transaktionalen Bankgewerbe. Diese Unterscheidung wird um so deutlicher, als einige dieser Top-Banken ihre Kunden als Auftraggeber betrachten.

Für Concord Commercial Bank bedeutete dies, diejenigen strukturellen Faktoren zu eliminieren, die sich am Transaktionsvolumen orientierten. Hawker weist darauf hin, daß seine Mitarbeiter nun mehr Zeit für ihre Kunden haben. Beratungsgespräche werden nunmehr an Tischen geführt und nicht mehr an den üblichen Schalterfenstern. Niemand stoppt die Zeit, um sicherzustellen, daß die Kundenberater die notwendige Anzahl an Transaktionen in einer vorgegebenen Zeit durchziehen. Dies gibt ihnen darüber hinaus die Möglichkeit mehr über ihre Kunden zu erfahren und ihnen somit andere Dienstleistungen anzubieten, die den Bedürfnissen des Kunden entgegenkommen.

Unserer Erfahrung nach, wird die Idee des Bankgewerbes auf Kundenbasis nirgendwo besser realisiert als bei der Northern Trust Bank. Mitarbeiter werden für die Errichtung von Kundenbeziehungen belohnt sowie für die Weitervermittlung des Kunden an andere Serviceabteilungen der Bank. Northern Trust unternimmt konzertierte und koordinierte Anstrengungen, um eine Vielzahl an Beziehungen zum Kunden aufzubauen. Teilweise ist es ihre konzentrierte Ausrichtung auf das individuelle Bankgeschäft sowie auf die Treuhanddienstleistungen, die dies erlauben. Doch im Mittelpunkt des auf Kundenbeziehung basierenden Bankgewerbes steht das solide Verständnis dessen, was der Kunde wünscht.

Das ist für viele Manager der Bankenbranche ein schwer zu erfassendes Konzept. Um eine größere Profitabilität zu erreichen, legen die einen mehr Wert auf die Kostensenkung und die anderen mehr Wert auf die Nutzung elektronischer Transaktionsmöglichkeiten. Die von uns untersuchten Top-Banken wissen, daß die Technologie nur dazu da ist, den Kundenservice zu steigern und nicht seine Kosten zu verringern. Was als bloße philosophische Spitzfindigkeit erscheinen mag, steht somit im Mittelpunkt des Gegensatzpaares transaktionales Bankwesen versus auf Kundenbasis gründendes Bankwesen.

Wenn wir die Bilanz aus dem ziehen, durch das sich die vier Organisationen von anderen Banken unterscheiden, dann müssen wir feststellen, daß diese Banken in eine Kundenservicekultur *investiert* haben. Sie haben sich der Vorstellung verschrieben, daß die Kunden bei ihnen Geschäfte tätigen wollen, weil die Bank dem Kunden im täglichen Geschäft zeigen wird, wie wichtig und wertvoll der Kunde für die Bank ist. Es kann nicht oft genug betont werden, daß nur das absolute Engagement für die Idee des Kundenservice eine solche Beziehung möglich macht.

Abschließend soll nun Luke Helms Erfolgsgeheimnis paraphrasiert werden:

„**D**as Bankenwesen ist keine Raketenwissenschaft. Es ist harte Arbeit. Sie können so vielen Leuten wie Sie wollen von dem berichten, was wir bei Seafirst machen. Die meisten von ihnen werden nicht in der Lage sein, es nachzumachen, weil sie sich nicht genügend engagieren werden. "

Wir teilen diese Ansicht. Wir haben, was diese Banken anbelangt, keine Geheimnisse hinsichtlich Kundenservice aufgedeckt. Wir sind lediglich in unserer Erkenntnis bestätigt worden, daß Kundenservice der strategische Imperativ des Bankgewerbes der kommenden Dekade ist. Mit dieser Erkenntnis einer geht das Engagement dieser Banken, sich in diesem Punkt noch zu übertreffen und zum Marktführer in ihren Segmenten zu werden.

Jede Bank nutzt den Kundenservice auf andere Weise. Wir hoffen, daß Sie aus den Darstellungen dieser Banken einige kreative Inspirationen herausziehen konnten, die Ihnen helfen werden, Ihre Bank zum führenden Kundendienstleister in Ihrem Markt zu machen.

Die Autoren

M. Ray Grubbs, Ph. D.

Dr. Grubbs ist Direktor des *International Business Studies Program* an der Else School of Management, Millsaps College in Jackson, Mississipi. Er arbeitet darüber hinaus als Berater und hat umfangreiche Schulungsprogramme für amerikanische und ausländische Banken entwickelt. Als vielbeschäftigter Referent über Bankthemen, schrieb er die folgenden Bücher: *Winning Banks: Managing Service Quality for Customer Satisfaction, Effective Bank Marketing: Issues, Applications, and Techniques* sowie *Developing New Banking Products: A Manager's Guide*.

R. Eric Reidenbach, Ph. D.

Dr. Reidenbach ist Professor für Marketing und Direktor des *Center for Business Development and Research* an der Universität von Süd-Mississipi. Er berät das Bankgewerbe über Themen wie Produktentwicklung, Kundenservice und Marktforschung. Neben seiner Eigenschaft als Dozent an verschiedenen Bankschulen, ist er darüber hinaus auch ein vielgefragter Redner bei Veranstaltungen des *Bank Administration Institute*.

Neben den Büchern, die er als Co-Autor zusammen mit Dr. Grubbs geschrieben hat, ist er Autor des Buches: *Bank Marketing: A Guide to Strategic Planning*.

BANKMANAGEMENT-LITERATUR
im Gabler Verlag

Heinz Benölken / Heinz Wings
**Lean Banking –
Wege zur Marktführerschaft**
1994, 368 Seiten,
gebunden, 98,— DM
ISBN 3-409-14752-7

Helmut Muthers / Heidi Haas
Geist schlägt Kapital
Quantensprung im Bankmanagement
1994, 215 Seiten,
gebunden, 78,— DM
ISBN 3-409-14827-2

Michael F. Price
Power Bankers
Vertriebsstrategien
erfolgreicher Banken
1994, 246 Seiten,
gebunden, 78,— DM
ISBN 3-409-14826-4

Herbert Müller / Susanne Guigas
Total Quality Banking
Von der Idee zum dauerhaften Erfolg
1994, 196 Seiten,
gebunden, 89,— DM
ISBN 3-409-14157-X

Beat Bernet / Peter Schmid
Retail Banking
Visionen, Konzepte und
Strategien für die Zukunft
1995, 274 Seiten,
gebunden, 89,— DM
ISBN 3-409-14174-X

Congena (Hrsg.)
Die lernende Bankorganisation
Strategien für die Jahrtausendwende
1995, 234 Seiten,
gebunden, 78,— DM
ISBN 3-409-14167-7

Robert Becker
Besser miteinander umgehen
Die Kunst des interaktiven
Managements
1994, 284 Seiten, gebunden, 78,— DM
ISBN 3-409-19184-4

Dana Schuppert (Hrsg.)
Kompetenz zur Führung
Was Führungspersönlichkeiten
auszeichnet
1993, 248 Seiten, gebunden, 68,— DM
ISBN 3-409-18768-5

Zu beziehen über den Buchhandel
oder den Verlag.
Stand der Angaben und Preise:
1.4.1995
Änderungen vorbehalten.

GABLER

BETRIEBSWIRTSCHAFTLICHER VERLAG DR. TH. GABLER, TAUNUSSTRASSE 52-54, 65183 WIESBADEN